Alexandra Jonas · Nicolai von Ondarza

Chancen und Hindernisse für die
europäische Streitkräfteintegration

AF140992

Schriftenreihe des
Sozialwissenschaftlichen Instituts der Bundeswehr
Band 9

Alexandra Jonas · Nicolai von Ondarza

Chancen und Hindernisse für die europäische Streitkräfteintegration

Grundlegende Aspekte deutscher, französischer und britischer Sicherheits- und Verteidigungspolitik im Vergleich

VS VERLAG FÜR SOZIALWISSENSCHAFTEN

Bibliografische Information der Deutschen Nationalbibliothek
Die Deutsche Nationalbibliothek verzeichnet diese Publikation in der
Deutschen Nationalbibliografie; detaillierte bibliografische Daten sind im Internet über
<http://dnb.d-nb.de> abrufbar.

Die in der vorliegenden Publikation vorgetragenen Ansichten und Meinungen
sind ausschließlich diejenigen der Autoren und geben nicht notwendigerweise
die Sicht oder die Auffassung des Bundesministeriums der Verteidigung wieder.

1. Auflage 2010

Alle Rechte vorbehalten
© VS Verlag für Sozialwissenschaften | GWV Fachverlage GmbH, Wiesbaden 2010

Lektorat: Katrin Emmerich / Marianne Schultheis

VS Verlag für Sozialwissenschaften ist Teil der Fachverlagsgruppe
Springer Science+Business Media.
www.vs-verlag.de

Umschlaggestaltung: KünkelLopka Medienentwicklung, Heidelberg
Druck und buchbinderische Verarbeitung: Ten Brink, Meppel
Gedruckt auf säurefreiem und chlorfrei gebleichtem Papier
Printed in the Netherlands

ISBN 978-3-531-16903-3

Inhalt

Danksagung

Diese Studie wurde erst durch die Unterstützung unserer Kolleginnen und Kollegen am Sozialwissenschaftlichen Institut der Bundeswehr ermöglicht. Unser besonderer Dank gilt Dr. Heiko Biehl, der als Leiter des Forschungsschwerpunkts „Multinationalität/Europäische Streitkräfte" die Studie während des gesamten Entstehungsprozesses beratend begleitete und uns durch seine kritischen Hinweise wertvolle Anregungen gab. Dem Direktor und Professor Dr. Ernst-Christoph Meier und dem Projektdirektor I des Sozialwissenschaftlichen Instituts der Bundeswehr Oberst i. G. Christian Leski möchten wir für ihre zahlreichen Hinweise und Hilfestellungen sowie für das uns entgegengebrachte Vertrauen herzlich danken. Ebenso möchten wir uns bei Edgar Naumann sowie Andrea Fengler bedanken, die uns durch ihre Lektorats- bzw. Editierarbeiten eine bedeutende Hilfe waren.

Des Weiteren gilt der Dank der Autoren insbesondere Michael Klemm, der durch seine tatkräftige Unterstützung im Rechercheprozess sowie durch seine zahlreichen Anregungen maßgeblich zur vorliegenden Studie beigetragen hat.

Letztlich wäre die vorliegende Studie ohne die Offenheit und den wertvollen Input unserer Gesprächs- und Interviewpartner in Berlin, Paris und London nicht möglich gewesen. Auch ihnen sei daher an dieser Stelle herzlich gedankt.

1   Kurzfassung

Zehn Jahre nach Gründung der Europäischen Sicherheits- und Verteidigungspolitik (ESVP) ist die Europäische Union (EU) als Handlungsrahmen deutscher Sicherheitspolitik nicht mehr wegzudenken. Fragen nach ihrer weiteren Entwicklung und nach den Bedingungen, Chancen und Hindernissen europäischer Streitkräfteintegration beschäftigen heutzutage gleichermaßen Akteure aus politischer Praxis und Wissenschaft. Angesichts komplexer sicherheitspolitischer Herausforderungen, ausgelasteter Streitkräfte und strapazierter Verteidigungsbudgets wird die Notwendigkeit zur engeren europäischen Zusammenarbeit und Integration im Bereich der ESVP in Zukunft weiter zunehmen – insbesondere unter der Voraussetzung, dass die EU-Mitgliedstaaten langfristig in der Lage sein wollen, einen effektiven Beitrag zu internationaler Konfliktprävention, Krisenmanagement und Friedenskonsolidierung zu leisten.

Vor diesem Hintergrund soll die vorliegende Studie zur Beurteilung der Chancen und Hindernisse der fortschreitenden Integration im Bereich der ESVP, einschließlich der europäischen Streitkräfteintegration, beitragen. In einer an die strategische Kulturen-Forschung angelehnten Bottom-up-Herangehensweise wird davon ausgegangen, dass die Konvergenz bzw. Divergenz grundlegender Aspekte der Sicherheits- und Verteidigungspolitiken der EU-Mitgliedstaaten zentrale Einflussfaktoren für das Voranschreiten der europäischen Streitkräfteintegration darstellen. Als hervorgehobene Akteure in der ESVP werden in der vorliegenden Studie Deutschland, Frankreich und Großbritannien untersucht. Im Einzelnen werden die Gemeinsamkeiten und Unterschiede in sechs grundlegenden Aspekten nationaler Sicherheits- und Verteidigungspolitik anhand eines einheitlichen Analyserasters analysiert und hinsichtlich ihrer Bedeutung für die Streitkräfteintegration interpretiert. Dementsprechend besteht das im Rahmen der vorliegenden Studie entwickelte Analyseraster aus vier, für die Streitkräfteintegration zentralen Spektren: Dem nationalen sicherheitspolitischen Gestaltungswillen, den jeweiligen Handlungsspielräumen der Exekutive in der Sicherheits- und Verteidigungspolitik, der außenpolitischen Orientierung zwischen europäischem und transatlantischem Fokus sowie dem jeweiligen Verhältnis zum Einsatz militärischer Gewalt.

Ausgangspunkt der Studie sind die unlängst erneuerten sicherheits- und verteidigungspolitischen Grundsatzdokumente der drei Staaten – das Weißbuch zur Sicherheitspolitik Deutschlands und zur Zukunft der Bundeswehr (2006), das französische Livre Blanc (2008) und die britische National Security Strategy (2008). Ergänzend wurde der aktuelle Forschungsstand (Stand: Januar 2009) aufgearbeitet und qualitative Experteninterviews in Berlin,

London und Paris durchgeführt. Auf dieser Basis ergab sich nicht nur die Notwendigkeit einer komparativen Analyse der drei aktualisierten Grundlagen(dokumente), sondern auch die Klassifizierung der sechs untersuchten Teilbereiche als grundlegende Aspekte der deutschen, französischen und britischen Sicherheits- und Verteidigungspolitik.

So werden im dritten Kapitel die *sicherheitspolitischen Bedrohungsanalysen*, also die von den politischen Entscheidungsträgern als relevant wahrgenommenen sicherheitspolitischen Gefahren und Herausforderungen, verglichen. Im vierten Kapitel werden daraufhin die *allgemeinen Leitlinien in der Sicherheits- und Verteidigungspolitik* vergleichend betrachtet, d. h. die jeweiligen Werte, Ziele und Interessen, die den Streitkräfte zugeteilten Aufgaben sowie das nationale sicherheits- und verteidigungspolitische Selbstverständnis. Das fünfte Kapitel zum *rechtlichen Rahmen der Sicherheits- und Verteidigungspolitik* beschäftigt sich mit den Grundlagen der verschiedenen Wehrrechtssysteme, den jeweiligen Einsatzmöglichkeiten für bewaffnete Streitkräfte sowie den Entscheidungskompetenzen für deren Einsatz. Die im sechsten Kapitel vergleichend betrachteten *militärischen Fähigkeiten* setzen den Rahmen dessen, was für einen Staat militärisch-operationell im Rahmen seiner Sicherheits- und Verteidigungspolitik möglich ist. Ein besonderer Fokus wird hier auf die budgetären und personellen Grundlagen, die jeweiligen Reformvorhaben sowie die Herangehensweise an den Bereich Rüstung, Forschung und Entwicklung gelegt. Das *sicherheits- und verteidigungspolitische Engagement auf internationaler Ebene* wird im siebten Kapitel thematisiert: So werden sowohl der bevorzugte internationale Handlungsrahmen der drei Staaten – auf deklaratorischer und faktischer Ebene – als auch deren Standpunkte im Spannungsfeld zwischen multilateraler Ordnung und nationaler Eigenständigkeit untersucht. Der letzte untersuchte Teilbereich sind die im achten Kapitel analysierten *Konzepte vernetzter Sicherheit und deren Umsetzung*, denen sowohl von deutscher als auch französischer und britischer Seite eine hohe Bedeutung zugemessen werden.

Im Ergebnis zeigt sich, dass den Gemeinsamkeiten und den sich abzeichnenden Annäherungen in allen sechs Teilbereichen nach wie vor nationale Eigenheiten gegenüberstehen, welche ein strukturelles Hindernis für die europäische Streitkräfteintegration darstellen und deren Überwindung substanzielle politische Anstrengungen erfordern würden. Zurückführen lassen sich die analysierten Gemeinsamkeiten und Unterschiede auf historisch-kulturelle Spezifika und das jeweilige nationale Selbstverständnis: So hat sich zwar einerseits der sicherheitspolitische Gestaltungswille der drei Staaten, als globale Akteure in Konflikten und Krisen zu intervenieren, angenähert, wie sich etwa an ihrem übereinstimmenden Willen zu einer tragenden Rolle im internationalen Krisenmanagement zeigt. Weiterhin bestehende Unterschiede kristallisierten sich jedoch vor allem beim Verhältnis zum Einsatz militärischer Gewalt und dem jeweiligen Handlungsspielraum der Exekutive heraus. Auch bestehen – trotz der Rückkehr Frankreichs in die militärischen Strukturen der NATO – nach wie vor deutliche Unterschiede hinsichtlich der jeweiligen außenpolitischen Orientierungen, also in der Prioritätensetzung zwischen Europäischer Union und transatlantischer Allianz.

Um das Voranschreiten der Integration im Bereich der ESVP, einschließlich der europäischen Streitkräfteintegration, im Interesse der deutschen Außen-, Sicherheits- und Verteidigungspolitik zu gewährleisten, wird *erstens* empfohlen, den Austausch zwischen den deutschen sicherheits- und verteidigungspolitischen Entscheidungsträgern und Experten mit ihren französischen und britischen Kollegen zu intensivieren und zu institutionalisieren. In dem daraus entstehenden kontinuierlichen Diskurs zwischen den drei Staaten sollten gemeinsame Inhalte und Ziele identifiziert und somit ein wichtiger Impuls für die Weiterentwicklung der ESVP geliefert werden. Darüber hinaus könnten die in einem engen Austausch gewonnenen Erkenntnisse über die grundlegenden Aspekte der Sicherheits- und Verteidigungspolitiken der europäischen Partner Ansatz- und Referenzpunkte im Rahmen der kontinuierlichen Weiterentwicklung der deutschen Sicherheits- und Verteidigungspolitik liefern. *Zweitens* sollten die bislang vor allem in der Vorbereitungsphase zu neuen sicherheits- und verteidigungspolitischen Grundsatzdokumenten stattfindenden nationalen Strategiedebatten in einem gemeinsamen, europäischen Rahmen verknüpft werden und idealerweise in einem europäischen, über die Europäische Sicherheitsstrategie (ESS) hinausgehenden Grundsatzdokument münden. Nur durch eine solche vernetzte europäische Strategiedebatte könnte ein potenzielles europäisches Grundsatzdokument substanzielle und realisierbare politische Ziele formulieren und somit weit über Inhalt und Verbindlichkeit der strategischen Vorgaben in der Europäischen Sicherheitsstrategie hinausgehen. Letztendlich sollte ein in eine europäische Strategiedebatte eingebettetes europäisches Grundsatzdokument maßgeblich dazu beitragen, die Beweggründe und Ziele hinter einem gemeinsamen europäischen Ansatz in der Sicherheits- und Verteidigungspolitik der Bevölkerung zu kommunizieren. In diesem Zusammenhang sollten *drittens* langfristig die Voraussetzungen für eine Streitkräfteintegration geschaffen werden, die sowohl auf den europäischen als auch den transatlantischen Rahmen ausgerichtet ist, wobei im europäischen Rahmen gegebenenfalls Integrationsschritte mit flexibler staatlicher Beteiligung in Erwägung gezogen werden sollten. So sollte unter anderem durch eine verstärkte Harmonisierung und Synchronisierung der Programme zur Fähigkeitsentwicklung darauf hingearbeitet werden, dass bestehende und zukünftige Streitkräftestrukturen langfristig die Voraussetzungen erfüllen, jederzeit in Operationen sowohl der EU als auch der NATO eingesetzt werden zu können. Deutschland, das in seiner Sicherheits- und Verteidigungspolitik nahezu ausschließlich auf den multilateralen Rahmen dieser beiden Organisationen ausgerichtet ist, sollte in diesem Zusammenhang als Mittler eine Vorreiterrolle einnehmen und aktiv Projekte vorantreiben, die den Weg zu einer umsetzbaren und politisch konsensfähigen europäischen Streitkräfteintegration bereiten.

2   Einleitung*

Alexandra Jonas & Nicolai von Ondarza

> „(...) it is not easy keeping 27 countries, each with
> their own histories and habits, marching in lockstep."[1]
>
> Solana 2008

Der Prozess der europäischen Streitkräfteintegration ist seit nunmehr zehn Jahren mit der Europäischen Sicherheits- und Verteidigungspolitik (ESVP) eng verbunden. Diese schritt seit ihrer Gründung im Jahr 1999 insbesondere durch die Einrichtung institutioneller Grundlagen sowie die Entwicklung militärischer Fähigkeiten kontinuierlich voran und versetzte die EU ab 2003 in die Lage, militärische und zivile Einsätze durchzuführen. So wurden mittlerweile über 20 ESVP-Operationen durchgeführt, an denen sich auch Deutschland regelmäßig beteiligt. Trotz dieser positiven Bilanz bleibt die ESVP in vielerlei Hinsicht hinter den an sie gestellten Erwartungen zurück – die von Christopher Hill (1997) als „capabilities-expectations gap" bezeichnete Lücke zwischen den politischen Ansprüchen und den realen Fähigkeiten der EU-Außenpolitik besteht fort. So fehlt es in allererster Linie an politischem Willen, z. B. zu mehr gemeinsamen Operationen, der Entwicklung adäquater militärischer Fähigkeiten oder der Bereitstellung notwendiger Ressourcen – was den Politikwissenschaftler Jean-Yves Haine zu der Schlussfolgerung verleitet, die noch so junge ESVP leide an einer „committment crisis" (Haine 2008: 5). Vor dem Hintergrund immer komplexerer sicherheitspolitischer Bedrohungen, die eine gemeinsame europäische Antwort erfordern sowie anspruchsvollen Zielvorstellungen hinsichtlich der europäischen Streitkräfteintegration, die bis hin zu Forderungen nach einer ‚Europäischen Armee'[2] reichen, stellt sich dementsprechend die Frage nach den tatsächlichen Chancen und Hindernissen für die fortschreitende Integration im Bereich der ESVP.

In Anbetracht dessen, dass gemeinsame Einsätze geteilte Zielvorstellungen sowie einen kompatiblen politischen, rechtlichen und militärischen Handlungsspielraum erfordern, werden die Chancen und Hindernisse für die Weiterentwicklung der ESVP maßgeblich durch die Konvergenz bzw. Diver-

---

*   Die inhaltlichen Arbeiten für diese Studie wurden im Januar 2009 abgeschlossen.
1   „(...) es ist nicht leicht, 27 Mitgliedstaaten mit ihren jeweiligen historischen Erfahrungen und spezifischen Gepflogenheiten im Gleichschritt marschieren zu lassen." (Übersetzung d. A.)
2   Forderungen nach einer europäischen Armee wurden in den letzten Jahren sowohl in der Politik – vom polnischen Präsidenten Lech Kaczynski (vgl. Cienski/Wagstyl 2006) oder der SPD (SPD 2007) – als auch in der Wissenschaft geäußert (vgl. Varwick 2007; Terlikowski 2008).

genz dieser grundlegenden Aspekte der Sicherheits- und Verteidigungspolitiken der EU-Mitgliedstaaten determiniert. Ausschlaggebend für die Chancen einer fortschreitenden Streitkräfteintegration und den politischen Willen, im EU-Rahmen zu handeln, sind folglich Gemeinsamkeiten in essenziellen Teilbereichen nationaler Sicherheits- und Verteidigungspolitik, wie z. B. den jeweiligen Bedrohungsanalysen, den rechtlichen Rahmenbedingungen für den Streitkräfteeinsatz oder den nationalen militärischen Fähigkeiten. In der vorliegenden Studie wird somit davon ausgegangen, dass die Konvergenz solch grundlegender Aspekte der Sicherheits- und Verteidigungspolitiken der EU-Mitgliedstaaten eine notwendige – wenn auch nicht hinreichende – Bedingung für die europäische Streitkräfteintegration darstellt, während Konflikte zwischen diesen einem nicht zu unterschätzenden Hindernis für die zukünftige Kooperation in der Sicherheits- und Verteidigungspolitik gleichkommen. Durch einen systematischen Vergleich der grundlegenden Aspekte der Sicherheits- und Verteidigungspolitik ausgewählter EU-Mitgliedstaaten soll folglich ein Bild gezeichnet werden, welches die Chancen, aber auch die Hindernisse der europäischen Streitkräfteintegration beschreibt. Zu diesem Zweck wird in der folgenden Untersuchung eine auf die EU-Mitgliedstaaten fokussierte, Bottom-up-Herangehensweise gewählt, da diese als ausschlaggebende Akteure der intergouvernementalen ESVP die Zusammenarbeit maßgeblich lenken und die notwendigen Ressourcen zur Verfügung stellen.

Im Rahmen der vorliegenden Studie liegt der Fokus dabei zunächst auf den drei „großen" EU-Mitgliedstaaten Deutschland, Frankreich und Großbritannien, die nicht nur aufgrund der jeweiligen Bevölkerungsgröße und ihres politischen Gewichts, sondern vor allem auch in Anbetracht der in diesen Staaten vorhandenen handlungsrelevanten Ressourcen im Bereich der Sicherheits- und Verteidigungspolitik hervorstechen. So machten ihre Streitkräfte im Jahr 2007 mit 796 137 Soldatinnen und Soldaten 43,3 Prozent der gesamten in der EU verfügbaren Streitkräfte aus (European Defence Agency 2008).[3] Auch wurden, mit Ausnahme der ESVP-Operation im Tschad[4], alle bisherigen militärischen EU-Operationen von einem General aus einem der drei Länder geführt, die ebenso die größten Kontingente stellten (Schwarzer/von Ondarza 2007: 29–30). Darüber hinaus ist jeweils mindestens einer der drei Staaten an 12 der 19 zwischen 2005 und 2010 in Bereitschaft stehenden EU-Battlegroups beteiligt (Quille 2006: 8) und ihre nationalen Haupt-

---

3   Abzüglich der Streitkräfte Dänemarks, welche sich nicht an der ESVP beteiligt.
4   EUFOR RCA/TCHAD wird zwar von dem irischen General Patrick Nash geführt, das größte Kontingent, das operationelle Hauptquartier (OHQ) und der Kommandeur der Truppen werden aber von Frankreich gestellt.

quartiere stehen zur Führung von EU-Operationen zur Verfügung.[5] In Anbetracht dieser hervorgehobenen Position stellt eine Annäherung zwischen Deutschland, Frankreich und Großbritannien somit die *conditio sine qua non* für die zunehmende (Streitkräfte-)Integration im Rahmen der ESVP dar: „(...) any feasible ESDP has finally to be built around Britain, France and Germany; this is the decisive European security triangle."[6] (King 2005: 46)

Somit ergibt sich insgesamt die forschungsleitende Frage: **Welches sind die Gemeinsamkeiten, Unterschiede und sich abzeichnenden Annäherungen in den grundlegenden Aspekten der Sicherheits- und Verteidigungspolitik Deutschlands, Frankreichs und Großbritanniens?**

Die Definition bzw. Neudefinition grundlegender Aspekte nationaler Sicherheits- und Verteidigungspolitik, einschließlich der Ausformulierung der spezifischen Zielvorstellungen und Strategien, findet dabei insbesondere in politischen Grundsatzdokumenten, wie sicherheits- und verteidigungspolitischen Weißbüchern, statt. In Deutschland, Frankreich und Großbritannien wurden innerhalb der vergangenen zwei Jahre das Weißbuch zur Sicherheitspolitik Deutschlands und zur Zukunft der Bundeswehr im Oktober 2006, das französische Livre Blanc im Juni 2008 und die britische National Security Strategy im März 2008 verabschiedet (Bundesministerium der Verteidigung 2006; Ministère de la Défense 2008; Cabinet Office 2008). Eine solche Neujustierung grundlegender Aspekte der jeweiligen Sicherheits- und Verteidigungspolitik kann dabei eine Annäherung, aber auch eine größere Entfernung zu den europäischen Partnern implizieren. Die Analyse aktualisierter sicherheits- und verteidigungspolitischer Grundsatzdokumente lässt also darauf schließen, ob sich die grundlegenden Aspekte der Sicherheits- und Verteidigungspolitiken der EU-Staaten aufeinander zu oder voneinander weg bewegen und besitzt folglich Aussagekraft über das Weiterentwicklungspotenzial der ESVP. Eine in diesem Zusammenhang oftmals diskutierte Frage befasst sich dabei damit, ob ein europäisches Weißbuch[7] entworfen werden sollte.

Ein systematischer Vergleich grundlegender Aspekte der Sicherheits- und Verteidigungspolitik Deutschlands, Frankreichs und Großbritanniens soll

---

5 Damit stellen sie drei der fünf möglichen nationalen Hauptquartiere für EU-Operationen. Neben dem Einsatzführungskommando der Bundeswehr in Potsdam, dem „Permanent Joint Headquarters of the UK" in Northwood und dem „Centre de Planification et Conduite des Opérations" nahe Paris stehen der EU noch das italienische Hauptquartier in Rom und das griechische Hauptquartier in Larissa zur Verfügung (Heise 2005: 8).

6 „(...) eine realisierbare ESVP muss letztendlich um Großbritannien, Frankreich und Deutschland herum aufgebaut werden; dieses ist das entscheidende europäische Sicherheitsdreieck." (Übersetzung d. A.)

7 Ein europäisches Weißbuch würde über die Europäische Sicherheitsstrategie (ESS) aus dem Jahr 2003 und den folgenden Umsetzungsbericht von 2008 hinausgehen und diese, z. B. durch die Formulierung notwendiger Reformschritte, implementieren.

im Rahmen des vorliegenden Forschungsberichts nicht nur einen wissenschaftlichen Beitrag leisten, sondern ebenso eine systematische Bestandsaufnahme für die politische Praxis liefern. So sind Kenntnisse über die Sicherheits- und Verteidigungspolitiken der wichtigsten europäischen Partner auch jenseits wissenschaftlich-konzeptioneller Überlegungen für die deutschen sicherheits- und verteidigungspolitischen Entscheidungsträger und die Bundeswehr unverzichtbar:[8] Auf politischer Ebene besitzen die Zielvorstellungen sowie der politische, rechtliche und militärische Handlungsspielraum Aussage- und Prognosekraft für die Position der sicherheitspolitischen Partner. Darüber hinaus tragen auch auf der Einsatzebene grundlegende Kenntnisse über den historisch-kulturell bedingten, sicherheits- und verteidigungspolitischen Handlungsspielraum der internationalen Partner zu einem besseren gegenseitigen Verständnis bei. Letztlich kann ein Vergleich mit den europäischen Partnern ebenso im Hinblick auf die kontinuierliche Überprüfung und Weiterentwicklung der Grundlagen der deutschen Sicherheits- und Verteidigungspolitik – perspektivisch auch im Hinblick auf ein neues Weißbuch – von herausragender Bedeutung sein: Sei es, um sich bewusst von einer spezifischen Herangehensweise zu distanzieren oder um nach dem Motto „Strategic thinking needs to be framed in European terms (...)"[9] (Grevi 2008: 2) bereits auf strategisch-konzeptioneller Ebene näher zusammenzurücken, eine höhere Kompatibilität mit den europäischen Partnern sicherzustellen und somit die Chancen für die europäische Streitkräfteintegration zu erhöhen.

2.1 Analytische Herangehensweise und Operationalisierung

2.1.1 Definition des Untersuchungsgegenstands

Zur Beantwortung der vorliegenden Forschungsfrage sollen die grundlegenden Aspekte der deutschen, französischen und britischen Sicherheits- und

---

8   So wurde bereits im Jahr 2003 durch das Zentrum für Analysen und Studien der Bundeswehr (seit 2004 umbenannt in „Zentrum für Transformation der Bundeswehr") eine für den Planungsstab des Bundesverteidigungsministeriums zugedachte Studie mit dem Titel „Möglichkeiten und Grenzen der Integration von Streitkräften in der EU" in Auftrag gegeben. Diese wurde durch ein Projektteam des Instituts für Europäische Politik in Berlin bearbeitet und im Jahr 2004 abgeschlossen. Im zeitlichen Vergleich mit der vorliegenden Studie sind es vor allem die Erkenntnisse aus Kapitel V „Politische, strategische, rechtliche und ökonomische Rahmenbedingungen multinationaler Streitkräfteintegration in der EU", welche verdeutlichen, dass auch grundlegende Aspekte nationaler Sicherheits- und Verteidigungspolitik nicht statisch sind, sondern sich innerhalb von fünf Jahren durchaus verändern können und dementsprechend auch turnusmäßig erfasst werden sollten.

9   „Strategische Überlegungen müssen in den europäischen Rahmen eingebettet sein (...)" (Übersetzung d. A.).

Verteidigungspolitik analysiert und verglichen werden. Dabei werden diese grundlegenden Aspekte durch sechs Teilbereiche definiert:

I. **Sicherheitspolitische Bedrohungsanalysen**

II. **Allgemeine Leitlinien in der Sicherheits- und Verteidigungspolitik**

III. **Rechtliche Rahmenbedingungen für den Streitkräfteeinsatz**

IV. **Militärische Fähigkeiten**

V. **Sicherheits- und Verteidigungspolitik auf der internationalen Ebene**

VI. **Konzepte vernetzter Sicherheit und ihre Umsetzung**

Die sechs Teilbereiche stellen essenzielle Elemente der Sicherheits- und Verteidigungspolitik Deutschlands, Frankreichs und Großbritanniens dar. Dies ergibt sich zum einen aus einer Analyse der aktuellen Grundsatzdokumente, welche die Mehrzahl der oben definierten Teilbereiche bereits als grundlegende Aspekte der jeweiligen Sicherheits- und Verteidigungspolitik abdecken. Zum anderen sind es pragmatische Erwägungen, die in engem Zusammenhang mit den sich aus den konkreten Erfordernissen einer multinationalen Kooperation ergebenden Notwendigkeiten stehen, welche die sechs Themenfelder als grundlegende Elemente deutscher, französischer und britischer Sicherheits- und Verteidigungspolitik qualifizieren. So basiert nationale Sicherheits- und Verteidigungspolitik auf einer Analyse der Bedrohungslage sowie auf der Festlegung von Leitlinien für die eigene Politik. Geteilte Bedrohungsperzeptionen und Zielsetzungen sind auch die Grundlage einer multinationalen Kooperation in der Sicherheits- und Verteidigungspolitik. Weiterhin müssen die rechtlichen Rahmenbedingungen und die militärischen Fähigkeiten es ermöglichen, die formulierten nationalen sowie multinationalen Ziele zu erreichen und die Bedingungen für eine europäische Zusammenarbeit in der Sicherheits- und Verteidigungspolitik auf politischer, rechtlicher und operationeller Ebene zu schaffen. Letztendlich spiegeln das jeweilige militärische Engagement auf internationaler Ebene sowie die Umsetzung des Konzepts vernetzter Sicherheit hervorgehobene sicherheits- und verteidigungspolitische Prioritäten Deutschlands, Frankreichs und Großbritanniens wider, was insbesondere an der Gewichtung dieser in den Grundsatzdokumenten ersichtlich ist und als Konsequenz nach sich zieht, dass die letztendliche Ausgestaltung dieser prioritären Bereiche im Sinne eines geteilten Verständnisses für die Zusammenarbeit in der Sicherheits- und Verteidigungspolitik ausschlaggebend ist.

Infolgedessen werden im dritten Kapitel die jeweiligen **sicherheitspolitische Bedrohungsanalysen**, also die sicherheitspolitischen Gefahren und Herausforderungen, die von den entsprechenden politischen Entscheidungsträgern als relevant wahrgenommen werden, komparativ analysiert. Diese vor allem in den sicherheits- und verteidigungspolitischen Grundsatzdokumenten festgeschriebenen Bedrohungswahrnehmungen, sollten im Rahmen einer europäischen Streitkräfteintegration maßgeblich geteilt werden und die Grundlage einer gemeinsamen Sicherheits- und Verteidigungspolitik darstellen.

Im vierten Kapitel werden daraufhin die **allgemeinen Leitlinien in der Sicherheits- und Verteidigungspolitik** vergleichend betrachtet, also im Einzelnen die jeweiligen Werte, Ziele und Interessen, die den Streitkräften zugeteilten Aufgaben sowie das nationale sicherheits- und verteidigungspolitische Selbstverständnis. Im Sinne geteilter Normen und gemeinsamer Zielsetzungen für den Streitkräfteeinsatz ist die Übereinstimmung der jeweiligen allgemeinen Leitlinien von hervorgehobener Relevanz – beispielhaft kann hier die Problematik der Notwendigkeit eines UN-Mandats für militärische Einsätze im multinationalen Rahmen genannt werden.

Das fünften Kapitel zum **rechtlichen Rahmen** der Sicherheits- und Verteidigungspolitik beschäftigt sich mit den Grundlagen der verschiedenen Wehrrechtssysteme, den jeweiligen Einsatzmöglichkeiten für bewaffnete Streitkräfte sowie den Entscheidungskompetenzen beim Einsatz bewaffneter Streitkräfte. Die Auswirkungen der unterschiedlichen rechtlichen Rahmenbedingungen werden am Beispiel des ISAF-Einsatzes der NATO in Afghanistan illustriert. Ein Beispiel für die Bedeutung kongruenter rechtlicher Rahmenbedingungen für den Streitkräfteeinsatz ergibt sich bereits aus der ganz grundlegenden rechtlichen Möglichkeit der drei Staaten, überhaupt an multinationalen militärischen Einsätzen teilzunehmen.

Die im sechsten Kapitel vergleichend betrachteten **militärischen Fähigkeiten** setzen den Rahmen dessen, was für einen Staat militärisch-operationell im Rahmen seiner Sicherheits- und Verteidigungspolitik möglich ist. Ein Vergleich der budgetären und personellen Grundlagen, der jeweiligen Reformvorhaben sowie der Herangehensweise an den Bereich Rüstung, Forschung und Entwicklung soll im Folgenden Gemeinsamkeiten und Unterschiede zwischen den drei Ländern aufzeigen. Für die europäische Streitkräfteintegration ist dabei die Kohärenz in den jeweiligen Prioritätensetzungen der drei Länder ausschlaggebend: So ist z. B. eine den heutigen sicherheitspolitischen Herausforderungen angepasste Ausrüstung der Streitkräfte Voraussetzung für den gemeinsamen Einsatz.

Das **sicherheits- und verteidigungspolitische Engagement auf internationaler Ebene** wird im siebten Kapitel thematisiert: So werden sowohl der internationale Handlungsrahmen der drei Staaten – auf deklaratorischer und faktischer Ebene – als auch deren Standpunkte im Spannungsfeld zwischen multilateraler Ordnung und nationaler Eigenständigkeit untersucht. In diesem Zusammenhang erfordert die Kooperation in der Sicherheits- und

Verteidigungspolitik z. B. eine Übereinstimmung in der Prioritätensetzung hinsichtlich des favorisierten multinationalen Rahmens sowie ein kongruentes Verständnis darüber, welcher Stellenwert der multilateralen Ordnung im Gegensatz zur nationalen Eigenständigkeit beigemessen wird.

Der letzte zu untersuchende Teilbereich nationaler Sicherheits- und Verteidigungspolitik sind die im achten Kapitel analysierten **Konzepte vernetzter Sicherheit und deren Umsetzung.** Aus der Untersuchung ergibt sich, dass diesem Teilbereich nationaler Sicherheits- und Verteidigungspolitik sowohl von deutscher als auch von französischer und britischer Seite eine hohe Bedeutung zugemessen wird. Im Einzelnen werden das jeweilige Grundverständnis und der Stellenwert des Konzepts sowie ressortübergreifende Strukturen, Strategien, Mechanismen und Instrumente miteinander verglichen. Dabei ist die Übereinstimmung der jeweiligen Umsetzung des Konzepts vernetzter Sicherheit für gemeinsame militärische Einsätze von Relevanz: So sollte die multinationale Truppe im Einsatz z. B. ein ähnliches Verständnis darüber besitzen, wie die Beziehungen zu den zivilen Akteuren vor Ort gestaltet werden.

2.1.2 Analyseraster

Um über einen faktischen Vergleich dieser sechs Teilbereiche hinaus auch systematisch zu bewerten, welche Bedeutung die Gemeinsamkeiten und Unterschiede in den grundlegenden Aspekten deutscher, französischer und britischer Sicherheits- und Verteidigungspolitik für die Integration in der ESVP besitzen, werden die Gemeinsamkeiten und Unterschiede anhand eines vier Spektren umfassenden Analyserasters interpretiert. Dabei ergeben sich die für die Chancen und Hindernisse der europäischen Streitkräfteintegration aussagekräftigen Spektren nicht nur aus den konkreten Erfordernissen der multinationalen Zusammenarbeit in der Sicherheits- und Verteidigungspolitik, sondern entstanden im Rahmen dieser Studie auch induktiv aus der vergleichenden Analyse der grundlegenden Aspekte der deutschen, französischen und britischen Sicherheits- und Verteidigungspolitik heraus: So erscheinen erstens ein übereinstimmend großer sicherheitspolitischer Gestaltungswille, zweitens kongruente politisch-rechtliche Möglichkeiten für den Einsatz bewaffneter Streitkräfte und drittens die Kompatibilität der jeweiligen traditionellen außenpolitischen Orientierungen sowie eine maßgeblich übereinstimmende Akzeptanz für den Einsatz militärischer Gewalt als zwingend erforderlich für eine positive Prognose hinsichtlich der Weiterentwicklung der ESVP. Auch bezüglich einer Integration der Streitkräfte muss erstens der sicherheitspolitische Gestaltungswille zum gemeinsamen integrierten Handeln bestehen, zweitens muss den verschiedenen Staaten die politisch-rechtliche

Möglichkeit gegeben sein, die nationalen Streitkräfte zu integrieren, drittens ist die Perzeption, dass eine Integration im ESVP-Rahmen überhaupt wünschenswert ist, notwendig und viertens sollte eine grundsätzlich übereinstimmende Akzeptanz für die Ausführung der im Rahmen von ESVP-Operationen definierten militärischen Aufgaben bestehen. Im Folgenden wird konsequenterweise davon ausgegangen, dass die Nähe der drei untersuchten Staaten in den eng miteinander verflochtenen Spektren die Chancen für die europäische Streitkräfteintegration determiniert. Somit soll durch die vergleichende Analyse grundlegender Aspekte der deutschen, französischen und britischen Sicherheits- und Verteidigungspolitik auf die Positionierung der drei Staaten in den vier Spektren geschlossen werden. Von hervorgehobener Relevanz ist dabei, ob sich seit der starken Einbindung Deutschlands, Frankreichs und Großbritanniens in gemeinsame, internationale Krisenmanagementoperationen ab Beginn der 1990er-Jahre eine Annäherung abzeichnet oder sich die Staaten voneinander weg bewegen.

Spektrum 1: Sicherheitspolitischer Gestaltungswille

Strategische Zurückhaltung	Strategischer Führungsanspruch

Der sicherheitspolitische Gestaltungswille beschreibt den sich in der Sicherheits- und Verteidigungspolitik eines Staates ausdrückenden Wunsch, mit seinen Instrumenten auf internationaler Ebene gestaltend zu wirken. Ein übereinstimmend großer sicherheitspolitischer Gestaltungswille bezüglich geteilter Ziele ist eine *conditio sine qua non* für integrierte Einsätze, wobei sich Staaten hinsichtlich ihres sicherheitspolitischen Gestaltungswillens zwischen den Maximalpositionen „strategischer Führungsanspruch" und „strategische Zurückhaltung" positionieren. So liegen auf der einen Seite des Spektrums die Staaten, die eine Führungsrolle beanspruchen. Auf der anderen Seite sind die Staaten positioniert, die sich als neutral und/oder reine Zivilmacht verstehen und eine internationale sicherheitspolitische Gestaltungsrolle weitestgehend ablehnen. Zwischen diesen beiden Maximalpositionen befinden sich solche Staaten, die eine eher risikoaverse Kultur entwickelt haben, aber dennoch – eher in der Rolle als Partner und Verbündeter denn als Führungsmacht – sicherheitspolitisch mit gestalten wollen. Während Staaten mit einem großen sicherheitspolitischen Gestaltungswillen auch einen vergleichsweise größeren Willen haben, als effektiver internationaler Krisenmanager in Erscheinung zu treten, fällt es weniger prestigebewussten Staaten leichter, sich in internationale Rahmen und Regeln einzufügen und gegebenenfalls auch Souveränität abzugeben. Dabei lassen die Ergebnisse der vorliegenden Studie darauf schließen, dass der nationale sicherheitspolitische Gestaltungswille besonders eng verflochten ist mit dem jeweiligen Verhältnis zum Einsatz militärischer Mittel und dem durch das politische System ermöglichten Handlungsspielraum.

Spektrum 2: Handlungsspielraum der Exekutive

Enge Handlungsspielräume	Flexibilität

Die verschiedenen nationalen politischen Systeme lassen den entsprechenden Regierungen einen voneinander abweichenden politisch-rechtlichen Handlungsspielraum in der Sicherheits- und Verteidigungspolitik. So zeichnet sich ein enger Handlungsspielraum durch ein dichtes und striktes politisch-rechtliches Regelwerk aus, während eine größere Flexibilität sich entweder durch ein weniger verregeltes politisches System ergeben kann oder aber in einem stark hierarchisch organisierten politischen System vorkommt, in dem exekutive Autorität das Regelwerk im Zweifelsfall überlagert. Beispielsweise können sich die jeweiligen Einsatzmöglichkeiten der nationalen Streitkräfte im In- und Ausland voneinander unterscheiden. Die Position eines Staates im Spektrum Handlungsspielraum der Exekutive ist darüber hinaus eng verflochten mit dem jeweiligen sicherheitspolitischen Gestaltungswillen und dem Verhältnis zum Einsatz militärischer Gewalt. So ist die Wahrscheinlichkeit hoch, dass eine eher ablehnende Positionierung eines Staates hinsichtlich des Einsatzes militärischer Gewalt und eine zurückhaltende Positionierung im Spektrum „sicherheitspolitischer Gestaltungswille" Hand in Hand geht mit stark ausgeprägten politisch-rechtlichen Vorgaben und Beschränkungen, an denen die betroffenen Staaten dann oftmals auch strikt festhalten.

Spektrum 3: Außenpolitische Orientierung

Europäisch	Transatlantisch

Für die ESVP stellt das Verhältnis zur NATO von Anbeginn an eine besondere Herausforderung dar. In diesem Zusammenhang betrifft die nationale außenpolitische Orientierung im Rahmen des Forschungsinteresses der vorliegenden Studie die Präferenz eines Staates entweder für den transatlantischen oder den europäischen sicherheitspolitischen Handlungsrahmen und ist vor dem Hintergrund, dass das sicherheitspolitische Engagement der EU-Staaten heutzutage maßgeblich im internationalen Rahmen stattfindet, von großer Relevanz. Dabei überprüft die folgende Analyse, ob die bekannte, historisch-kulturell bedingte Spaltung zwischen Großbritannien, das transatlantisch ausgerichtet ist, Frankreich, das den europäischen Rahmen favorisiert und Deutschland, das in einer Mittelposition in beide Richtungen bündniswillig ist, konstant geblieben ist. Schließlich könnte sich an diesen traditionellen außenpolitischen Orientierungen mit der Rückkehr Frankreichs in die militärischen Strukturen der NATO, der britischen Beteiligung an einer wachsenden Zahl von ESVP-Operationen und der zunehmenden militärischen Einsatzerfahrung Deutschlands etwas geändert haben.

Spektrum 4: Verhältnis zum Einsatz militärischer Gewalt

„Soft Power"	„Hard Power"

Das Verhältnis zum Einsatz militärischer Gewalt drückt sich bereits dadurch aus, ob traditionellerweise zivile oder militärische Mittel zur Beilegung von Konflikten bevorzugt werden. Während manche Staaten eine eher zurückhaltende Position einnehmen, wenn es darum geht, sich mit bewaffneten Streitkräften an Auslandseinsätzen zu beteiligen, insbesondere wenn „kritische" militärische Aufgaben, einschließlich Zwangsmaßnahmen, involviert sind, ist die Bereitschaft zur Ausführung solcher Aufgaben durch die Staaten, die sich am anderen Ende des Spektrums befinden, wesentlich größer. Diese unterschiedliche große Akzeptanz des Einsatzes militärischer Gewalt kann sich auch auf die Ausgestaltung einzelstaatlicher Mandate im gemeinsamen Einsatzgebiet auswirken. Dabei bestehen zwischen dem nationalen Verhältnis zum Einsatz militärischer Gewalt, dem jeweiligen sicherheitspolitischen Gestaltungswillen und dem politisch-rechtlichen Handlungsspielraum enge Verflechtungen. So weisen die Staaten, die eine hohe Akzeptanz für militärische Mittel aufbringen, zugleich einen größeren sicherheitspolitischen Gestaltungswillen auf und haben ihrer Exekutive vergleichsweise wenig politisch-rechtliche Hürden auferlegt.

2.1.3   Parallelen zur strategischen Kulturen-Forschung

Die Positionierung der Staaten in den vier sicherheits- und verteidigungspolitischen Spektren liegt maßgeblich in nationalen historischen und kulturellen Faktoren sowie dem jeweiligen Selbstbild begründet. Dies lässt deutliche Parallelen zwischen dem hier gewählten Analyseraster und der – zumindest in der Konzeptionalisierung – noch sehr jungen Forschung zu strategischen Kulturen erkennen, welche auf der Grundannahme beruht, dass das Verhalten von Staaten in der Sicherheits- und Verteidigungspolitik nicht allein von rationalen Faktoren beeinflusst wird. Vielmehr würden sich auch die einzigartigen historischen, kulturellen, geografischen und politischen Erfahrungen widerspiegeln. Dieser strategisch-kulturellen Komponente nationaler Sicher-heits- und Verteidigungspolitik wird zwar grundlegend zugeschrieben, eine relativ hohe zeitliche Stabilität zu besitzen, sie ist jedoch nicht statisch – un-ter dem Eindruck externer Entwicklungen und innenpolitischer Dynamiken können sich strategische Kulturen durchaus wandeln, wie nicht zuletzt das wachsende Engagement Deutschlands in weltweiten Auslandseinsätzen seit Anfang der 1990er-Jahre zeigt (vgl. z. B. Lantis 2002).

Ein Schwerpunkt der bisherigen empirischen Arbeiten in der strategi-schen Kultur-Forschung liegt im Bereich der Europäischen Sicherheits- und Verteidigungspolitik. Mit Beginn der dynamischen Entwicklung der ESVP haben sich, ausgehend von Cornish und Edwards (2001), mehrere jüngere Studien mit der Frage befasst, inwieweit die Entwicklung einer gemeinsamen europäischen strategischen Kultur möglich ist bzw. ob und welche Fortschrit-te seit 2003 bereits gemacht wurden. Bereits die Europäische Sicherheitsstra-tegie (ESS) aus dem Jahr 2003 fordert, die Europäische Union müsse „eine Strategiekultur entwickeln, die ein frühzeitiges, rasches und wenn nötig ro-bustes Eingreifen fördert" (Europäischer Rat 2003: 11) und verknüpft diese somit eng mit der fortschreitenden Integration im Bereich der ESVP. Dabei ist davon auszugehen, dass die Entwicklung einer europäischen strategischen Kultur zunächst das aufeinander Zuwachsen immer kompatibler werdender strategischer Kulturen der EU-Mitgliedstaaten voraussetzt. An dieser Stelle setzt die vorliegende Studie an: Kulturelle und historische Faktoren sowie das jeweilige nationale Selbstverständnis werden in der Analyse der grundlegen-den Aspekte der deutschen, französischen und britischen Sicherheits- und Verteidigungspolitik implizit berücksichtigt und definiert, ohne diese jedoch zum expliziten Untersuchungsgegenstand zu machen – sie spiegeln sich in der jeweiligen Positionierung innerhalb der vier definierten sicherheits- und verteidigungspolitischen Spektren wider.

Die vorliegende Publikation ist somit ein erster Schritt zur Umsetzung der Forschungsachse „Strategische Kulturen in Europa: Integrationsmotor oder Hindernis für gemeinsame europäische Streitkräfte?" im Forschungs-schwerpunkt Multinationalität/Europäische Streitkräfte des Sozialwissen-schaftlichen Instituts der Bundeswehr. Kernziel dieser Forschungsachse ist es, auf Basis der analysierten Gemeinsamkeiten und Konfliktlinien in den grundlegenden Aspekten der jeweiligen Sicherheits- und Verteidigungspoli-tik der EU-Mitgliedstaaten zur Debatte über die Integration in der ESVP, ins-besondere im Bereich der europäischen Streitkräfteintegration, beizutragen.

2.2   Methodisches Vorgehen

Um im Rahmen des vorliegenden Vergleichs der grundlegenden Aspekte der Sicherheits- und Verteidigungspolitik Deutschlands, Frankreichs und Großbritanniens auf die Positionierung der drei Staaten innerhalb der vier Spektren schließen zu können, wurden unterschiedliche Quellen genutzt. Neben den aktuellen sowie älteren sicherheits- und verteidigungspolitischen Grundsatzdokumenten Deutschlands, Frankreichs und Großbritanniens wurden auch offizielle Dokumente der jeweiligen Regierung bzw. des Parlaments sowie die relevante wissenschaftliche Literatur analysiert. Darüber hinaus wurden in Berlin, Paris und London mit Mitarbeiterinnen und Mitarbeitern des jeweiligen Verteidigungsministeriums, Mitarbeitern von Forschungsinstituten, Parlamentariern und Experten, die an der Entwicklung der aktuellen nationalen Grundsatzdokumente beteiligt waren, offene Leitfadeninterviews geführt.

Im Rahmen der Analyse der sechs untersuchten Teilbereiche nationaler Sicherheits- und Verteidigungspolitik wurden dabei in einer Reihe von Fällen erhebliche Divergenzen zwischen der deklaratorischen Ebene und der Umsetzungsebene, z. B. zwischen den in den Grundsatzdokumenten festgehaltenen Maximen und Zielen und der tatsächlich implementierten Politik ersichtlich. Durch die Berücksichtigung der Implementierungsebene wurde daher versucht, ein möglichst realistisches Bild der jeweiligen Sicherheits- und Verteidigungspolitik zu zeichnen. Dabei wurden in jeder der sechs Teilbereiche exemplarisch Elemente herausgesucht, die Aussagekraft für die jeweilige Positionierung in den sicherheits- und verteidigungspolitischen Spektren besitzen – eine abschließende, umfassende Analyse der einzelnen Teilbereiche wurde im Rahmen der vorliegenden Studie jedoch nicht angestrebt.

Schließlich wurden in einer Gesamtschau im Kapitel „Schlussfolgerungen und Empfehlungen" die sich aus der Analyse der sechs sicherheits- und verteidigungspolitischen Teilbereiche ergebenden Positionierungen Deutschlands, Frankreichs und Großbritanniens in den vier Spektren bewertet und gewichtet. Dabei ergab sich, dass trotz eines hinreichend großen gemeinsamen Handlungsspielraums und der Anerkennung eines gemeinsamen Aufgabenspektrums grundlegende Unterschiede in den außenpolitischen Orientierungen als andauerndes Hindernis für die europäische Streitkräfteintegration vorhanden sind. Darüber hinaus zeigte sich, dass ein sich annähernder sicherheitspolitischer Gestaltungswille Deutschlands, Frankreichs und Großbritanniens die Tendenz mit sich bringt, dass die Staaten gesteigerten Wert auf die Autonomie ihrer Sicherheits- und Verteidigungspolitik legen und die im Rahmen einer sich weiterentwickelnden ESVP notwendige Souveränitätsabgabe somit erschwert wird.

2.3 Exkurs: Die sicherheits- und verteidigungspolitischen Grundsatzdokumente – Entstehungsprozess und Umfang im Vergleich

Bereits die komparative Analyse von Entstehungsprozess und Umfang der aktuellen Grundsatzdokumente Deutschlands, Frankreichs und Großbritanniens lässt auf die Existenz einiger Unterschiede in den grundlegenden Aspekten der jeweiligen Sicherheits- und Verteidigungspolitik schließen. Dabei ist bemerkenswert, dass sowohl Frankreich als auch Großbritannien im Jahr 2008 die grundlegenden Aspekte ihrer jeweiligen Sicherheits- und Verteidigungspolitik mit der Veröffentlichung neuer Grundsatzdokumente überarbeitet haben.

Tabelle 2.1: Sicherheits- und verteidigungspolitische Grundsatzdokumente seit 1990

Sicherheits- und verteidigungspolitische Grundsatzdokumente in Deutschland, Frankreich und Großbritannien seit 1990	
Deutschland	
1994	Weißbuch 1994. Weißbuch zur Sicherheit der Bundesrepublik Deutschland und zur Lage und Zukunft der Bundeswehr
2006	Weißbuch zur Sicherheitspolitik Deutschlands und zur Zukunft der Bundeswehr 2006
Frankreich	
1994	Livre Blanc sur la Défense 1994
2008	Défense et Sécurité nationale. Le Livre Blanc
Großbritannien	
1998	Strategic Defence Review
2002	The Strategic Defence Review: A New Chapter
2003	Delivering Security in a Changing World. Defence White Paper
2008	The National Security of the United Kingdom. Security in an interdependent World

Erstens divergieren die aktuellen Grundsatzdokumente der drei Staaten hinsichtlich ihres Umfangs: Das im Vergleich mit Abstand umfangreichste sicherheits- und verteidigungspolitische Grundsatzdokument ist das insgesamt 342 Seiten zählende französische Livre Blanc. Diesem folgt das Weißbuch zur Sicherheitspolitik Deutschlands und zur Zukunft der Bundeswehr 2006

27

mit 149 Seiten, während die britische National Security Strategy lediglich 61 Seiten umfasst.

Zweitens sind es vor allem die unterschiedlichen Entstehungsprozesse, die sich hinsichtlich der Beteiligung externer – also nicht dem jeweiligen Verteidigungsministerium angehöriger – Institutionen und Akteure wie anderer Ressorts, des Parlaments, der breiten Öffentlichkeit oder Experten aus anderen EU-Staaten unterscheiden. So wurde das deutsche Weißbuch maßgeblich vom Planungsstab des BMVg – also lediglich einem Teil eines Ministeriums – entwickelt und daraufhin von anderen Ressorts ohne substanzielle Veränderung mitgezeichnet (Souchon 2007: 63). Der Öffentlichkeit und dem Parlament wurde das Weißbuch erst im Anschluss zur Diskussion vorgestellt – Ziel war es, nicht schon während der Entstehung, sondern vielmehr erst mit der Veröffentlichung des Weißbuchs die parlamentarische und gesellschaftliche Debatte zu suchen. Das französische Livre Blanc aus dem Jahr 2008 wurde indessen in einem mehrmonatigen Prozess durch eine Expertenkommission („Commission du Livre Blanc") formuliert, welche im Rahmen eines konsultativen Prozesses Mitglieder verschiedener Ressorts,[10] die Armee, das Parlament, Wissenschaftler, unabhängige Experten und Vertreter der Wirtschaft vereinte und von einer breit angelegten öffentlichen Debatte begleitet wurde.[11] Sowohl in Deutschland als auch in Frankreich wurden erstmals seit 1994 neue Weißbücher entwickelt, und – anders als damals – weitgehend unabhängig voneinander erarbeitet.[12] Die aus dem Jahr 2008 stammende britische National Security Strategy (NSS) wurde von einem interministeriellen Komitee entworfen, welches eigens für die Entwicklung der Strategie im Cabinet Office angesiedelt wurde – einem interministeriellen Gremium, das neben dem britischen Premierminister auch das Kabinett unterstützt und dessen zentrale Aufgabe es ist, für eine durch alle Ministerien hinweg kohärente Regierungspolitik zu sorgen. Im Gegensatz zum vorhergehenden Defence White Paper aus dem Jahr 2003, welches aus dem britischen Verteidigungsministerium stammt, wurde bei der Formulierung der NSS somit erstmals ein interministerieller Ansatz gewählt. Eine Einbindung des Parlaments und der Öffentlichkeit fand jedoch nicht statt (Cornish 2008), vielmehr soll die NSS –

---

10 Beteiligt waren Vertreter des französischen Außen-, Verteidigungs-, Innen-, Wirtschafts-, Forschungs- und Finanzministeriums.

11 Über vierzig öffentliche Debatten, webcasts und vertrauliche Beratungssitzungen fanden statt (Fiott 2008: 2).

12 Nach Ende des Kalten Krieges überarbeiteten sowohl Deutschland als auch Frankreich parallel und in enger Abstimmung ihre jeweiligen sicherheits- und verteidigungspolitischen Grundsatzdokumente im Jahr 1994 (Schwarzer/von Ondarza 2007: 16). Obgleich deutsche Experten bei der Erstellung des aktuellen, im Jahr 2008 veröffentlichten französischen Weißbuchs mit einbezogen wurden, wurde weder 2006 noch 2008 eine der Zusammenarbeit aus dem Jahr 1994 vergleichbare Kooperation durchgeführt.

ähnlich wie das deutsche Weißbuch – nach der Veröffentlichung die Debatte stimulieren und darüber hinaus jährlich erneuert werden.

Insgesamt spiegeln sich in Umfang, Entstehungsprozess und Inhalt der aktuellen Grundsatzdokumente Deutschlands, Frankreichs und Großbritanniens der jeweilige politische Kontext sowie der national-spezifische Habitus, (Sicherheits)politik zu machen, wider. So entstanden alle drei Dokumente ungefähr ein Jahr nach Antritt einer neuen Regierung und haben primär zum Ziel, die Lage der Streitkräfte sowie die jeweilige sicherheitspolitische Situation und Planung zu erfassen und diese sowohl der Öffentlichkeit als auch in die Streitkräfte hinein zu kommunizieren (zum deutschen Weißbuch vgl. Meier 2009: 56). Umfang und Detailtreue der Grundsatzdokumente scheinen dabei in engem Zusammenhang mit der Existenz bzw. dem Ausmaß aktueller sicherheitspolitischer Reformvorhaben sowie mit der Regelmäßigkeit, in der sicherheitspolitische Leitlinien kommuniziert werden, zu stehen. So nimmt das deutsche Weißbuch vor allem den Anfang der 1990er-Jahre eingeleiteten Paradigmenwechsel der deutschen Sicherheits- und Verteidigungspolitik auf und beschäftigt sich z. B. mit der zunehmenden Beteiligung Deutschlands an multinationalen Militäreinsätzen sowie mit dem Prozess der Transformation. Das Livre Blanc 2008 entstand im Rahmen einer ebenso umfassenden wie jungen Richtungsänderung in der französischen Politik, die durch Staatspräsident Sarkozy eingeführt wurde („révision générale des politiques publiques"). In diesem Sinne sind auch die politische Zäsur („rupture") sowie die neue Strategie („stratégie nouvelle") Leitideen des Grundsatzdokuments, welches die vorgesehenen tiefgreifenden Änderungen und konzeptionellen Weiterentwicklungen der französischen Sicherheits- und Verteidigungspolitik aufführt.

Im Fall von Großbritanniens vergleichsweise kurzgefasster NSS spiegelt sich hingegen eine relativ große politische Kontinuität wider, die einerseits damit zusammenhängen könnte, dass mit dem Regierungswechsel von Tony Blair zu Gordon Brown (beide Labour) im Jahr 2007 kein parteipolitischer Wechsel einherging, andererseits aber auch im Zusammenhang mit einem pragmatischen und flexiblen „Schritt für Schritt"-Ansatz hinsichtlich der Kommunikation der nationalen Sicherheitspolitik stehen könnte: So ist das 2008 veröffentlichte britische Grundsatzdokument Teil eines kontinuierlichen Prozesses, der 1998 mit der Strategic Defence Review von der damals neu gewählten New Labour-Regierung begonnen wurde und die fortlaufende Aktualisierung der sicherheits- und verteidigungspolitischen Grundlagen Großbritanniens impliziert.

3   Bis an die Grenzen der Vorstellungskraft? Sicherheitspolitische Bedrohungsanalysen

Alexandra Jonas

> *„La diversité et la gravité des menaces actuelles et prévisibles ne laissent pas d'autre choix que celui d'un dispositif de défense multidimensionnel prenant en charge le présent et ses crises complexes mais nous préparant en parallèle aux aléas de l'avenir."*[1]
>
> De Durand 2007: 741

Eine Analyse der gegenwärtigen sowie der in der Zukunft zu erwartenden sicherheitspolitischen Bedrohungen bildet die Basis für die Konzipierung nationaler Sicherheits- und Verteidigungspolitik. Konsequenterweise ist die Analyse sicherheitspolitisch relevanter Bedrohungen nicht nur fester Bestandteil entsprechender Grundsatzdokumente und findet sich sowohl im deutschen Weißbuch aus dem Jahr 2006 als auch in Livre Blanc und NSS von 2008 jeweils im vorderen Teil des Dokuments, sondern stellt auch einen grundlegenden Teilbereich nationaler Sicherheits- und Verteidigungspolitik dar.

Auch wenn anzunehmen ist, dass sich die gegenwärtigen sicherheitspolitischen Bedrohungen für die drei westeuropäischen Staaten Deutschland, Frankreich und Großbritannien gleichen, ist eine vollständige Übereinstimmung in den nationalen Bedrohungsanalysen dennoch wenig wahrscheinlich. So ist zwar grundsätzlich davon auszugehen, dass die jeweiligen Entscheidungsträger versuchen, eine möglichst objektive und vollständige Analyse der heutigen Bedrohungen zur Grundlage ihrer nationalen Sicherheits- und Verteidigungspolitik zu machen, jedoch spiegeln die jeweilig aufgeführten sicherheitspolitischen Bedrohungen darüber hinaus auch ein spezifisches nationales Selbstverständnis wider. Voneinander abweichende Bedrohungsanalysen sind somit oftmals darin begründet, dass internationale sicherheitspolitische Gegebenheiten sprichwörtlich durch unterschiedliche Linsen betrachtet und bewertet werden – eingefärbt z. B. durch historische Erfahrungen oder kulturelle Faktoren.

Davon ausgehend, dass die jeweils aufgeführten Bedrohungen darüber Aussagekraft besitzen, was die nationale Sicherheits- und Verteidigungspolitik vor dem Hintergrund des jeweiligen Selbstverständnisses als globaler Ak-

---

1   „Die Vielfältigkeit und der Ernst der aktuellen und vorhersehbaren Bedrohungen lassen keine andere Wahl als die einer mehrdimensionalen Verteidigungspolitik, welche den komplexen Krisen der Gegenwart Rechnung trägt, uns jedoch gleichzeitig auf die Überraschungen der Zukunft vorbereitet." (Übersetzung d. A.)

teur leisten soll, können durch eine komparative Untersuchung der Bedrohungsanalysen Deutschlands, Frankreichs und Großbritannien im Folgenden
Rückschlüsse auf die Positionierung der drei Länder im Spektrum „Sicherheitspolitischer Gestaltungswille" gezogen werden. Die vor allem in den si-
cherheits- und verteidigungspolitischen Grundsatzdokumenten aufgelisteten,
jeweils wahrgenommenen Bedrohungen werden im Rahmen der vorliegenden
Studie zur Veranschaulichung in konkrete sicherheitspolitische Gefahren und
abstraktere globale Herausforderungen unterteilt – wobei diese Kategorien
eng miteinander verflochten sind.[2] In der folgenden Untersuchung sollen somit die Gemeinsamkeiten und Unterschiede in den Bedrohungsanalysen
Deutschlands, Frankreichs und Großbritanniens analysiert werden. Insgesamt
lässt diese Gegenüberstellung darauf schließen, dass in den drei Staaten ein
vergleichbar stark ausgeprägter sicherheitspolitischer Gestaltungswille besteht, die französischen und britischen Entscheidungsträger jedoch einen etwas größeren Führungsanspruch offenbaren als ihre deutschen Pendants.

3.1   Herausforderungen und Gefahren

Betrachtet man die im aktuellen Weißbuch, Livre Blanc und NSS aufgelisteten sicherheitspolitischen Herausforderungen und Gefahren, so sticht zunächst die sehr große Anzahl und Bandbreite an insgesamt genannten Bedrohungen ins Auge. Dabei bietet das französische Grundsatzdokument – entsprechend seines vergleichsweise größeren Gesamtumfangs – die detaillier-
testen Ausführungen zu den wahrgenommenen Herausforderungen und Gefahren. Auffallend ist die große Übereinstimmung der jeweils aufgeführten
Bedrohungen: So werden eine Reihe Herausforderungen, z. B. der Klima-
wandel bzw. die Umweltzerstörung, Pandemien und die Energiesicherheit
sowie eine große Anzahl an Gefahren, exemplarisch seien hier Terrorismus,
Massenvernichtungswaffen oder die transnationale organisierte Kriminalität
genannt, in allen drei Grundlagedokumenten aufgezählt (siehe Tabelle 3.1).
Dies weist per se darauf hin, dass Deutschland, Frankreich und Großbritan-

---

2   Zum Vergleich: Die ESS unterscheidet zwischen abstrakten „globalen Herausforderungen"
und konkreteren „Hauptbedrohungen". Das deutsche Weißbuch hingegen benennt Herausforderungen, Gefahren, Bedrohungen und Risiken nebeneinander und nimmt keine klare
Unterscheidung vor, während das französische Livre Blanc die wahrgenommenen sicherheitspolitischen Bedrohungen vor allem in den Kapiteln „Beunruhigende Trends" („Des
tendances inquiétantes") und „Neue Verletzbarkeiten für das europäische Territorium und
die europäischen Bürger" („Des vulnérabilités nouvelles pour le territoire et les citoyens euro-
péens") aufführt und ebenfalls keine klare Unterscheidung vornimmt. Großbritannien
schlussendlich differenziert zwischen konkreten Bedrohungen und Gefahren („immediate
threats and risks") einerseits und „underlying drivers of insecurity" andererseits, welche eine
abstraktere sicherheitspolitische Herausforderung darstellen.

nien einen vergleichbar großen Willen aufzeigen, diese Bedrohungen zu meistern und somit als sicherheitspolitischer Akteur gestalterisch tätig zu werden.[3]

Zunächst deuten allerdings sowohl das Weißbuch als auch das Livre Blanc und die NSS auf einige grundlegende Wesensmerkmale und begründende Faktoren der heutigen sicherheitspolitischen Bedrohungslage hin, so z. B. auf die Schattenseiten der fortschreitenden Globalisierung: Diese eröffne nicht nur neue Möglichkeiten, sondern fördere auch eine zunehmend komplexe Bedrohungslage. Im deutschen Weißbuch heißt es beispielsweise: „Mit der Globalisierung eröffnen sich auch für Deutschland neue Chancen. Zugleich bringt der grundlegende Wandel im Sicherheitsumfeld neue Risiken und Bedrohungen mit sich, die sich nicht nur destabilisierend auf Deutschlands unmittelbare Umgebung auswirken, sondern auch die Sicherheit der gesamten internationalen Gemeinschaft berühren." (BMVg 2006: 16) Das Livre Blanc und die NSS umschreiben das Problem folgendermaßen: „La mondialisation, qui démultiplie les échanges dans tous les domaines, présente aussi un versant négatif."[4] (Ministère de la Défense 2008: 23); „Globalisation brings huge benefits to security as well as prosperity. (...) the United Kingdom is well placed to benefit from globalisation, but has a clear interest in monitoring and addressing the related challenges and vulnerabilities."[5] (Cabinet Office 2008: 20) Des Weiteren wird sowohl im deutschen als auch im französischen und britischen Grundsatzdokument einhellig die Rolle nichtstaatlicher Akteure im Zusammenhang mit den heutigen Bedrohungen sowie der grenzüberschreitende Charakter eben dieser Bedrohungen betont, so z. B.: „Viele mit der Globalisierung einhergehenden neuen Risiken und sicherheitspolitischen Herausforderungen haben grenzüberschreitenden Charakter, werden von nichtstaatlichen Akteuren verursacht." (BMVg 2006: 19)[6]

---

3   Dabei ist davon auszugehen, dass sich seit Beginn der 90er-Jahre, mit den sich nach Ende des Ost-West-Konflikts herausbildenden „neuen Herausforderungen" (siehe von Bredow 2006), nicht nur die jeweiligen nationalen Bedrohungsanalysen parallel weiterentwickelten, sondern sich auch in allen drei Ländern die Ansicht durchsetzte, dass diesen neuen Bedrohungen effektiv begegnet werden muss.

4   „Die Globalisierung, welche den Austausch in allen Bereichen vervielfältigt, hat auch eine negative Seite." (Übersetzung d. A.)

5   „Die Globalisierung bringt enormen Nutzen für Sicherheit und Wohlstand mit sich. (...) Großbritannien ist in einer guten Position, um von der Globalisierung zu profitieren, besitzt allerdings auch ein eindeutiges Interesse daran, sich mit den damit einhergehenden Herausforderungen und Vulnerabilitäten zu befassen." (Übersetzung d. A.)

6   Auch: „L'ouverture des frontières, l'immédiateté de l'information, la fluidité des échanges, l'extraordinaire croissance des flux financiers à travers le monde relativisent le rôle et le poids des états dans la gestion des relations internationales." (Ministère de la Défense 2008: 24); „There are a number of common strands running through the threats, risks and drivers outlined in previous sections. The first is their trans-national nature, the second the prominence of non-state actors." (Cabinet Office 2008: 22)

Letztlich weisen alle drei Grundsatzdokumente auch ausdrücklich auf die sehr enge Verzahnung und Interdependenz der heutigen sicherheitspolitischen Gefahren und Herausforderungen hin (BMVg 2006: 20; Ministère de la Défense 2008: 56; Cabinet Office 2008: 23f.).

Tabelle 3.1: Sicherheitspolitische Bedrohungsanalyse in den Grundsatzdokumenten Deutschlands, Frankreichs und Großbritanniens

	Deutschland	Frankreich	Großbritannien
Wahrgenommene Herausforderungen	• Armut • Unterentwicklung • Bildungsdefizite • Ressourcenknappheit • Naturkatastrophen/Umweltzerstörung • Krankheiten/Pandemien/Seuchen • Menschenrechtsverletzungen Ungleichheiten • Illegale Migration • Säkularer und religiöser Extremismus • Sicherung von Transportwegen sowie Informations- und Kommunikationssystemen • Energiesicherheit • Technologische Herausforderungen, z. B. Angriffe in Verbindung mit dem Cyber-Raum	• Ökonomische und soziale Ungleichheiten • Klimawandel • Energiesicherheit • Pandemien und Naturkatastrophen • Technologische Bedrohungen	• Klimawandel • Energiesicherheit • Armut, Ungleichheit und schlechte Regierungsführung • Demografischer Wandel • Zivile Ernstfälle, z. B. Pandemien • Technologische Herausforderungen, z. B. „Cyber-Attacken"

	Deutschland	Frankreich	Großbritannien
Wahrgenommene Gefahren	• Internationaler Terrorismus • Proliferation von Massenvernichtungswaffen und Aufrüstungstendenzen • Innerstaatliche und regionale Konflikte, fragile Staaten • Organisierte Kriminalität • Illegaler Waffenhandel	• Terrorismus • Proliferation von Massenvernichtungswaffen • Fragile Staaten • Innerstaatliche und regionale Krisen • Spionagetätigkeiten, die darauf abzielen, die Rolle Frankreichs und Europas in der Welt zu minimieren • Transnationaler krimineller Handel • Cyber-Attacken • Für im Ausland lebende Franzosen relevante Gefahren	• Terrorismus • Nukleare Waffen und andere Massenvernichtungswaffen • Konflikte und globale Instabilität, zerfallene und fragile Staaten • Transnationale organisierte Kriminalität

Quellen: BMVg 2006; Ministère de la Défence 2008; Cabinet Office 2008.

Neben den weitreichenden Übereinstimmungen in den wahrgenommenen sicherheitspolitischen Herausforderungen und Gefahren (siehe Tabelle 3.1) finden sich allerdings auch einige länderspezifische Besonderheiten: So führt beispielsweise das Livre Blanc potenzielle Angriffe auf bzw. Entführungen von französischen Staatsbürgern im Ausland als Bedrohung auf (Ministère de la Défense 2008: 56), während die NSS auch Aktivisten der Irisch-Republikanischen Armee (IRA) sowie extremistische Tierschützer unter die bedrohlichen terroristischen Gruppierungen zählt (Cabinet Office 2008: 11). Weiterhin benennen sowohl Frankreich als auch Großbritannien – im Gegensatz zu Deutschland – explizit einige der aufstrebenden Mächte im Zusammenhang mit den wahrgenommenen Bedrohungen: In diesem Sinne findet im Livre Blanc die ökonomische und demografische Machtverschiebung nach Asien, die Erhöhung der chinesischen und indischen Verteidigungsausgaben sowie die Energieabhängigkeit von Russland Erwähnung (Ministère de la Défense 2008: 30, 34, 38), während in der NSS China, Indien und Russland im Zusammenhang mit der Energiesicherheit genannt werden (Cabinet Office 2008: 18f.). Auch bezieht sich das Livre Blanc im Rahmen der aufgeführten sicherheitspolitischen Bedrohungen deutlich auf die Großmacht-Ambitionen Moskaus und den damit zusammenhängenden offensiven politischen Diskurs, insbesondere in Russlands direkter Nachbarschaft (Ministère de la Défense 2008: 37). Im deutschen Weißbuch hingegen werden die mit der globalen Machtverschiebung einhergehenden Bedrohungen lediglich implizit, als Teil des Kapitels „Stärkung der Beziehungen zu Partnern", behandelt (BMVg 2006: 55ff.). Hinsichtlich der strategisch zunehmend wichtigen Frage nach der Positionierung gegenüber den aufstrebenden Mächten weisen somit die Bedrohungsanalysen Frankreichs und Großbritanniens darauf hin, dass diese Staaten gewillt sind, „Flagge zu zeigen" und den aufstrebenden Mächten potenziell auch konfrontativ entgegenzutreten. Dem sich in diesem Zusammenhang offenbarenden Führungs- und Geltungsanspruch Frankreichs und Großbritanniens steht eine eher zurückhaltende deutsche sicherheitspolitische Elite entgegen, die in erster Linie als „Partner und Verbündeter" gestalten zu wollen scheint. Darüber hinaus führen ebenfalls ausschließlich Frankreich und Großbritannien die Tatsache auf, dass die internationalen Institutionen, u. a. die Vereinten Nationen (VN), den heutigen globalen Herausforderungen nicht ausreichend gewachsen sind (Ministère de la Défense 2008: 37; Cabinet Office 2008: 17). Auch dieses Spezifikum weist auf einen exponierten sicherheitspolitischen Gestaltungswillen Frankreichs und Großbritanniens hin, da es eine Kompensation der ineffektiven Aufgabenerfüllung durch Internationale Organisationen andeutet – sei es in Form einer aktiven Rolle bei der Reformierung dieser oder in Form einer sicherheitspolitischen Verantwortungsübernahme außerhalb Internationaler Organisationen. Letztlich existieren für den Fall Frankreichs und Großbritanniens weitere länderspezifische Besonderheiten, die in Verbindung mit ihren nuklearen Abschreckungsfähigkeiten stehen. So argumentieren die britischen sicherheits- und verteidigungspolitischen Entscheidungsträger, dass eine nukleare Bedrohung in den kommenden 50 Jahren nicht ausgeschlossen werden kann und daher unabhängige britische nukleare Fähigkeiten unabdingbar seien (Cabinet Office 2008: 31, 44). Ebenso weist das Livre Blanc darauf hin, dass die weltweite Proliferation von Massenvernichtungswaffen die Aufrechterhaltung der nuklearen Fähigkeiten Frankreichs notwendig mache (Ministère de la Défense 2008: 69). Auffallend ist jedoch, dass die Verzahnung dieser spezifischen Bedrohungen mit den jeweiligen nuklearen Fähigkeiten weder im Livre Blanc noch in der NSS in einem Kapitel mit den anderen sicherheitspolitischen Gefahren und Herausforderungen stattfindet, sondern sich in der NSS in den Kapiteln „Countering the threat of nuclear weapons and other weapons of mass destruction"[7] und „Defending the United Kingdom against state-led

---

7 „Der Bedrohung durch Nuklearwaffen und andere Massenvernichtungswaffen entgegenwirken" (Übersetzung d. A.).

threats"[8] und im Livre Blanc im Kapitel „Une redéfinition des grandes fonctions stratégiques: Dissuasion"[9] befindet. Diese Spezifika der französischen und britischen Bedrohungsanalyse – denen durchaus eine legitimatorische Raison für die ohnehin traditionellerweise existierenden nuklearen Fähigkeiten Frankreichs und Großbritanniens zugeschrieben werden kann – verdeutlichen den französischen und britischen Anspruch, als führende internationale sicherheitspolitische Akteure mit gestalten zu können.

Darüber hinaus fällt im Rahmen eines Vergleichs der Bedrohungsanalysen auf, dass in den drei Grundsatzdokumenten eine zum Teil voneinander abweichende Akzentuierung vorgenommen wird. Während bestimmte sicherheitspolitische Herausforderungen und Gefahren in dem einen Grundsatzdokument an exponierter Stelle behandelt werden, werden eben diese in den anderen Grundsatzdokumenten lediglich beiläufig – z. B. im Rahmen der Ausführungen zu einer anderen sicherheitspolitischen Bedrohung – erwähnt. Exemplarisch kann hier die vergleichsweise starke Betonung der Migration im deutschen Weißbuch aufgeführt werden, die explizit als sicherheitspolitische Herausforderung herausgestellt wird, ebenso wie die Sicherung von Transportwegen (BMVg 2008: 21–22). Im Fall des Livre Blanc erfährt indessen z. B die Internetsicherheit bzw. die Gefahr von „Cyber-Attacken" als eigenständiger Punkt eine im Vergleich auffallend hohe Aufmerksamkeit ebenso wie die Gefahr von Spionagetätigkeiten, die darauf abzielen, die Rolle Frankreichs und Europas in der Welt zu minimieren (siehe Ministère de la Défense 2008: 52–53). Innerhalb der britischen NSS ist es u. a. der demografische Wandel, der als Bedrohung vergleichsweise stark betont wird (Cabinet Office 2008: 21).

Während weder das Weißbuch noch die NSS eine ausdrückliche Hierarchisierung der identifizierten Bedrohungen erstellt,[10] findet eine solche im Livre Blanc zumindest für einen Teil der aufgeführten Gefahren statt: Diese werden nach Wahrscheinlichkeit und potenziellem Ausmaß hierarchisiert. So folgen dem terroristischen Anschlag der Angriff auf Informationsmedien, die ballistische Bedrohung, Pandemien, Naturkatastrophen und letztlich die organisierte Kriminalität (Livre Blanc 2008: 59). Damit einher geht die Äußerung des französischen Präsidenten anlässlich der Veröffentlichung des Livre Blanc, dass der Terrorismus die unmittelbarste gegenwärtige Gefahr sei: „Today the most immediate threat is that of a terrorist attack" (vgl. Moran

---

8   „Großbritannien gegen von Staaten ausgehende Bedrohungen verteidigen" (Übersetzung d. A.).

9   „Neudefinition der großen strategischen Funktionen: Abschreckung" (Übersetzung d. A.).

10   Exemplarisch hierzu kommentiert für den Fall Großbritanniens Paul Cornish: „By describing all these dangers in one document, the NSS performs a useful service, although some might wonder whether this smorgasbord of horrors could have been listed in order of priority." (Cornish 2008)

2008). Doch auch aus dem deutschen Weißbuch und der britischen NSS kann eine implizite, mit der französischen Einschätzung maßgeblich übereinstimmende Hierarchisierung herausgelesen werden: So erscheinen im deutschen Weißbuch der internationale Terrorismus, die Weiterverbreitung von Massenvernichtungswaffen, regionale Konflikte sowie fragile Staaten sowohl in Kapitel 1.1. „Deutschlands Sicherheit" als auch in Kapitel 1.2. „Die strategischen Rahmenbedingungen – Globale Herausforderungen, Chancen, Risiken und Gefährdungen" an vorderster Stelle. Der Bundesminister des Auswärtigen, Frank-Walter Steinmeier, betonte darüber hinaus auf der 42. Münchner Konferenz für Sicherheitspolitik im Februar 2006: „Neben der Proliferation von Massenvernichtungswaffen stellt der global agierende Terrorismus die ernsteste Bedrohung unserer Sicherheit dar." (BMVg 2006: 21) Auch in der NSS sind der Terrorismus sowie nukleare und andere Massenvernichtungswaffen die ersten beiden aufgelisteten Gefahren im Unterkapitel „Threats and risks" des „Chapter Three: Security challenges", was darauf hinweist, dass diese die von den sicherheits- und verteidigungspolitischen Entscheidungsträgern als am dringlichsten wahrgenommenen Bedrohungen sind.

3.2 Die strategische Ungewissheit

Ein Spezifikum des Livre Blanc sind die Schlüsselbegriffe der strategischen Ungewissheit („incertitude stratégique") bzw. strategischen Überraschung („surprise stratégique"), auf welche im französischen Grundsatzdokument wiederholt und mit Nachdruck hingewiesen wird – vor allem im Rahmen der Bedrohungsanalyse (Ministère de la Défense 2008: 39). Die Berücksichtigung der strategischen Ungewissheit soll – so das Livre Blanc – eine Grundlage der französischen Sicherheits- und Verteidigungspolitik sein: „(...) la prise en compte de l'incertitude stratégique comme fondement de la pensée et de la politique de défense et de sécurité de la France."[11] (Ministère de la Défense 2008: 40) Dabei beschreibt die „incertitude stratégique" das Phänomen, dass Bedrohungen nicht abschließend vorhersehbar sind und somit völlig überraschend auftreten können und fand ihren Weg in das Livre Blanc insbesondere im Hinblick auf vergangene *black swan events*[12] wie der 11. September 2001 und das SARS-Virus (so ein Mitglied der französischen Weißbuchkommission, Paris, November 2008). Darüber hinaus impliziert die Auseinandersetzung mit der strategischen Ungewissheit in einem zweiten Schritt,

---

11 „(...) die Berücksichtigung der strategischen Ungewissheit als Grundlage der Sicherheits- und Verteidigungspolitik Frankreichs." (Übersetzung d. A.)
12 Als *black swan events* werden unerwartete, zuvor als sehr unwahrscheinlich eingeschätzte Ereignisse bezeichnet (vgl. Taleb 2008; Smith 2007).

dass sich damit befasst werden muss, ob und welche Strategien hinsichtlich gegenwärtig nicht vorhersehbarer bzw. vorstellbarer Bedrohungen entwickelt werden können, um gegebenenfalls die bestmögliche Reaktion der sicherheits- und verteidigungspolitischen Entscheidungsträger zu ermöglichen. In diesem Sinne verlangte Staatspräsident Sarkozy auch anlässlich der Einsetzung der Weißbuchkommission eine umfassende und aktualisierte nationale Sicherheits- und Verteidigungsstrategie, welche die Interessen der [französischen – Anm. d. A.] Nation schützt, sollte eine strategische Überraschung diese bedrohen (Sarkozy 2007).[13] Die daraufhin im Rahmen des Livre Blanc gezogenen Konsequenzen sind einerseits der Versuch, die sicherheits- und verteidigungspolitischen Instrumente so flexibel wie möglich zu halten, damit diese in der Lage sind, sich neuen Gegebenheiten schnell anzupassen sowie andererseits der starke Fokus auf Fähigkeiten zur Antizipation und Aufklärung (Mitglied der französischen Weißbuchkommission, Paris, November 2008; Brustlein 2008: 5f.).

Ein solcher Schwerpunkt auf der strategischen Ungewissheit und dem damit einhergehenden expliziten Bekenntnis der jeweiligen Entscheidungsträger zu der Komplexität nationaler Sicherheits- und Verteidigungspolitik, die maßgeblich auf einem „process of planning for the unknown" basiert (vgl. Taylor/Waldmann/Gick 2008: 7), ist in dieser Deutlichkeit weder durch das deutsche, noch innerhalb des britischen Grundsatzdokuments erkennbar.[14] Hinweise darauf, dass jedoch auch die deutschen und britischen Entscheidungsträger sich zu den unvorhergesehenen Gefahren und Herausforderungen bekennen, als mitunter größte Bedrohung, auf welche die nationale Politik – soweit möglich – vorbereitet sein sollte, finden sich zumindest im Ansatz auch in Weißbuch und NSS: „Deutsche Sicherheitspolitik ist vorausschauend. Die neuen Risiken und Bedrohungen für Deutschland und Europa (...) sind vielgestaltig, dynamisch und breiten sich aus, wenn ihnen nicht frühzeitig entgegengewirkt wird" (BMVg 2006: 24)[15]; „But the security landscape is increasingly complex and unpredictable"[16] (Cabinet Office 2008: 10). Dieses implizite Bekenntnis, dass nationale Sicherheits- und Ver-

---

13 Übersetzung d. A. Im Original: „(...) stratégie globale de défense et de sécurité nationale actualisée qui garantisse les intérêts de la nation si une surprise stratégique venait à les menacer."

14 Innerhalb der französischen Weißbuchkommission seien es dabei vor allem die externen, nicht der Regierung angehörigen Experten – z. B. Wissenschaftler – gewesen, die dafür verantwortlich sind, dass die „incertitude stratégique" im Livre Blanc aufgeführt und behandelt wird (Mitglied der französischen Weißbuchkommission, Paris, November 2008).

15 Jenseits des deutschen Grundsatzdokuments ist die „strategische Ungewissheit" – wenn auch nicht explizit so benannt – auch ein dem Transformationsprozess der Bundeswehr zugrunde liegender Leitgedanke.

16 „Doch die Sicherheitslandschaft ist zunehmend komplex und unvorhersehbar" (Übersetzung d. A.).

teidigungspolitik niemals auf einer alle Bedrohungen einkalkulierenden Planung beruhen kann, ist zwar nicht so stark ausgeprägt wie der explizite Bezug zur „incertitude stratégique" und „surprise stratégique" im aktuellen französischen Grundsatzdokument, unterliegt aber der gleichen grundlegenden Prämisse: Dem Willen, auch in der Zukunft als sicherheitspolitischer Akteur gestalten zu können, ohne von überraschenden Gefahren und Herausforderungen vorübergehend in seiner Handlungs- und Gestaltungsfähigkeit eingeschränkt zu werden.

3.3   Schlussfolgerungen

Der Bericht über die Umsetzung der Europäischen Sicherheitsstrategie vom Dezember 2008 geht aus von einer gesamt-europäischen „Analyse der Bedrohungen und Risiken, die die gemeinsamen Interessen der Europäer beeinträchtigen" (Rat der Europäischen Union 2008: 15). In der Tat zeigt ein Vergleich der deutschen, französischen und britischen Bedrohungsanalyse eine bemerkenswerte Übereinstimmung, nicht zuletzt auch im Hinblick auf die als am wichtigsten empfundenen sicherheitspolitischen Gefahren und Herausforderungen sowie im Hinblick auf die Anerkennung einer strategischen Ungewissheit. Diese maßgebliche Übereinstimmung lässt – geht man davon aus, dass die aufgezählten Bedrohungen determinieren, was die jeweilige Sicherheits- und Verteidigungspolitik leisten soll – auf einen vergleichbar großen sicherheitspolitischen Gestaltungswillen der drei Staaten schließen. Eine Nuancierung dieses grundsätzlich übereinstimmend großen Gestaltungswillens wird durch voneinander abweichende Schwerpunktsetzungen in einzelnen Aspekten der jeweiligen Bedrohungsanalysen deutlich: So weist z. B. die Benennung der aufstrebenden Mächte, der Hinweis auf den Effektivitätsmangel internationaler Organisationen sowie die in Verbindung mit den nationalen nuklearen Fähigkeiten aufgeführten Bedrohungen auf einen im Vergleich zu Deutschland größeren sicherheitspolitischen Führungs- und Geltungsanspruch und somit einen größeren Gestaltungswillen Frankreichs und Großbritanniens hin. Dahingegen spiegelt sich in einzelnen Punkten der deutschen Bedrohungsanalyse ein Selbstverständnis als „Partner und Verbündeter" mit einem eher zurückhaltenden Gestaltungswillen. Insgesamt verdeutlichen die nationalen Besonderheiten in den jeweiligen Bedrohungsanalysen historisch-kulturelle, sich in der jeweiligen Sicherheits- und Verteidigungspolitik ausdrückende Spezifika – so z. B. die in der NSS vorgenommene Einstufung der IRA als sicherheitspolitische Gefahr, die hervorgehobene Sensibilität der ehemaligen Kolonialmacht Frankreich, wenn es um die Gefahren für ihre im Ausland lebenden Staatsbürger geht, Frankreichs und Großbritanniens spezifische Bedrohungsperzeptionen, welche die Aufrechterhaltung ihrer nuklearen Fähigkeiten erfordern sowie die besondere Betonung der Sicherung von Transportwegen durch die Exportnation Deutschland.

In der Zusammenschau bleibt nichtsdestotrotz vor allem die sich in den drei analysierten Bedrohungsanalysen spiegelnde Erkenntnis festzuhalten, dass die große Mehrheit der heutigen sicherheitspolitischen Bedrohungen nicht Nationalstaat-spezifisch sind, sondern für die gesamte EU Gültigkeit besitzen. Im Hinblick auf die jeweilige Positionierung im Spektrum „Sicherheitspolitischer Gestaltungswille" weist der sicherheits- und verteidigungspolitische Teilbereich Bedrohungsanalysen auf einen insgesamt stark ausgeprägten sicherheitspolitischen Gestaltungswillen Deutschlands, Frankreichs und Großbritanniens hin, wobei die französischen und britischen Entscheidungsträger einen etwas größeren Führungsanspruch und Gestaltungswillen als ihre deutschen Pendants aufweisen.

4 Allgemeine Leitlinien in der Sicherheits- und Verteidigungspolitik

Nicolai von Ondarza

> „*Providing security for the nation and for its citizens remains the most important responsibility of government.*"[1]
>
> National Security Strategy: 3

Nach der Analyse der aktuellen Bedrohungen stellen die allgemeinen Leitlinien eines Staates zentrale Orientierungspunkte für seine Sicherheits- und Verteidigungspolitik dar. Hierzu gehören insbesondere Grundsatzfragen darüber, welche Werte, Interessen und Ziele mit der Sicherheits- und Verteidigungspolitik verfolgt werden sollen, für welche Aufgaben in diesem Rahmen (bewaffnete) Streitkräfte eingesetzt werden sollen und welches Selbstverständnis dem Handeln auf internationaler Ebene zugrunde liegen soll. Die Gemeinsamkeiten und Differenzen in den allgemeinen Leitlinien der EU-Mitgliedstaaten stellen damit ebenfalls einen zentralen Bezugsrahmen für die weitere Entwicklung der ESVP dar: Auch multinationale Streitkräftestrukturen stellen nur ein Instrument dar, für dessen Einsatz es einer Einigung bezüglich der zu verfolgenden Interessen und Ziele bedarf. Daher kann eine europäische Sicherheits- und Verteidigungspolitik auf Dauer nur erfolgreich sein, wenn sich alle Mitglieder hinsichtlich ihrer Leitlinien annähern. Doch wie nah – oder fern – sind sich die allgemeinen Werte, Interessen und Ziele Deutschlands, Frankreichs und Großbritanniens?

Im folgenden Vergleich werden anhand der aktuellen sicherheits- und verteidigungspolitischen Grundsatzdokumente die Unterschiede, Gemeinsamkeiten und Annäherungen in den allgemeinen Leitlinien der Sicherheits- und Verteidigungspolitiken Deutschlands, Frankreichs und Großbritanniens herausgearbeitet. Dabei nehmen das deutsche Weißbuch im Kapitel „Werte, Interessen und Ziele deutscher Sicherheitspolitik" (BMVg 2006: 23–24) und die britische NSS in ihrem „Chapter Two: Guiding Principles"[2] (Cabinet Office 2008: 6–9) eine explizite Bestimmung ihrer Leitlinien vor. Im französischen Livre Blanc werden diese im Abschnitt „La stratégie de sécurité nationale: définition et objectifs"[3] (Ministère de la Défense 2008: 62–64) behandelt, aber weniger deutlich festgeschrieben als im britischen oder deutschen

---

1 „Die Gewährleistung von Sicherheit für die Nation und ihre Bürger bleibt die oberste Pflicht der Regierung." (Übersetzung d. A.)
2 „Kapitel Zwei: Leitende Prinzipien" (Übersetzung d. A.).
3 „Nationale Sicherheitsstrategie: Definition und Ziele" (Übersetzung d. A.).

Pendant. Zu beachten ist dabei, dass die sicherheits- und verteidigungspolitischen Grundsatzdokumente ihrer Natur nach deklaratorische Dokumente sind, in denen die offiziellen Leitlinien auch mit Blick auf ihre politischen Außenwirkungen gegenüber der Bevölkerung und den internationalen Partnern formuliert werden.

Gerade aufgrund dieser deklaratorischen Natur bieten die Grundsatzdokumente jedoch Aufschlüsse über das jeweilige Selbstverständnis in der Sicherheits- und Verteidigungspolitik. Im ersten untersuchten Teilbereich, den Werten, Interessen und Zielen, zeigt sich besonders deutlich der sicherheitspolitische Gestaltungswille, mit welchem die untersuchten Staaten in der internationalen Sicherheits- und Verteidigungspolitik auftreten – so sehen sich alle drei Staaten in der Verantwortung, international führend mitzuwirken und ihre gemeinsamen Werte zu bewahren. Gleichzeitig spiegelt sich die außenpolitische Orientierung in den Interessen und Zielen für die internationale Ebene, wie etwa in den bevorzugten Partnern und organisatorischen Rahmen sowie den mittlerweile weitgehend übereinstimmenden geografischen Schwerpunkten ihrer Politik. Zudem zeugen die Leitlinien von dem Verhältnis zum Einsatz militärischer Gewalt und für welches Aufgabenspektrum die Streitkräfte aufgestellt werden. Abschließend summieren sich die Leitlinien in dem sicherheits- und verteidigungspolitischen Selbstverständnis, welches sich die Staaten in ihren Grundsatzdokumenten zuschreiben. Hier betont das Weißbuch Deutschlands Rolle als verlässlicher Partner und Verbündeter, während Frankreich für sich eine Rolle als Führungsmacht in und für Europa anstrebt und Großbritannien seine Sicherheits- und Verteidigungspolitik eher flexibel und pragmatisch ausrichtet.

4.1 Nationale Werte, Interessen und Ziele in der Sicherheits- und Verteidigungspolitik

Unabhängig von dem nach außen gerichteten Gestaltungswillen sind die ursächlichen Ziele nationaler Sicherheits- und Verteidigungspolitik *a priori* der Selbsterhalt des Staates, die Bewahrung der territorialen Souveränität und der Schutz der Bürger. Wenig überraschend setzen die drei sicherheits- und verteidigungspolitischen Grundsatzdokumente diese jeweils als Primärziele fest.

Das deutsche Weißbuch beruft sich hierbei auf das Grundgesetz und definiert die Wahrung von „Recht und Freiheit, Demokratie, Sicherheit und Wohlfahrt für die Bürgerinnen und Bürger" (BMVg 2006: 23) sowie den Schutz vor Gefährdungen und die Sicherung des deutschen Staatsgebiets als zentrale Ziele deutscher Sicherheitspolitik. Ebenso setzt das Livre Blanc die

Verteidigung der französischen Bevölkerung und des Territoriums als „responsabilité de premier rang de l'État"[4] (Ministère de la Défense 2008: 62) fest und betont mit besonderem Nachdruck den Schutz der Bürger im Sinne eines umfassenden Sicherheitskonzepts (siehe oben Kapitel 3.1). Hierzu, so das Livre Blanc, gehören auch der Beitrag zur europäischen und internationalen Sicherheit sowie die Wahrung der republikanischen Werte („les valeurs du pacte républicaine"; Ministère de la Défense 2008: 62). Die britische Sicherheitsstrategie benennt das „(...) single overarching national security objective of protecting the United Kingdom and its interests, enabling its people to go about their daily lives freely and with confidence, in a more secure, stable, just and prosperous world"[5] (Cabinet Office 2008: 5).

Weitgehend beinhalten die drei Grundsatzdokumente damit die klassischen Ziele nationaler Sicherheit, d. h. den Schutz des Territoriums und der Bürger sowie den Erhalt der politischen Institutionen und Grundwerte gegen Eingriffe von außen (Lutz 2002: 445). Doch trotz dieser an sich trivialen Erkenntnis äußern sich hier, resultierend aus der kolonialen Vergangenheit, erste Unterschiede zwischen Frankreich und Großbritannien auf der einen und Deutschland auf der anderen Seite – so betont die britische NSS, dass neben dem Staatsgebiet auf den britischen Inseln auch die Überseegebiete des Vereinigten Königreichs geschützt werden müssten (Cabinet Office 2008: 44). Das Livre Blanc geht noch darüber hinaus und hebt neben den französischen Überseegebieten die ca. 1,5 Millionen französischen Staatsbürger hervor, die im Ausland vor allem in den ehemaligen französischen Kolonien in Afrika leben. So solle die französische Sicherheits- und Verteidigungspolitik darauf ausgerichtet sein, auch unilateral oder mit ihren europäischen Partnern zum Schutz dieser im Ausland lebenden Franzosen eingreifen zu können (Ministère de la Défense 2008: 56).

Dieser Unterschied bedingt zum einen eine ständige Verortung von nationalen Sicherheitsinteressen Frankreichs und Großbritanniens in Gebieten außerhalb Europas (einschließlich der dauerhaften Stationierung von Streitkräften) und hat sich zum anderen in der Vergangenheit bereits direkt auf den Einsatz bewaffneter Streitkräfte ausgewirkt. So hat Frankreich beispielsweise 2002 unilateral militärisch in der Elfenbeinküste mit der Begründung interveniert, französische Staatsbürger schützen zu müssen, und dabei auch den Vormarsch der Rebellen zugunsten der Regierungtruppen gestoppt.[6] Somit

---

4   „Verantwortlichkeit ersten Ranges" (Übersetzung d. A.).

5   das „(...) umfassende Ziel nationaler Sicherheit das Vereinigte Königreich und seine Interessen zu schützen sowie seinen Bürgern zu ermöglichen, ihr tägliches Leben frei und mit Vertrauen in eine sicherere, stabilere, gerechtere und wohlhabendere Welt zu leben" (Übersetzung d. A.).

6   2002 drohte ein bewaffneter Aufstand des „Mouvement Patriotique de la Côte d'Ivoire" die Regierung der Elfenbeinküste zu stürzen. Frankreich stoppte, offiziell zum Schutz seiner

decken sich zwar in dieser Hinsicht die allgemeinen Leitlinien der Länder; durch die unterschiedlichen Rahmenbedingungen können sie im Ergebnis aber zu erheblichen Differenzen in der konkreten Sicherheits- und Verteidigungspolitik führen.

4.1.1 Werte und Verantwortung

Alle drei Länder formulieren in ihren Grundsatzdokumenten das Ziel einer wertebasierten Sicherheits- und Verteidigungspolitik. Als Mitglieder der Wertegemeinschaft Europäische Union teilen Deutschland, Frankreich und Großbritannien die demokratischen Grundsätze und fordern jeweils die Achtung der Menschenrechte sowie Rechtsstaatlichkeit auch auf internationaler Ebene. Die in ihren sicherheits- und verteidigungspolitischen Grundsatzdokumenten aufgeführten Kataloge der Werte, die vor Gefährdungen von Außen bewahrt werden sollen, sind dabei in ihrer Substanz weitgehend übereinstimmend:

Tabelle 4.1:   Wertekataloge in den Grundsatzdokumenten

Deutschland	Frankreich	Großbritannien
• Recht und Freiheit • Demokratie • Achtung der Menschenrechte • Werte des Grundgesetzes	• Demokratische Grundsätze • Individuelle und kollektive Freiheiten • Achtung der Menschenrechte • Solidarität • Gerechtigkeit	• Menschenrechte • Rechtsstaatlichkeit • Legitimes und verantwortliches Regieren • Gerechtigkeit • Freiheit • Toleranz • Chancengleichheit („opportunity for all")

Quellen: BMVg 2006: 23; Ministère de la Défense 2008: 62; Cabinet Office 2008: 6.

Kritischer ist hingegen die Frage, wie und mit welchen Mitteln diese Werte auch außerhalb des eigenen Territoriums beschützt werden sollen. Dies betrifft vor allem den Schutz der Menschenrechte mit militärischen Mitteln, wenn humanitäre Katastrophen wie etwa im westlichen Balkan mit regionalen Konflikten und/oder Staatenzerfall einhergehen. Grundsätzlich beteiligen

---

Staatsbürger, den Vormarsch der Rebellentruppen auf die größte Stadt des Landes, Abidjan. Die französische Intervention war umstritten, da sie auch entscheidend zum Erhalt der mit Frankreich verbündeten Regierung beigetragen hat. Ein ausführlicher Einblick in die Kämpfe von 2002/2003 in der Elfenbeinküste findet sich in International Crisis Group 2003.

sich alle drei Staaten regelmäßig an Auslandseinsätzen im Rahmen der Friedenssicherung der Vereinten Nationen und des Krisenmanagements der NATO sowie der EU. Eine besondere Brisanz erhält der Aspekt des Schutzes der Menschenrechte dann, wenn er wie 1999 bei der militärischen Intervention der NATO im Kosovo-Konflikt gegen die Souveränität und territoriale Integrität eines Staates abgewogen wird. An dieser rechtlich umstrittenen militärischen Intervention waren alle drei Staaten aktiv beteiligt.[7] Die Voraussetzungen, unter denen eine solche militärische Intervention als gerechtfertigt angesehen wird, gibt daher auch Aufschluss über das Verhältnis zum Einsatz militärischer Gewalt.

Das deutsche Weißbuch ist in dieser Hinsicht bedingt zurückhaltender als seine britischen und französischen Pendants. Demnach solle die deutsche Sicherheitspolitik bei denjenigen regionalen Krisen und Konflikten, „die Deutschlands Sicherheit beeinträchtigen können" (BMVg 2006: 22), vorbeugen und zur Krisenbewältigung beitragen. Im Kapitel zu den Vereinten Nationen (VN) nimmt das Weißbuch auf den Kosovo-Konflikt Bezug und führt den „Gedanken" auf, dass „die Abwendung von humanitären Katastrophen, die Bekämpfung terroristischer Bedrohungen und der Schutz der Menschrechte den Einsatz von Zwangsmaßnahmen erfördern können" (BMVg 2006: 51). Indem das Weißbuch ausführt, dass das Prinzip der „responsibility to protect"[8] zunehmend „das Denken westlicher Länder" (BMVg 2006: 52) präge, vermeidet es eine explizite Festlegung in dieser umstrittenen Frage. Zusätzlich betont es die Bedeutung völkerrechtlicher Legitimation beim Einsatz militärischer Gewalt. Hervorgehoben wird Deutschlands „Mitverantwortung für die Wahrung des Weltfriedens" sowie der europäischen und internationalen Sicherheit im Rahmen der VN, ESVP und NATO. Diese Formulierung deutet damit auf eine vorsichtige Unterstützung von militärischen Zwangsmaßnahmen zum Schutz der Menschenrechte hin und darauf, dass sich Deutschland selbst in der Verantwortung sieht, sich am internationalen Krisenmanagement mit Streitkräften zu beteiligen.

Im Vergleich dazu ist das Livre Blanc deutlich konkreter und enthält eine explizite Liste an Kriterien für militärische Interventionen Frankreichs. Nach diesen „principes directeurs" (Ministère de la Défense 2008: 73) könnten

---

7 Für eine Übersicht der Beteiligung an multilateralen militärischen Operationen der drei Staaten, siehe Anhang.

8 Nach dem im Rahmen der Vereinten Nationen entwickelten Prinzip der ‚responsibility to protect' (Verantwortung zu Schützen) hat die internationale Gemeinschaft die Verantwortung bei ausreichender Legitimation durch ein Mandat des VN-Sicherheitsrates, auch gegen den Willen der legitimen Regierung innerhalb eines Staates einzugreifen, wenn dieser einen Genozid, Massentötungen oder eine andere Form von vielfacher Menschenrechtsverletzung nicht verhindern kann oder will (International Commission on Intervention and State Sovereignty 2001).

nicht nur bei direkten Bedrohungen der nationalen Sicherheit bewaffnete Streitkräfte eingesetzt werden, sondern auch bei Gefährdungen des Weltfriedens und der internationalen Sicherheit im Sinne der VN-Charta (Ministère de la Défense 2008: 73). Das Livre Blanc spricht sich deutlich für die „responsibility to protect" aus und setzt als Voraussetzungen für den Einsatz militärischer Mittel, dass vorher alle anderen Mittel gründlich untersucht („explorées activement"; Ministère de la Défense 2008: 73) wurden und der Einsatz im Einklang mit dem Völkerrecht steht. Als Nuklearmacht mit ständigem Sitz im VN-Sicherheitsrat, einer großen Bevölkerung und einer großen Wirtschaftszone sieht sich Frankreich auf dem „(...) deuxième rang international après les États-Unis"[9] (Ministère de la Défense 2008: 61) und damit in einer besonderen sicherheits- und verteidigungspolitischen Verantwortung.

Noch deutlicher generalisiert die britische National Security Strategy den Verantwortungsbereich Großbritanniens – da jeder gewaltsame Konflikt eine humanitäre Katastrophe sei, habe das Vereinigte Königreich die „moralische Verantwortung", mit anderen Staaten und der internationalen Gemeinschaft in Konflikten präventiv, vermittelnd oder schlichtend einzugreifen (Cabinet Office 2008: 14). Als letztes Mittel solle dabei auch militärische Gewalt eingesetzt werden (Cabinet Office 2008: 6). Diese Verantwortung wird ebenfalls in Zusammenhang mit dem ständigen Sitz im VN-Sicherheitsrat und der Mitgliedschaft in EU, NATO und dem Commonwealth gesetzt. Großbritannien solle seine Werte nicht nur verteidigen, sondern auch in seiner Außenpolitik fördern (Cabinet Office 2008: 6).

Insgesamt kristallisiert sich auf der deklaratorischen Ebene in den Grundsatzdokumenten eine hohe Kongruenz im Bereich der Wertevorstellungen heraus. Die Gemeinsamkeiten liegen in drei wichtigen Punkten – den Werten an sich, dem Postulat einer wertebasierten Sicherheits- und Verteidigungspolitik sowie der grundsätzlichen Befürwortung, dass der Einsatz bewaffneter Streitkräfte als letztes Mittel zur Beendigung von humanitären Katastrophen zulässig ist. Damit herrscht zumindest auf diesem abstrakten Level eine grundsätzliche Kongruenz hinsichtlich des Verhältnisses zum Einsatz militärischer Gewalt. Darüber hinaus sehen sich alle drei Staaten international in der Verantwortung, sich an solchen zivilen und militärischen Maßnahmen zu beteiligen oder sogar eine Führungsrolle zu übernehmen. Die „Verantwortung" als Schlüsselbegriff impliziert aber nicht nur eine selbst zugeschriebene Pflicht zur aktiven Lösung von Konflikten, sondern auch eine Selbstwahrnehmung als bedeutender Akteur, der maßgeblich zum Krisenmanagement beitragen und es damit entscheidend gestalten kann. Der sich daraus ableitende Gestaltungs- und Führungsanspruch wird im Livre Blanc am nachdrück-

---

9   „(...) dem zweiten internationalen Rang nach den Vereinigten Staaten" (Übersetzung d. A.).

lichsten formuliert. Dieser Grundkonsens hinsichtlich der Selbstwahrnehmung als bedeutende Staaten mit internationaler Verantwortung sollte jedoch
nicht darüber hinwegtäuschen, dass im Einzelfall, aufgrund einer unterschiedlichen politischen Bewertung eines Konflikts, die Bereitschaft zum
Einsatz militärischer Streitkräfte deutlich voneinander abweichen kann.

4.1.2   Interessen und Ziele für die internationale Ebene

Ein wichtiger Bestandteil nationaler sicherheits- und verteidigungspolitischer
Leitlinien, der in den Grundsatzdokumenten festgeschrieben ist, sind die Interessen und Ziele für die internationale Ebene. Hierzu gehören die Vorstellun-
gen darüber, in welchen Strukturen Sicherheits- und Verteidigungspolitik koordiniert werden sollte, mit welchen Institutionen und Partnern die multinationale Zusammenarbeit bevorzugt organisiert werden sollte sowie in welchen
geografischen Gebieten die Staaten ihren Fokus setzen. In allen drei Dimensionen liegt den Interessen und Zielen der untersuchten Staaten eine übereinstimmende Ausrichtung zugrunde, die auf eine grundsätzliche Annäherung in
ihrer außenpolitischen Orientierung deutet; sie setzen jedoch unterschiedliche
Schwerpunkte, die sich auch in ihrer Zusammenarbeit auf europäischer Ebene auswirken dürften.
   Hinsichtlich der bevorzugten Struktur für die Sicherheits- und Verteidigungspolitik bekennt sich das deutsche Weißbuch klar zum ‚wirksamen Multilateralismus', wie er von der Europäischen Sicherheitsstrategie propagiert
wird. Gemäß dieser „multilateralen Orientierung deutscher Außen- und Sicherheitspolitik" (BMVg 2006: 29) wird auch die Durchführung von si-
cherheits- und verteidigungspolitischen Maßnahmen, einschließlich des Einsatzes bewaffneter Streitkräfte, allein im multilateralen Rahmen in der
NATO, der EU, der Organisation für Sicherheit und Zusammenarbeit in Europa (OSZE) und den VN verortet. Eine vollkommen eigenständige, unilaterale Sicherheits- und Verteidigungspolitik hingegen schließt das Weißbuch
(mit Ausnahme von Evakuierungen deutscher Staatsbürger) aus. Ebenso wenig enthält es aber eine explizite Festlegung, dass sich Deutschland nur an
militärischen Operationen mit einem Mandat des VN-Sicherheitsrates beteiligen wird (BMVg 2006: 51–52).
   Auch das Livre Blanc betont die Unterstützung Frankreichs für eine multilaterale Ordnung in den internationalen Beziehungen und sieht die Vereinten Nationen im Zentrum (Ministère de la Défense 2008: 114). In der Vergangenheit sei der Multilateralismus zwar nach den Katastrophen in Ruanda,
Bosnien-Herzegowina und dem Kosovo in Zweifel gezogen worden, er sei
aber grundsätzlich legitimer und effektiver als unilaterales Vorgehen und
sollte als Fundament internationaler Zusammenarbeit gestärkt werden. Das

Livre Blanc weist hier mit einer Anspielung zum Irak-Krieg der „jüngeren Geschichte" („histoire récente"; Ministère de la Défense 2008: 114) darauf hin, dass militärische Macht für erfolgreiches Krisenmanagement einer ausreichenden Legitimation bedarf. Indes schaffen die Formulierungen des Livre Blanc im Gegensatz zum deutschen Weißbuch Raum für unilaterale Ausnahmen. So solle die Autorisierung zum Einsatz militärischer Gewalt durch den VN-Sicherheitsrat zwar die *Regel* sein; die Kriterien für die Entsendung französischer Streitkräfte aber sehen als Grundlage das Recht zur individuellen oder kollektiven Selbstverteidigung, ein Mandat des Sicherheitsrates, seine Beistandsverpflichtungen *oder* das Völkerrecht im Allgemeinen. Damit legt sich Frankreich nicht auf die absolute Notwendigkeit eines VN-Sicherheitsratsmandats für militärische Operationen fest (Ministère de la Défense 2008: 74). Anders als das deutsche Weißbuch setzt das Livre Blanc darüber hinaus explizit fest, dass Frankreich angesichts der unsicheren internationalen Lage militärische Kapazitäten zum unilateralen Handeln aufrechterhalten solle. Diese sollten bei Rettungseinsätzen für französische Bürger, zur Erfüllung von Frankreichs bilateralen Beistandsabkommen[10] und zur Abwehr von gezielten Aktionen gegen französische Interessen zum Einsatz kommen (Ministère de la Défense 2008: 71–72). Es bleibt damit ein weiter Spielraum für unilaterale Einsätze französischer Streitkräfte.

Die britische NSS ist gegenüber einer multilateralen internationalen Ordnung kritischer. Zwar ‚bevorzuge' („favour") Großbritannien eine multilaterale Herangehensweise auf Basis des Völkerrechts, weil diese eine größere Effektivität und Legitimität mit sich bringe (Cabinet Office 2008: 7). Da die internationalen Institutionen wie der VN-Sicherheitsrat aber nicht immer effektiv genug seien und die endgültige Verantwortung zur Gewährleistung der nationalen Sicherheit bei der britischen Regierung läge, müsse Großbritannien die militärischen Fähigkeiten aufrechterhalten, um die Führung übernehmen oder eigenständig handeln zu können (Cabinet Office 2008: 9).

Obgleich alle drei Staaten sich also in ihren Grundsatzdokumenten zum Multilateralismus im Rahmen der Vereinten Nationen bekennen, äußert sich im Livre Blanc und noch deutlicher in der NSS das Interesse, eine eigenständige militärische Handlungsfähigkeit aufrechtzuerhalten und sie bei Blockade multilateraler Institutionen, wie etwa einem Veto im VN-Sicherheitsrat, notfalls auch unilateral und als Mittel zur Gestaltung einzusetzen. Diese Bereitschaft zum militärischen Handeln außerhalb der internationalen Strukturen

---

10 Aktuell hat Frankreich neben seinen Verpflichtungen im Rahmen der NATO und WEU mit zwölf Staaten in Afrika (Elfenbeinküste, Gabun, Kamerun, die Komoren, Republik Kongo, Sénegal, Tschad, Zentralafrikanische Republik) und dem Nahen Osten (Djibuti, Katar, Kuwait, Vereinigte Arabische Emirate) bilaterale Beistandsabkommen geschlossen (Service d'Information du Gouvernement 2008).

birgt ein erhebliches Konfliktpotenzial für die europäische Zusammenarbeit, wenn ein oder mehrere europäische Staaten – wie im Zuge des Irak-Krieges – gegen den Willen anderer europäischer Staaten militärisch außerhalb von VN, EU und NATO handeln.

Der zweite untersuchte Aspekt der Interessen und Ziele für die internationale Ebene sind die bevorzugten Partner und Foren für die internationale Zusammenarbeit in der Sicherheits- und Verteidigungspolitik. Alle drei Staaten sind Mitglieder in den Vereinten Nationen, der EU und der NATO; als ständige Mitglieder des VN-Sicherheitsrates nehmen Frankreich und Großbritannien aber eine Sonderrolle ein. In der Folge setzen alle drei Länder ihre Sicherheits- und Verteidigungspolitik – mit unterschiedlichen Schwerpunktsetzungen – in den Kontext dieser drei Organisationen.

Ein erster vergleichender Blick auf die Schwerpunktsetzung zwischen europäischer und transatlantischer Orientierung in der Sicherheits- und Verteidigungspolitik scheint die ‚klassische' Rollenverteilung zu bestätigen: Während Frankreich ein detailliertes Kapitel seinen „europäischen Ambitionen" („L'ambition européenne"; Ministère de la Défense 2008: 81–98) widmet, betont die NSS die Bedeutung der NATO für die britische Verteidigung. Das deutsche Weißbuch hingegen räumt NATO und ESVP einen vergleichbaren Platz ein und betont die Kooperation zwischen beiden Organisationen (BMVg 2006: 47–49). Wie die detaillierte Analyse im Kapitel zur Sicherheitspolitik auf der internationalen Ebene aufzeigt, hat in dieser Hinsicht in den vergangenen zehn Jahren eine schrittweise Annäherung zwischen Frankreich und Großbritannien stattgefunden. Trotz der Ankündigung Frankreichs, in die militärische Struktur der NATO zurückzukehren, weisen die unterschiedlichen britischen und französischen Konzeptionalisierungen von EU und NATO weiterhin ein erhebliches Konfliktpotenzial auf (siehe Kapitel 7.1.2).

Diese Unterschiede äußern sich auch in der Gewichtung, welche bilateralen Partnerschaften in den Grundsatzdokumenten zugeschrieben wird. Im Allgemeinen nehmen bilaterale Partnerschaften – einschließlich der seit dem Amtsantritt des französischen Präsidenten Nicolas Sarkozy vermehrt konfrontativen deutsch-französischen Zusammenarbeit[11] – in allen drei Grundsatzdokumenten nur wenig Raum ein. Anders als noch 1994, als Frankreich und Deutschland bei der parallelen Erstellung von Livre Blanc und Weißbuch eng koordiniert haben, wird ihre bilaterale Partnerschaft jeweils nur kurz als bedeutender ‚Motor' gewürdigt (BMVg 2006: 38; Ministère de la Défense 2008: 88). Daneben hebt das deutsche Weißbuch die für die europäische Si-

---

11 Aktuelle Beispiele für ein vermehrt konfrontativ geprägtes deutsch-französisches Verhältnis sind die Konflikte um die Mittelmeerunion, die Zukunft der Eurogruppe oder im Zuge der Finanzkrise (vgl. Schwarzer/Werenfels 2008).

cherheit bedeutende Partnerschaft zu den USA sowie – anders als noch 1994 – die Zusammenarbeit mit Großbritannien als „herausgehobene[r] Partner in der Europäischen Union und der NATO" (BMVg 2006: 38) hervor. Die britische NSS hingegen betont allein die „special relationship" mit den USA als zentrale Grundlage für ihre nationale Sicherheit und erwähnt daneben nur im Allgemeinen seine Partner in NATO und EU (Cabinet Office 2008: 8). Bemerkenswerterweise verweist keiner der drei Staaten auf die Möglichkeit einer trilateralen Zusammenarbeit auf europäischer Ebene in der Sicherheits- und Verteidigungspolitik.

Ein gemischtes Bild ergibt sich im dritten Aspekt der Interessen und Ziele für die internationale Ebene, wenn man die geografischen Schwerpunkte der nationalen Sicherheits- und Verteidigungspolitik in den Grundsatzdokumenten vergleicht. Deutschland sieht seine Sicherheitspolitik in Zeiten der Globalisierung nicht allein auf seine Nachbarschaft beschränkt und führt im Weißbuch das volle Spektrum an Partnern und Regionen auf, mit denen es sicherheitspolitisch engagiert ist (siehe Tabelle 4.2). Gleichzeitig lässt diese breite Aufzählung, die kaum eine Weltregion auslässt, auch die Frage offen, wo die deutschen Schwerpunkte eigentlich liegen. Das Hervorheben der besonders wichtigen Beziehungen zu Russland, dem westlichen Balkan und Israel[12] sowie die Reihenfolge der Regionen lassen hier möglicherweise eine Prioritätensetzung erahnen. Vergleicht man dies mit dem vorherigen Weißbuch, zeigt sich deutlich die veränderte Schwerpunktsetzung Deutschlands – während 1994 der mittel- und osteuropäische Raum einschließlich der Nachfolgestaaten der Sowjetunion den größten Platz einnahmen (BMVg 1994: 27–29), standen die Länder Subsahara-Afrikas (z. B. die Demokratische Republik Kongo) oder Zentralasiens (wie Afghanistan) noch nicht im Fokus deutscher Sicherheits- und Verteidigungspolitik.

---

12 So verwendet das deutsche Weißbuch mit Bezug auf Russland („besonderer Rang"), dem westlichen Balkan („besonderes Interesse") und Israel („besondere Qualität") den Begriff der Besonderheit (BMVg 2006: 55–57). Am anderen Ende des Spektrums steht die Region Lateinamerika/Karibik, die nur im Zusammenhang der strategischen Partnerschaft mit der EU erwähnt wird.

Tabelle 4.2: Geografische Schwerpunkte der nationalen Sicherheits- und
Verteidigungspolitiken

Deutschland	Frankreich	Großbritannien
• Russland • Ukraine • Westlicher Balkan • Südlicher Kaukasus und Zentralasien • Naher und Mittlerer Osten • Israel • Asiatisch-Pazifischer Raum • Japan • China • Indien • Subsahara-Afrika • Lateinamerika/Karibik	• Achse vom Atlantik bis zum Indischen Ozean • Subsahara-Afrika • Osteuropa, einschließlich dem Balkan sowie Russland • Asien	• Pakistan und Afghanistan • Teile Afrikas, die von bewaffneten Konflikten und/oder Extremismus betroffen seien, insbesondere Darfur und Nord-Afrika • Naher Osten, einschließlich dem Irak • Osteuropa

Quellen: BMVg 2006: 55–58; Ministère de la Défense 2008: 43–49; Cabinet Office 2008: 40.

Großbritannien wählt einen anderen Ansatz und stellt in der NSS angesichts begrenzter Ressourcen vier Kriterien für seine geografischen Schwerpunkte auf, in denen sich die pragmatische britische Herangehensweise ausdrückt – (1) historische Verbindungen (einschließlich größerer Diaspora-Gemeinschaften im Vereinigten Königreich), (2) größtmögliche Chancen, eine Verbesserung zu erreichen, (3) humanitäre Bedürfnisse sowie (4) nationale Sicherheitsinteressen. In der Folge seien dies vier Regionen, namentlich Pakistan und Afghanistan, Afrika, der Nahe Osten sowie Osteuropa (Cabinet Office 2008: 40). Vergleicht man die vier Gebiete mit dem Strategic Defence Review von 1998, welches Europa, den Nahen Osten, den Persischen Golf sowie Nordafrika nannte, so wurden die britischen Schwerpunkte ebenfalls um Afghanistan/Pakistan und Subsahara-Afrika erweitert. Bemerkenswerterweise nennt das britische White Paper on Defence von 2003, welches diesen Schwerpunkt eingeführt hat, in dem Gebiet Subsahara-Afrika „the EU and other Partners", aber nicht explizit die USA (Ministry of Defence 2003: 5).

Das französische Livre Blanc teilt die geografischen Schwerpunkte für die Sicherheit Frankreichs und Europas in vier Regionen auf. Eine erste, etwas diffuse Kategorie, die „arc de crise de l'Atlantique à l'ocean Indien"[13] (Ministère de la Défense 2008: 43), umfasst das Gebiet von der Sahelzone (Mauretanien bis Somalia) über Nordafrika, den Nahen Osten und die arabische Halbinsel bis zu Afghanistan und Pakistan. Trotz der Heterogenität des Gebiets seien diese Länder charakterisiert von einer Kombination von Instabilität, zwischenstaatlicher und innerstaatlicher Gewalt, Proliferationsgefahr und der Konzentration von wichtigen Energieressourcen (Ministère de la Défense 2008: 43–44). Die anderen drei Gebiete sind Subsahara-Afrika, Osteuropa (zu dem auch der Balkan gezählt wird) sowie Asien, in dessen Richtung sich die globale Machtbalance verlagere. Mit Blick auf Subsahara-Afrika wird jedoch unter Präsident Sarkozy ein Kurswandel von unilateralem französischem Engagement zu einer Multilateralisierung und Afrikanisierung vollzogen, die sich etwa in der Abschaffung einer der drei französischen Stützpunkte in Afrika oder der Eingliederung der „afrikanischen Zelle" in den neuen Nationalen Sicherheitsrat ausdrückt (Martens 2007).

Insgesamt ist heute im Bereich der Interessen und Ziele für die internationale Ebene zwischen den drei Staaten eine gestiegene Kongruenz zu konstatieren. Die Gemeinsamkeiten drücken sich zum einen in der übereinstimmenden außenpolitischen Orientierung auf eine multilaterale Struktur aus, die allerdings in Frankreich und vor allem Großbritannien durch einen notfalls unilateral durchzusetzenden Gestaltungsanspruch eingeschränkt wird. Zum anderen findet eine Annäherung in der brisanten Frage der NATO/ESVP-Orientierung statt, in der jedoch noch viele Differenzen bestehen bleiben. Eine deutliche Annäherung zwischen den drei Staaten zeigt sich vor allem in den zu einem großen Teil überlappenden geografischen Schwerpunkten, da mittlerweile alle drei Staaten Gebiete wie Afghanistan/Pakistan, Osteuropa und Subsahara-Afrika auf der Agenda haben.

4.1.3   Rüstungspolitische Ziele

Nach den Interessen und Zielen für die internationale Ebene führen die Grundsatzdokumente der drei Länder auch ökonomische und rüstungspolitische Ziele ihrer Sicherheits- und Verteidigungspolitik auf. Hierzu gehören neben der oben diskutierten Frage der militärischen Eigenständigkeit vor allem die finanziellen Vorgaben für die militärische Langzeitplanung, die Positionierung zu Abrüstungsfragen sowie die Stellung ökonomischer Interessen in diesem Politikbereich. Dabei werden einerseits an den finanziellen Auf-

---

13   „Achse der Krisen vom Atlantik bis zum Indischen Ozean" (Übersetzung d. A.).

wendungen für den Verteidigungsbereich und den eigenen rüstungspolitischen Vorhaben Unterschiede im Verhältnis zum Einsatz militärischer Gewalt und der Ausrichtung der Streitkräfte als Gestaltungsinstrument deutlich,
wie in Kapitel 6 ausführlich diskutiert wird. Beispielhaft zu nennen sind hier
die in Relation höheren Verteidigungsausgaben in Frankreich und Großbritannien, die gerade auch in Prestigeprojekte wie eigene Nuklearwaffen und
Flugzeugträger investiert werden (siehe Kapitel 6.3 und 6.4).

Auf der anderen Seite sprechen sich alle drei Staaten in der internationalen Rüstungspolitik für eine stärkere Rüstungskontrolle und Abrüstung aus,
insbesondere hinsichtlich von Massenvernichtungswaffen. Das deutsche
Weißbuch setzt die Rüstungspolitik in den Kontext der „auf Konfliktprävention ausgerichteten deutschen Sicherheitspolitik" (BMVg 2006: 54), in deren
Rahmen sich Deutschland für multilaterale und kooperative Lösungen auf
EU- und internationaler Ebene einsetzen wolle. Eine besondere Bedeutung
habe die Universalisierung und Stärkung der Verträge zum Verbot und zur
Nichtverbreitung von Massenvernichtungswaffen, auf deren Besitz Deutsch-
land völkerrechtlich verpflichtend verzichtet hat (BMVg 2006: 32, 54). Dar-
über hinaus weist das Weißbuch der nuklearen Abschreckungsfähigkeit der
NATO eine rein politische Rolle zu, welche der „Wahrung des Friedens,
Verhinderung von Zwang und jeder Art von Krieg" (BMVg 2006: 32) diene.

Auch Frankreich (Ministère de la Défense 2008: 69–70) und Großbritannien (Cabinet Office 2008: 29–31) sehen sich jeweils als Vorreiter der nuklearen Abrüstung, da sie die Zahl ihrer Sprengköpfe reduziert hätten und sich
international für ein Verbot, zunächst vor allem aber für die Nichtverbreitung
von Massenvernichtungswaffen, einsetzen würden. So hat Frankreich nach
offiziellen Angaben in den 1990er-Jahren seine landgestützten Nuklearwaffen abgebaut sowie die Produktion von waffenfähigem Plutonium und seine
umstrittenen Atomwaffentests eingestellt (Ministère de la Défense 2008: 13).
Im Zuge der Reformen des Livre Blanc sollen die französischen Nuklearstreitkräfte um ein weiteres Drittel reduziert und die nukleare Abrüstung
durch einen internationalen Aktionsplan forciert werden.[14] Nichtsdestotrotz
unterstreicht das Livre Blanc, dass Frankreich weiterhin seine Nuklearwaffen
zur Abschreckung unabhängig und eigenständig einsatzbereit halten müsse:
„La dissuasion nucléaire demeure un fondement essentiel de la stratégie de la
France."[15] (Ministère de la Défense 2008: 69)

---

14 Als Elemente des Plans nennt das Livre Blanc die universelle Ratifizierung des Kernwaffen-
    teststopp-Vertrags von 1996, der unter anderem noch nicht von den USA und China ratifi-
    ziert wurde, einen Vertrag zum Stopp der Produktion von waffenfähigem Nuklearmaterial,
    die Durchsetzung des Nichtverbreitungsvertrags und die Aufnahme von Verhandlungen zum
    Verbot von nuklearen Kurz- und Mittelstreckenraketen (Ministère de la Défense 2008: 121).
15 „Die nukleare Abschreckung bleibt ein essenzieller Grundbaustein der französischen Strate-
    gie." (Übersetzung d. A.)

Großbritannien, das 2006 ein separates Weißbuch über seine Nuklearwaffen entwickelt hat, fordert ebenfalls eine Stärkung des Nichtverbreitungsvertrags sowie eine Forcierung der europäischen und internationalen Bemühungen im Falle der möglichen Herstellung von Atomwaffen seitens des Irans (Cabinet Office 2008: 11). Bezüglich seiner eigenen Nuklearwaffen hat es wie Frankreich in den 1990er-Jahren die Anzahl seiner Sprengköpfe zunächst im Kontext des Strategic Defence Review auf ca. 200 (Ministry of Defence 1998: Abschnitt 64) und des White Paper on Nuclear Defence auf ca. 160 reduziert (MoD 2006: 8). Da eine nukleare Bedrohung Großbritanniens aber nicht auszuschließen sei, folgert auch die britische Regierung im Weißbuch von 2006 und der NSS, dass die nukleare Abschreckungsfähigkeit – auch unabhängig von den USA – aufrechtgehalten werden solle (Ministry of Defence 2006: 22–23; Cabinet Office 2008: 31).

Aufbauend auf ihrem langjährig gefestigten und mehrheitlich politisch getragenen Entschluss, eigene Nuklearwaffenkapazitäten aufrechtzuerhalten, ziehen Frankreich und Großbritannien zusätzlich das wachsende Problem der Proliferation von nuklearen, biologischen und chemischen Waffen heran – solange keine weltweite Abschaffung von Massenvernichtungswaffen garantiert werden könne, müssten sie neben der Unterstützung und Fortführung der internationalen Verträge ihr nukleares Abschreckungspotenzial als ein essenzielles Instrument zur Gewährleistung ihrer nationalen Sicherheit beibehalten. Zusätzlich unterstützt Großbritannien die amerikanischen Pläne für den Aufbau eines Raketenabwehrsystems in Europa, in dem es sowohl eigene Standorte für das System zur Verfügung stellt, als auch die Installation von Teilen des Systems in Polen und Tschechien unterstützt (House of Commons 2003: 46f.; Cabinet Office 2008: 44). Frankreich hingegen lehnt das amerikanische System nicht ab (MAE 2007), formuliert im Livre Blanc aber das Ziel, bis 2020 ein eigenständiges System zur frühzeitigen Erkennung von Abschüssen von Interkontinentalraketen zu etablieren (Ministère de la Défense 2008: 183–185). Das deutsche Weißbuch bleibt bei der ablehnenden Position gegenüber dem Aufbau eigener Nuklearwaffen für Deutschland und fordert stattdessen eine Forcierung der internationalen Anti-Proliferation Initiativen.

Die rüstungspolitischen Ziele und Strategien zur Abrüstung reflektieren damit die bereits identifizierten Trends – obgleich alle drei Länder ihre multilaterale Orientierung und die Unterstützung der internationalen Nichtverbreitungsinitiativen betonen, verzichtet allein Deutschland explizit auf eigene nationale nukleare Fähigkeiten und setzt auf die Abschreckungsfähigkeit der NATO. Großbritannien und Frankreich beharren trotz ihrer Unterstützung für die Abrüstung auf eigene nukleare Abschreckungsfähigkeiten, die sie eng mit ihrem Führungsanspruch in den internationalen Beziehungen verknüpfen. So begründete der Vorsitzende des Verteidigungsausschusses des House of Commons, James Arbuthnot, den britischen Sitz im VN-Sicherheitsrat mit dem Besitz von Nuklearwaffen (Koydl 2009). Hinsichtlich der außenpolitischen Orientierung aber steht der engen Kooperation des Vereinigten Königreiches mit den USA im Bereich der Nuklearwaffen und der Raketenabwehr die betonte Eigenständigkeit Frankreichs gegenüber.

4.2   Aufgaben der Streitkräfte

Die Durchführung von militärischen Einsätzen mit bewaffneten Streitkräften gehört zu den Kernfunktionen der multilateralen sicherheits- und verteidigungspolitischen Organisationen, denen die drei Staaten angehören – der Friedenssicherung der Vereinten Nationen, der Europäischen Sicherheits- und Verteidigungspolitik der EU und der gemeinsamen Verteidigung sowie den Out-of-area-Einsätzen der NATO. Obgleich diese Organisationen jeweils ein Aufgabenspektrum für den gemeinsamen Einsatz bewaffneter Kräfte festgelegt haben,[16] liegt die Entscheidung zum Einsatz ihrer Streitkräfte selbst bei multinationalen Streitkräftekooperationen wie der NATO Response Force (NRF) oder den EU-Battlegroups allein bei den Mitgliedstaaten. Eine Sonderstellung nehmen die Beistandsverpflichtung gemäß Art. 5 des Nordatlantikvertrags bzw. Art. V des WEU-Vertrags[17] ein, die jeweils bei einem Angriff auf einen Mitgliedstaat die anderen Mitgliedstaaten zum – nicht zwingend militärischen – Beistand verpflichten.[18] Angesichts dieser in der Regel freiwilligen und souveränen Bereitstellung von bewaffneten Streitkräften für multinationale Streitkräftekooperationen und Einsätze ist das Aufgabenspektrum, in dem die Streitkräfte eingesetzt werden sollen, ein wichtiger Indikator für das Verhältnis zu militärischer Gewalt und von besonderer Bedeutung für die Zusammenarbeit auf multinationaler Ebene.

---

16 So enthalten jeweils die Europäische Sicherheitsstrategie (2003) und das Strategische Konzept der NATO (1999) ein Aufgabenspektrum für EU- bzw. NATO-geführte Einsätze.
17 Mit dem Vertrag von Lissabon soll eine horizontale Beistandsverpflichtung, d. h. zwischen den Mitgliedstaaten, in den EU-Vertrag eingeführt werden. Da diese Beistandsverpflichtung jedoch Ausnahmen sowohl für die NATO als auch für bündnisfreie Mitgliedstaaten enthält, hätte sie zunächst vor allem eine symbolische Bedeutung. Nach der Ablehnung des Vertrags von Lissabon in der Volksabstimmung in Irland ist sein Inkrafttreten jedoch bis auf Weiteres unsicher (vgl. von Ondarza 2008: 24–26).
18 Der NATO-Vertrag verpflichtet die Mitglieder jedoch nur zur Ergreifung derjenigen Maßnahmen, „die sie für erforderlich erachte[n]" (Art. 5 NATO-Vertrag) und damit nicht automatisch zum *militärischen* Beistand. Der – politisch heute obsolete – WEU-Vertrag hingegen sieht eine Verpflichtung zum Einsatz „alle[r] in ihrer Macht stehende[n] militärische[n] und sonstige[n] Hilfe und Unterstützung" (Art. V WEU-Vertrag) vor und geht damit rechtlich über den NATO-Vertrag hinaus.

Die Aufgaben der nationalen Streitkräfte und ihre Einsatzmöglichkeiten sind nicht nur in den sicherheits- und verteidigungspolitischen Grundsatzdokumenten festgelegt, sondern auch durch (verfassungs-)rechtliche Vorgaben eingeschränkt.[19] Analog zu den nationalen Interessen in der Sicherheits- und Verteidigungspolitik ist die Kernaufgabe der Streitkräfte *per definitionem* in allen drei Ländern die Verteidigung der eigenen Souveränität, territorialen Integrität und Bevölkerung. Aufgrund der oben genannten Beistandsverpflichtung nennen sie dabei jeweils in ihren Grundsatzdokumenten explizit neben ihrer eigenen Verteidigung diejenige ihrer Bündnispartner, d. h. ihrer NATO- und WEU-Partner sowie im Falle Frankreichs seine bilateralen Bündnispartner in Afrika.[20] Deutlich unterschiedliche Akzente setzen die drei Länder jedoch in der Verknüpfung von Verteidigung und Abschreckung: Während das Livre Blanc und die NSS die Abschreckung durch Nuklearwaffen klar der Verteidigung zuordnen, verortet das deutsche Weißbuch diese nur bei der NATO[21] und verwendet den Ausdruck ‚Abschreckung' auch nicht in Bezug auf seine konventionellen Streitkräfte.

Angesichts der weitgehend übereinstimmenden Analyse, dass die Gefahr eines direkten, massiven bewaffneten Angriffs auf einen der NATO-Mitgliedstaaten mittelfristig als gering einzustufen ist, stellt die Landes- und Bündnispartnerverteidigung jeweils nur einen Teil des Aufgabenspektrums der Streitkräfte dar. In den Vordergrund werden als „wahrscheinlicher[e] Aufgaben" (BMVg 2006: 64) vielmehr Auslandseinsätze im multilateralen Rahmen zur Konfliktprävention, Krisenbewältigung und Post-Konflikt-Stabilisierung gestellt. Eine weitere Gemeinsamkeit ist die Zuweisung von Evakuierungs- und Rettungseinsätzen als Aufgabe für die Streitkräfte, bei denen die EU-Mitgliedstaaten wie beispielsweise 2006 im Libanon oder 2007 im Tschad mittlerweile eng kooperieren.

Nicht unerheblich sind jedoch die Unterschiede in der Definition dessen, was ‚Krisenbewältigung' beinhaltet. Die gängige Fassung der ‚Petersberg-Aufgaben' der ESVP schließt „humanitäre Aufgaben und Rettungseinsätze, friedenserhaltende Aufgaben sowie Kampfeinsätze bei der Krisenbewältigung einschließlich friedensschaffender Maßnahmen" (Art. 17 EUV) ein, womit nach herrschender Meinung auch Kampfeinsätze hoher Intensität mit eingeschlossen werden (vgl. Kielmansegg 2005). Das deutsche Weißbuch aber vermeidet eine Festlegung der Aufgaben, welche die Bundeswehr im Rahmen der Krisenbewältigung übernehmen sollte. Stattdessen knüpft es ei-

---

19 Eine detaillierte Analyse der rechtlichen Beschränkungen für den Einsatz bewaffneter Streitkräfte findet sich in Kapitel 5.2.
20 Siehe Fn. 10.
21 In diesem Zusammenhang erkennt das Weißbuch die Notwendigkeit der Aufrechterhaltung der nuklearen Abschreckung im Rahmen der NATO an (vgl. BMVg 2006: 32).

ne ungewöhnliche Verbindung, indem es Krisenbewältigungseinsätze hinsichtlich „Intensität und Komplexität" mit denjenigen zur Verteidigung von Bündnispartnern gleichsetzt.[22] Die britische NSS hingegen spricht eine klarere Sprache und betont nicht nur die Fähigkeit zum „peace enforcement"[23], sondern den politischen Willen, die Streitkräfte für diese Aufgabe mit den Partnern oder allein einzusetzen (Cabinet Office 2008: 56). Ebenso fordert das Livre Blanc die Fähigkeit zur Beteiligung an größeren Operationen zur „Wiederherstellung des Friedens" („rétablissement de la paix"; Ministère de la Défense 2008: 200). Das deutsche Weißbuch deutet damit semantisch auf eine stärkere Zurückhaltung Deutschlands bei friedensschaffenden Maßnahmen höherer Intensität hin und spiegelt damit auch den im Vergleich zu Frankreich und Großbritannien kritischeren Diskurs in der Bundesrepublik wider (vgl. Jonas 2008).

Eine übereinstimmende Aufgabe der Streitkräfte der drei Länder ist mittlerweile der Kampf gegen den Terrorismus. Wenig überraschend ist dies bei Großbritannien, dessen Strategic Defence Review – A new Chapter (2002) sich unter dem Eindruck der Anschläge vom 11. September 2001 in den USA bereits ganz auf die Bekämpfung des internationalen Terrorismus konzentrierte. Auch die aktuelle NSS stellt die Anti-Terror-Strategie an erste Stelle, einschließlich des Einsatzes von bewaffneten Streitkräften im Ausland wie im Rahmen der ISAF-Operation in Afghanistan (vgl. Cabinet Office 2008: 25f.).[24] Zu bedenken ist, dass Großbritannien von den drei Staaten bisher am direktesten vom islamistischen Terrorismus betroffen war. Parallel sieht Deutschland seine Auslandseinsätze zur Konfliktprävention und Krisenbewältigung im Kontext des Kampfes gegen Terrorismus (BMVg 2006: 64), während Frankreich die Verfolgung von Terroristen als Aufgabe für seine Spezialkräfte mit einschließt (vgl. Ministère de la Défense 2008: 200).

Zuletzt ist in allen drei Staaten vorgesehen, die Streitkräfte im Inland jenseits der Landesverteidigung bei Naturkatastrophen oder massiven vom Menschen ausgelösten Katastrophen (einschließlich terroristischer Anschläge) zur Unterstützung der zivilen Behörden einzusetzen, beispielsweise bei Flutkatastrophen wie dem Elbehochwasser 2002 oder dem Hochwasser in Großbritannien im Sommer 2007. Diese in Deutschland ‚subsidäre Hilfeleistungen' genannte Unterstützung auf Anfrage der zivilen Behörden untersteht

---

22 Im Detail heißt es: „Einsätze zur Konfliktprävention und Krisenbewältigung unterscheiden sich hinsichtlich Intensität und Komplexität nicht von Einsätzen zur Verteidigung von Bündnispartnern." (BMVg 2006: 64)
23 „Friedenserzwingung" (Übersetzung d. A.).
24 Zu bemerken ist, dass auch Großbritannien nicht die US-amerikanische Formulierung eines „war on terrorism" („Krieg gegen den Terrorismus"; Übersetzung d. A.) übernimmt, sondern nur von Kampfoperationen im Rahmen seiner Counter-Terrorism Strategie spricht (Cabinet Office 2008: 25).

in den drei Staaten jedoch sehr unterschiedlichen rechtlichen Beschränkungen, die von der Möglichkeit zu einem langjährigen bewaffneten Einsatz wie demjenigen der britischen Streitkräfte in Nordirland[25] bis hin zu den hohen Restriktionen in Deutschland reichen.[26]

Die im Allgemeinen für die Streitkräfte der drei Staaten vorgesehenen Aufgaben weisen eine erstaunlich hohe Kongruenz auf und lassen sich unter den Stichworten Landesverteidigung und Rettungseinsätze, Bündnisfähigkeit, Krisenbewältigung und Unterstützung beim Katastrophenschutz zusammenfassen. Von besonderer Brisanz ist aber die unterschiedliche Definition von Krisenbewältigung, da diese den Rahmen dessen begrenzt, was die Staaten willens sind, gemeinsam militärisch zu unternehmen. Demnach zeigen sich zwar alle drei Staaten auf einem allgemeinen Level als äußerstes Mittel zum Einsatz militärischer Gewalt bereit; die Wortwahl im deutschen Weißbuch deutet aber auf eine größere Zurückhaltung hin.

4.3 Sicherheits- und verteidigungspolitisches Selbstverständnis

Die akademische Debatte über die strategische Kultur in der deutschen Sicherheits- und Verteidigungspolitik war lange von dem Begriff einer „Zivilmacht" geprägt, d. h. einem Staat, der sich dem Ziel der Zivilisierung der internationalen Politik verschrieben hat und dieses Ziel vornehmlich – aber nicht ausschließlich – mit nicht-militärischen Mitteln durchzusetzen sucht (Maull 1990/1991). Bis heute wird angesichts des verstärkten militärischen Engagements der Bundesrepublik die Frage diskutiert, inwieweit Deutschlands Außen- und Sicherheitspolitik es weiterhin als Zivilmacht qualifiziert oder ob zumindest seine politische Elite eine ‚Normalisierung' vollzogen hat (siehe stellvertretend Maull 2006; Wilke 2007). Im Rahmen dieser Untersuchung der strategischen Kulturen der sicherheits- und verteidigungspolitischen Grundsatzdokumente stellt sich besonders die Frage, von welchem Selbstverständnis der eigenen Rolle auf internationaler Ebene diese geprägt sind? Selbstverständnis wird hier verstanden als die übergeordnete Maxime, nach der das Handeln des Staates auf internationaler Ebene im Rahmen der Außen-, Sicherheits- und Verteidigungspolitik ausgerichtet sein *sollte*.

---

25 Der von 1969 bis 2007 dauernde Einsatz britischer Streitkräfte in Nordirland, ‚Operation Banner', war einer der umfangreichsten und der zeitlich längste Einsatz in der Geschichte der britischen Armee (vgl. Ministry of Defence 2006).

26 Für einen ausführlichen Vergleich der rechtlichen Beschränkungen beim Einsatz der Streitkräfte im Inland, siehe Kapitel 5.2.2.

Eine Untersuchung des deutschen Selbstverständnisses in der Sicherheits- und Verteidigungspolitik kommt am Zivilmachtsbegriff kaum vorbei. Doch bereits der bisherige Überblick zu den allgemeinen Zielvorstellungen hat gezeigt, dass die Bundesrepublik zwar in einigen kritischen Punkten zurückhaltender als Frankreich und Großbritannien ist, sich aber im Weißbuch und in der Praxis zum Einsatz von bewaffneten Streitkräften in Kampfeinsätzen bekennt. Die Bundeswehr ist heute eine „Armee im Einsatz" und zur Realität deutscher Außen- und Sicherheitspolitik gehören auch der „Einsatz von Waffengewalt im Rahmen streitkräftegemeinsamer Operationen hoher Kampfintensität" (BMVg 2006: 77). Obgleich das Weißbuch weiterhin zivile Konfliktprävention betont, greift der Zivilmachtsbegriff heute klar zu kurz (Overhaus 2006; Hoffmann/Longhurst 1999).

Eine bessere Charakterisierung ist heute das Bild von Deutschland als „ein verlässlicher Partner und Verbündeter" (BMVg 2006: 16), das sich wie ein Leitmotiv durch das gesamte Weißbuch zieht. In diesem Sinne wird nicht nur mehrfach die Überzeugung bekräftigt, dass die Herausforderungen der internationalen, aber auch der deutschen Sicherheit nur gemeinsam mit den Partnern bewältigt werden können. Auch die Planung der Einsatzkräfte der Bundeswehr wird vor allem auf den Einsatz im multilateralen Rahmen der EU, NATO und den VN ausgerichtet, selbst dann, wenn wie bei der EU-Operation 2006 in der Demokratischen Republik Kongo deutsche Interessen nur mittelbar betroffen sind. Im Umkehrschluss wird der unilaterale Einsatz militärischer Mittel – mit Ausnahme von Rettungseinsätzen und Evakuierungen von deutschen Staatsbürgern – abgelehnt. Ein wichtiger Aspekt ist zudem die *Verlässlichkeit*, mit der Deutschland zur Vertrauensbildung in der EU, im transatlantischen Bündnis und darüber hinaus beitragen will.

Das französische Livre Blanc ist geprägt von einem Führungsanspruch in und für Europa. In der Tradition eines „l'europe puissance" wird in einem ausführlichen Kapitel zur „europäischen Ambition" („l'ambition européenne"; Ministère de la Défense 2008: 81) und über das gesamte Livre Blanc die Forderung deutlich, dass sich die EU unter französischer Führung zu einem internationalen Akteur ersten Ranges entwickeln sollte. Besonders auffällig ist, dass durchweg die Bedrohungen *und* strategischen Interessen von „la France et l'Europe" in einem Atemzug genannt und damit als symbiotisch betrachtet werden. Auch die geschichtsträchtige Entscheidung, in die militärische Struktur der NATO zurückzukehren, steht im Zeichen einer Stärkung der europäischen Dimension und wird von der Erwartungshaltung begleitet, mit diesem Schritt eine stärkere Integration in der ESVP zu ermöglichen. So werden von den Bedrohungen, den militärischen Fähigkeiten, dem Schutz der Bürger (einschließlich der EU-Bürger)[27], der internationalen Sicherheitspolitik und der Rüstungspolitik bis hin zur Ausbildung von militärischem Personal sämtliche Bereiche der Sicherheits- und Verteidigungspolitik in einen europäischen Kontext gestellt. Gleichwohl werden einzelne Teilbereiche, wie etwa die nukleare Abschreckung und als besonders sensitiv betrachtete Teile der Rüstungsindustrie, ebenso wie der Anspruch auf eigenständige Handlungsfähigkeit aus dieser ‚Europäisierung' herausgenommen. Doch gerade dieser scheinbare Widerspruch zwischen nationaler Souveränität und europäischen Ambitionen verdeutlicht den Anspruch, an der Spitze Europas weiterhin zu den Nationen zu gehören, „qui font l'Histoire parce qu'elles ont refusé de la subir"[28] (Sarkozy 2008).

In Großbritanniens National Security Strategy kristallisiert sich weniger deutlich ein Selbstverständnis seiner Außen-, Sicherheits- und Verteidigungspolitik heraus. Als erstes Grundsatzdokument unter der Regierung von Gordon Brown fällt vor allem das Fehlen der Selbstbeschreibung als „force for good"[29] auf, welche seit dem ersten Strategic Defence Review unter dem damals neuen Premierminister Tony Blair die britische Politik geprägt hat. Obgleich weiterhin das Element einer „moral responsibility" („moralische Verantwortung"; Cabinet Office 2008: 13) zur Bewältigung von humanitären Katastrophen und gewaltsamen Konflikten vorhanden ist, fehlt eine vergleichbare übergeordnete Orientierung in der NSS, die stärker von einer pragmatischen Herangehensweise geprägt ist. Ein britischer Politologe vom Think-Tank Chatham House charakterisierte diesen Mangel an Orientierung

---

27 Kennzeichnend für den französischen Führungsanspruch in Europa beschäftigt sich das Livre Blanc nicht allein mit den französischen Bürgern, sondern in gesonderten Abschnitten auch mit den Bedrohungen für die „europäischen Bürger", in denen auch Handlungsvorschläge für Maßnahmen zum Schutz europäischer Bürger formuliert werden (vgl. Ministère de la Défense 2008: 49–56, 93–97).

28 „(...) welche die Geschichte schreiben, weil sie sich weigern, sich ihr unterzuordnen" (Übersetzung d. A.).

29 Explizit hieß es im Strategic Defence Review: „The British are, by instinct, an internationalist people. We believe that as well as defending our rights, we should discharge our responsibilities in the world. We do not want to stand idly by and watch humanitarian disasters or the aggression of dictators go unchecked. We want to give a lead, we want to be a force for good." („Die Briten sind ein instinktiv international ausgerichtetes Volk. Wir glauben, dass wir nicht nur unsere Rechte verteidigen sollten, sondern auch unsere Pflichten in der Welt erfüllen sollten. Wir wollen nicht untätig dabei stehen und zusehen wie sich humanitäre Katastrophen oder Aggressionen von Diktatoren ungehindert entfalten. Wir wollen die Führung übernehmen, wir wollen eine Kraft für das Gute sein."; Übersetzung d. A.). Das Leitbild einer ‚force for good' findet sich auch im Strategic Defence Review – A New Chapter von 2002 sowie dem White Paper on Defence von 2003.

eher negativ: „But it [the NSS, Anm. d. A.] is a document which offers all things to all readers, while being strangely unable to provide much in the way of vision, leadership and motivation – or strategy, in other words."[30] (Cornish 2008)

4.4   Schlussfolgerungen

Die Übersicht über die Leitlinien in der Sicherheits- und Verteidigungspolitik Deutschlands, Frankreichs und Großbritanniens hat aufgezeigt, dass sich die drei Staaten auf der allgemeinen Ebene heute in vier wichtigen Punkten überschneiden. Erwartungsgemäß lagen erste Gemeinsamkeiten beim klassischen Interesse zum Schutz des Territoriums und der Bürger. Zweitens teilen die drei Länder sowohl ihre wesentlichen Grundwerte als auch die Forderung nach einer wertebasierten Sicherheits- und Verteidigungspolitik, die den Einsatz militärischer Gewalt nicht ausschließt. Die parallele Zuweisung von Verantwortung für die Beilegung von Krisen verdeutlicht den damit einhergehenden sicherheitspolitischen Gestaltungswillen. Auf der internationalen Ebene überschneidet sich drittens nicht nur ihre Mitgliedschaft in EU, NATO und VN, sondern auch ihr Bekenntnis zum Multilateralismus und ein hoher Anteil an ihren geografischen Schwerpunkten. Viertens ergibt ein Vergleich des Aufgabenspektrums für die Streitkräfte ein erstaunlich hohes Maß an Kongruenz, wobei Großbritannien und Frankreich sich klarer zu Kampfeinsätzen mit friedensschaffender Qualität bekennen.

Die Gemeinsamkeiten im Aufgabenspektrum illustrieren aber auch einen wesentlichen Unterschied, der während des Vergleichs immer wieder durchscheint: Im Verhältnis zum Einsatz militärischer Gewalt zeigt sich das deutsche Weißbuch vorsichtiger als sein französisches und britisches Pendant. Die damit einhergehende strategische Zurückhaltung Deutschlands drückt sich in dem Selbstverständnis als verlässlicher Partner aus, der seine Sicherheits- und Verteidigungspolitik allein auf den multilateralen Rahmen ausrichtet. Im Gegensatz dazu betonen sowohl Frankreich als auch Großbritannien ihre Bereitschaft zum militärischen Handeln und ihren nationalen Führungsanspruch, wobei das Livre Blanc diesen in den Kontext einer Führungsposition in und für Europa stellt, während der britische Anspruch eng mit seiner transatlantischen Bindung verknüpft ist.

---

30 „Aber sie [die NSS, Anm. d. A.] ist ein Dokument, das jedem Leser alles anbietet, und sich dabei seltsam unfähig zeigt, eine Vision, Führung oder Motivation zu entwickeln – oder, in anderen Worten, eine Strategie." (Übersetzung d. A.)

Für die internationale und europäische Zusammenarbeit zeigen sich die sicherheits- und verteidigungspolitischen Leitlinien der drei Staaten also durchaus kompatibel und können heute auf sich überschneidende Wertvorstellungen, geografische Schwerpunkte und Aufgabenspektren für die Streitkräfte aufbauen.

5 Eine Frage der Flexibilität. Rechtliche Rahmenbedingungen für den Streitkräfteeinsatz

Nicolai von Ondarza

> *„Das Grundgesetz setzt mit dem Auftrag zur Wahrung des Friedens, zur Einigung Europas, zur Beachtung und Stärkung des Völkerrechts, zur friedlichen Streitbeilegung und zur Einordnung in ein System gegenseitiger kollektiver Sicherheit unverändert gültige Orientierungspunkte."*
>
> Weißbuch 2006
> zur Sicherheitspolitik Deutschlands
> und zur Zukunft der Bundeswehr: 23

Die nationalen (verfassungs-)rechtlichen Bestimmungen zur Organisation und zum Einsatz bewaffneter Streitkräfte setzen den Rahmen dessen, was für den Staat und seine Entscheidungsträger – auch auf internationaler Ebene – in der Sicherheits- und Verteidigungspolitik zulässig ist. Als Produkt der historischen Entwicklung und der vorangegangenen politischen sowie juristischen Entscheidungen spiegeln die rechtlichen Rahmenbedingungen gleichsam die ins Recht überführten Normen für die Sicherheits- und Verteidigungspolitik wider, wie etwa in Form von Einsatzbeschränkungen für Streitkräfte. So war beispielsweise einer der entscheidenden Wendepunkte für die Beteiligungen Deutschlands an multinationalen Einsätzen die rechtliche Klärung der Verfassungsmäßigkeit von bewaffneten Auslandseinsätzen der Bundeswehr durch das Urteil des Bundesverfassungsgerichts im Jahre 1994 (Meiers 2006: 267–271).

Wie das deutsche Beispiel zeigt, setzen die rechtlichen Bestimmungen für die Sicherheits- und Verteidigungspolitik damit grundlegende Handlungsspielräume und Beschränkungen für die multinationale Zusammenarbeit. Im folgenden Kapitel sollen daher ausgewählte Aspekte der Wehrrechtssysteme Deutschlands, Frankreichs und Großbritanniens vergleichend analysiert werden. Der Begriff ‚Wehrrecht' umfasst die Summe der Vorschriften der Staatsverfassung und des geltenden Rechtssystems, welche das Wehrwesen zum Gegenstand haben, d. h. die Stellung der Streitkräfte innerhalb der Staatsordnung, die Organisation und Struktur der Streitkräfte und die Rechtsstellung des Soldaten (Papenberg 2007: 23–24), wobei für diese Untersuchung insbesondere erstere von Interesse sind.

Besonders deutlich zeigt sich bereits bei den Grundlagen des Wehrrechts und deren Regelungsdichte, wie eindeutig sich die drei Staaten im Spektrum der Handlungsspielräume der Exekutive mit Deutschland auf der einen sowie

Frankreich und Großbritannien auf der anderen Seite unterscheiden. Gleichsam bieten die Einsatzmöglichkeiten für bewaffnete Streitkräfte im Aus- und vor allem Inland ein Bild davon, unter welchen Umständen militärische Gewalt als zulässig erachtet wird. Hier gibt das deutsche System ebenfalls die größten Beschränkungen vor. Im Verbund mit den Entscheidungskompetenzen für den Einsatz bewaffneter Streitkräfte zeugt die Ausrichtung der rechtlichen Rahmenbedingungen damit auch davon, inwieweit der nationalen Exekutive durch einen möglichst großen Handlungsspielraum die Mittel für eine flexible, handlungsfähige und gestaltende Rolle eingeräumt werden oder ob rechtliche Beschränkungen und möglichst große Kontrolle die Exekutive stärker an Abstimmungsprozesse und strategische Zurückhaltung binden. Ob und mit welcher Ausprägung sich die analysierten Unterschiede in der multinationalen Zusammenarbeit ausdrücken, wird abschließend am Fallbeispiel des ISAF-Einsatzes in Afghanistan untersucht.

5.1 Grundlagen der Wehrrechtssysteme

Der Schlüssel zum Verständnis des deutschen Wehrrechts liegt in den einschneidenden historischen Erfahrungen der Weimarer Republik, des Zweiten Weltkrieges und der Wiedererlangung der Souveränität nach der Wiedervereinigung 1990. Als die Bundesrepublik 1949 unter dem Schatten der beginnenden Blockkonfrontation gegründet wurde, sah das Grundgesetz gemäß der 1945 von den Alliierten beschlossenen Entmilitarisierung die Aufstellung deutscher Streitkräfte zunächst nicht vor.[1] Erst nachdem die West-Alliierten mit den Pariser Verträgen von 1954 das Besatzungsstatut der Bundesrepublik aufhoben und den Beitritt Westdeutschlands zur NATO ermöglichten, beschloss der Deutsche Bundestag nach längerer innenpolitischer Debatte eine Änderung des Grundgesetzes und die Aufstellung der Bundeswehr. Die Bundeswehr sollte aber ebenso wie die junge Bundesrepublik mit dem Vermächtnis der NS-Diktatur brechen und trotz der Eingliederung von Wehrmachtspersonal eine neue Tradition begründen. In den Grundgesetzänderungen von 1954 und 1968 wurden daher vergleichsweise detaillierte Regelungen verankert, welche die Einsatzmöglichkeiten des Bundeswehr klar beschränken und die demokratische Kontrolle und Rechte der Soldaten gewährleisten sollen (Searle 2003: 185f.).

Eine wesentliche Rolle bei der Entwicklung des deutschen Wehrrechts hat auch das Bundesverfassungsgericht gespielt. In der Rechtswissenschaft herrschte bis in die 1980er-Jahre die Auffassung vor, dass die auf den indivi-

---

1 Anders als die japanische Verfassung von 1946 enthielt das Grundgesetz aber kein ausdrückliches Verbot für die Aufstellung von Streitkräften (Nolte/Krieger 2003: 340).

duellen und kollektiven Verteidigungsfall ausgerichteten Regelungen des Grundgesetzes (siehe Kapitel 5.2) den Einsatz der Bundeswehr im Ausland jenseits der Selbstverteidigung untersagen. Auch eine Teilnahme an Einsätzen der Vereinten Nationen[2], deren Mitglied die Bundesrepublik seit 1973 ist, wurde ohne Grundgesetzänderung als unzulässig betrachtet.[3] Nachdem aber das wiedervereinigte Deutschland seine volle Souveränität zurückerlangt hatte, wurde auch die Erwartungshaltung seiner Partner in Washington, Paris und London stärker, dass sich Deutschland an internationalen Einsätzen wie den VN-mandatierten militärischen Zwangsmaßnahmen gegen den Irak im Jahr 1990 beteiligt (Meiers 2006: 248f.). Trotz der umstrittenen Verfassungslage beschloss die Bundesregierung unter Kanzler Helmut Kohl 1992, dass sich deutsche Soldaten als Teil der Besatzung der voll-integrierten AWACS-Flugzeuge der NATO an der Durchsetzung eines Flugverbots über Bosnien-Herzegowina beteiligen sollten. Auf Antrag der FDP-Fraktion im Bundestag überprüfte das Bundesverfassungsgericht diesen Beschluss und kam in seinem wegweisenden ,AWACS-Urteil' 1994 zu dem Schluss, dass eine Beteiligung Deutschlands an militärischen Operationen mit bewaffneten Streitkräften im Rahmen von Systemen kollektiver Sicherheit zulässig ist (Schröder 2005: 19f.; Urteil des Bundesverfassungsgerichts vom 12. Juli 2004). Die Richter in Karlsruhe setzten dabei aber auch das Entscheidungsverfahren zum Einsatz der Bundeswehr im Ausland fest, an dem der Bundestag maßgeblich beteiligt wurde (Gilch 2005).

Das Bundesverfassungsgericht ebnete damit den Weg für eine regelmäßige Beteiligung Deutschlands an multinationalen Einsätzen im Rahmen der VN, NATO und später EU (siehe Anhang). Die wesentlichen Bestimmungen des Urteils wurden erst zehn Jahre später mit dem Parlamentsbeteiligungsgesetz von 2005 durch den Gesetzgeber nachvollzogen. Neben dem Grundgesetz bieten die Entscheidungen des Bundesverfassungsgerichts und des Parlamentsbeteiligungsgesetzes damit zentrale Referenzstellen für die hier untersuchten Teilbereiche des Wehrrechts.

Das französische Wehrrecht unterscheidet sich maßgeblich von seinem deutschen Pendant. Im Sinne des politischen Systems der V. Republik, welche die Außen- und Sicherheitspolitik als ,domaine reservé' dem Verantwor-

---

2   An rein humanitären Missionen im Rahmen der Vereinten Nationen, wie etwa Hilfeleistungen nach Naturkatastrophen, hat sich Deutschland mit der Bundeswehr bereits vor 1990 regelmäßig beteiligt (Meiers 2006: 267).

3   So stellte das deutsche Verteidigungsministerium in Übereinstimmung mit dem Auswärtigen Amt noch 1987 im Gutachten „Rechtliche Bewertung der Einsatzmöglichkeiten der Streitkräfte" fest, dass eine Teilnahme der Bundesmarine an einem internationalen Einsatz zum Schutz der allgemeinen Schifffahrt oder im Rahmen einer multilateralen Seeblockade nicht verfassungsmäßig sei, da der Golfkrieg zwischen dem Irak und Iran (1980–1988) die Sicherheit Deutschlands nicht unmittelbar gefährde (Meiers 2006: 247).

tungsbereich des Präsidenten zuordnet, enthält die französische Verfassung nur wenige Regelungen – und damit wenig Beschränkungen – zum Wehrrecht (Papenberg 2007). Weder die Aufgaben und Ziele der Streitkräfte noch die Rechte der Soldaten sind explizit in der französischen Verfassung, dem „code constitutionnel" (CC), geregelt. Allein die Verantwortlichkeit der Exekutive über die Streitkräfte ist in Art. 15 und 20 CC festgeschrieben. Mit der umfangreichen Verfassungsänderung von 2008 ist allerdings Art. 35 CC erweitert worden, so dass nun die Regierung das Parlament bei Auslandseinsätzen informieren und eine parlamentarische Zustimmung einholen muss, falls ein Einsatz länger als vier Monate dauert (siehe Kapitel 5.3.2).

Zusätzlich verweist die Präambel des CC explizit auf die Erklärung der Menschen- und Bürgerrechte von 1789 und die Präambel der Verfassung von 1946, die das oberste französische Gericht, der Conseil Constitutionnell, daher als gleichrangig mit der Verfassung im sogenannten „bloc de constitutionnalité" zusammenfasst (Gerkarth 2003: 285). Beide Rechtstexte tragen zu einer Konkretisierung des französischen Wehrrechts bei – die Erklärung der Menschen- und Bürgerrechte enthält in Art. 12 eine rechtliche Grundlage für die Aufstellung von Streitkräften und die Präambel der Verfassung von 1946 mit dem Verbot von Angriffskriegen eine Beschränkung der Einsatzmöglichkeiten (Gerkarth 2003: 285–286).

Im Gegensatz zum Bundesverfassungsgericht hat der Conseil Constitutionnell im Bereich der Außen- und Sicherheitspolitik nur sehr begrenzte Kompetenzen und damit jenseits dieser allgemeinen Festlegung des „bloc de constitutionnalité" – bisher[4] – auch keine vergleichbare Rolle in der Auslegung der wehrrechtlichen Bestimmungen eingenommen (Papenberg 2007: 47). Von größerer Bedeutung sind hingegen Verordnungen der Exekutive wie die Ordonnance Nr. 59-147 vom 7. Januar 1959, welche die allgemeine Streitkräfteorganisation festlegt, oder die Ordonnance Nr. 96-520 vom 12. Juni 1996 über Entscheidungsbefugnisse bezüglich der französischen Nuklearstreitkräfte.

Im Fall Großbritanniens wirken sich die Besonderheiten des britischen Rechtssystems auf sein Wehrrecht aus. Zum einen verfügt das Vereinigte Königreich als einer von wenigen demokratisch-verfassten Staaten weltweit nicht über eine geschriebene Verfassung[5], da sich das System des Common Law allein aus dem richterlichen Recht (case law) und dem vom Parlament

---

4   Dies könnte sich aber nach der Verfassungsänderung von 2008 ändern, die wie in Kapitel 5.3.2 dargestellt der französischen Nationalversammlung Informations- und Mitentscheidungsrechte beim Einsatz der Streitkräfte im Ausland einräumt. Bei Nichtbeachtung dieser Rechte durch die Exekutive wäre damit auf Grundlage der geänderten Verfassung auch eine Klage aus der Nationalversammlung vor dem Conseil Constitutionnell möglich.

5   Andere Beispiele für demokratisch-verfasste Staaten ohne geschriebene Verfassung sind Neuseeland und Israel (Lijphart 1999: 217).

gesetzten Recht (statute law) zusammensetzt (Brazier 1999). Die rechtlichen Rahmenbedingungen finden sich daher in der britischen Sicherheits- und Verteidigungspolitik vor allem in regulären Gesetzen, einschließlich der rechtlichen Grundlage für die Aufstellung von Streitkräften. So untersagt die Bill of Rights von 1689, die heute noch zum Fundament des britischen Rechtssystems gehört, die Aufstellung von Streitkräften innerhalb des Vereinigten Königreichs ohne die Zustimmung des Parlaments (Rowe 2003: 833). Eher aus historischen Gründen ist es daher in Großbritannien notwendig, dass das Parlament jährlich die grundsätzlichen Bestimmungen zu den Streitkräften verlängert.[6]

Zum anderen stellen die sogenannten „royal prerogatives" eine britische Besonderheit dar. Diese königlichen Vorrechte gehen nicht vom Parlament aus, sondern stellen rein formell einen unabhängigen Handlungsbereich des Monarchen dar. Ausgehend von einer schrittweisen Übertragung seit dem 17. Jahrhundert werden diese Rechte heute aber von der britischen Regierung im Namen der Krone ausgeübt. Gleichwohl liegen die royal prerogatives weiterhin außerhalb der Kontrolle des Parlaments, und – zumindest im Bereich der Sicherheits- und Verteidigungspolitik – nach herrschender Meinung auch außerhalb richterlicher Kontrolle.[7] Der britische Jurist Sebastian Payne bezeichnet die royal prerogatives daher als „ministerial executive powers" (Payne 2008: 22). Kennzeichnenderweise wurde eine genaue Liste der Bereiche, welche die königlichen Vorrechte umfassen, erst 2003 nach einer ausführlichen Debatte veröffentlicht. Anders als in anderen Bereichen werden diese Vorrechte in der Sicherheits- und Verteidigungspolitik regelmäßig genutzt, so dass der britische Premierminister in Ausübung der royal prerogative unter anderem allein über den Einsatz der britischen Streitkräfte entscheiden kann (Grice 2007).

Insgesamt zeigt bereits ein Vergleich der Grundlagen der Wehrrechtssysteme Deutschlands, Frankreichs und Großbritanniens bedeutende Unter-

---

6   Die letzte Verlängerung wurde am 9. Juli 2008 mit dem „The Armed Forces, Army, Air Force and Naval Discipline Acts (Continuation) Order 2008" beschlossen, womit die Gültigkeit für die Rechtsgrundlage für die einzelnen Streitkräftebestandteile bis zum 8. November 2009 verlängert wurde. Eine solche Verlängerung ist rechtlich jährlich erforderlich und bezieht sich aktuell auf den Armed Forces Act (2006), den Army Act (1995), den Air Force Act (1955) sowie den Naval Discipline Act (1957).

7   Erst 1985 hat das britische House of Lords in einem wegweisenden Urteil über die Ausübung des royal prerogative von Margaret Thatcher das Prinzip etabliert, dass diese Ausübung im Allgemeinen richterlicher Kontrolle unterzogen werden kann. Thatcher hatte zuvor das royal prerogative genutzt, um die gewerkschaftliche Vertretung im britischen Government Communication Headquarters aufzulösen. Das Urteil des House of Lords bestätigte aber auch, dass einige Bereiche der royal prerogatives ‚nicht justiziabel' („non-justiciable") seien, insbesondere die Bereiche mit Bezug zur Sicherheits- und Verteidigungspolitik (Payne 2008: 30).

schiede auf. So stehen dem deutschen Recht, in dem das Grundgesetz ausführliche Bestimmungen zur Sicherheits- und Verteidigungspolitik enthält, die aus Sicht der Exekutive deutlich offeneren britischen und französischen Systeme gegenüber. Im Spektrum der Handlungsspielräume der Exekutive sind Frankreich und Großbritannien damit wesentlich flexibler, was die kurzfristige Anpassung an multinationale Strukturen angeht, während der deutschen Sicherheits- und Verteidigungspolitik verfassungsrechtlich engere Schranken gesetzt sind.

5.2   Einsatzmöglichkeiten bewaffneter Streitkräfte

Die unterschiedliche Regelungsdichte wirkt sich darauf aus, inwieweit der Einsatz bewaffneter Streitkräfte im Aus- und Inland rechtlich beschränkt wird. Hier setzt sich das Muster fort, dass das französische und britische Wehrrecht den politischen Entscheidungsträgern deutlich mehr Spielraum für den Einsatz militärischer Mittel gibt als das deutsche Wehrrecht.

5.2.1   Einsatz von Streitkräften im Ausland

Die größten rechtlichen Beschränkungen bestehen erwartungsgemäß in Deutschland, indem der Einsatz von Streitkräften außer zur Verteidigung nur erlaubt ist, „soweit dieses Grundgesetz es ausdrücklich zulässt" (Art. 87a Abs. 2 GG). Insgesamt sieht das Grundgesetz drei verschiedene Einsatzmöglichkeiten für die Bundeswehr vor – zur Verteidigung (Art. 87a GG), im Rahmen eines Systems kollektiver Sicherheit (Art. 24 GG) und unter sehr begrenzten Umständen im Inland (siehe Kapitel 5.2.2). Zusätzlich verbietet Art. 26 Abs. 1 GG explizit die Teilnahme und die Vorbereitung eines Angriffkrieges.

Bei der Interpretation dieser Normen sind jedoch zwei Begrifflichkeiten von großer Wichtigkeit. Zum einen lässt das Grundgesetz die genaue Definition von ‚Verteidigung' offen. Rechtswissenschaftlich ist dabei umstritten, ob Verteidigung im Sinne von Art. 87a Abs. 2 GG im engeren Sinne nur die Verteidigung des deutschen Territoriums und dem seiner Bündnispartner gegen bewaffnete Angriffe umfasst (Nolte/Krieger 2003: 350). Weiter gefasste Definitionen hingegen schließen alle Formen von kollektiver Selbstverteidigung gemäß Art. 51 VN-Charta, wie etwa die Ad-hoc-Verteidigung eines anderen, vorher nicht verbündeten Staates, sowie den Schutz von deutschen Staatsbürgern im Ausland mit ein (Nolte/Krieger 2003: 350–351). Unumstritten ist aber, dass die Mitgliedschaft in einem Militärbündnis wie der NATO sowie der WEU und der damit mögliche Einsatz deutscher Streitkräfte zur kollektiven Verteidigung seiner Bündnispartner grundgesetzkonform ist.

Als von noch größerer Bedeutung für die gegenwärtige deutsche Sicherheits- und Verteidigungspolitik hat sich Art. 24. Abs. 2 GG erwiesen, der bestimmt: „Der Bund kann sich zur Wahrung des Friedens einem System gegenseitiger kollektiver Sicherheit einordnen; er wird hierbei in die Beschränkungen seiner Hoheitsrechte einwilligen, die eine friedliche und dauerhafte Ordnung in Europa und zwischen den Völkern der Welt herbeiführen und sichern." In dem oben aufgeführten ‚AWACS-Urteil' von 1994 hat das Bundesverfassungsgericht eine breite Definition des Begriffs „System kollektiver Sicherheit" geprägt, der neben den Vereinten Nationen auch die EU und Militärbündnisse wie NATO und WEU mit einschließt. Demnach sei es unerheblich, ob ein System kollektiver Sicherheit Frieden und internationale Sicherheit unter den Mitgliedern oder gegenüber Angriffen von außen garantiert; definierende Merkmale seien vielmehr ein friedenssicherndes Regelwerk, der Aufbau einer eigenen Organisation mit völkerrechtlicher Gebundenheit sowie eine wechselseitige Verpflichtung zur Wahrung von Frieden und Sicherheit (Urteil des Bundesverfassungsgerichts vom 12. Juli 1994). Eine Unterscheidung zwischen verschiedenen Einsatzformen – von klassischen Blauhelmeinsätzen zur Überwachung eines Waffenstillstands bis hin zu militärischen Zwangsmaßnahmen – nahm das Bundesverfassungsgericht explizit nicht vor. Auf der Basis dieser Auslegung der Karlsruher Richter hat sich Deutschland seit 1994 ohne Grundgesetzänderungen an zahlreichen militärischen Auslandseinsätzen im ganzen Spektrum beteiligen können (siehe Anhang).

Somit ist in Deutschland der Einsatz der Bundeswehr im Ausland nur insoweit beschränkt, dass nicht nur die Vorbereitung oder Führung eines Angriffskrieges, sondern auch eine unilaterale militärische Intervention[8] und die Beteiligung an einer multilateralen Koalition ohne Einbindung in den Rahmen eines Systems kollektiver Sicherheit nicht zulässig sind. Gerichtlich ungeklärt ist jedoch bis heute die Frage, ob sich Deutschland rechtlich an militärischen Operationen der NATO oder EU ohne ein – völkerrechtlich notwendiges – Mandat des VN-Sicherheitsrates beteiligen könnte.

Weder Frankreich noch Großbritannien kennen vergleichbare Beschränkungen für den Einsatz ihrer Streitkräfte. Der französische bloc de constitutionnalité enthält zwar mit der Präambel der Verfassung von 1946 das Verbot, sich an Eroberungskriegen zu beteiligen und die französischen Streitkräfte gegen die Freiheit anderer Völker einzusetzen. In der Praxis multinationaler Einsätze hat dieses Verbot allerdings keine Relevanz und könnte angesichts

---

8   Umstritten ist dabei, inwieweit unilaterale Rettungs- oder Evakuierungseinsätze für deutsche Staatsbürger im Ausland zulässig sind. So wurde beispielsweise die Verfassungskonformität des unilateralen Einsatzes zur Rettung von Deutschen in Albanien 1997 (Operation Libelle) in der Rechtswissenschaft kontrovers diskutiert (siehe Dau 1998).

der mangelnden Zuständigkeit des Conseil Constitutionnel gerichtlich nicht durchgesetzt werden (Papenberg 2007: 87). Auch jenseits der Verfassung enthält das französische Recht keine Beschränkungen über Art und Weise des Einsatzes bewaffneter Streitkräfte, sondern setzt lediglich die Entscheidungskompetenzen oder zu erfüllenden Bedingungen fest, wie etwa beim Inlandseinsatz (Gerkrath 2003: 287–292). Ebenso wenig besteht eine rechtliche Notwendigkeit, militärische Operationen nur mit einem Mandat des VN-Sicherheitsrates durchzuführen. Dies spiegelt sich auch in den im Vergleich zu Deutschland häufigeren und zum Teil auch unilateralen militärischen Operationen wider.

Das britische Recht enthält keine Beschränkungen für den Einsatz von bewaffneten Streitkräften. Gemäß den royal prerogatives liegt es im alleinigen Verantwortungsbereich der Regierung, den Rahmen sowie Art und Weise solcher Einsätze zu bestimmen. Damit bieten höchstens die politischen Dokumente der Regierung, wie die National Security Strategy, eine Andeutung der wahrscheinlichen Einsatzszenarien, nicht aber eine rechtliche Begrenzung der möglichen Einsätze (siehe Kapitel 4.2).

Insgesamt weisen die rechtlichen Beschränkungen für den Einsatz bewaffneter Streitkräfte in Auslandsoperationen große Unterschiede zwischen den drei Ländern auf. Auf der einen Seite liegt es in Frankreich und Großbritannien mangels expliziter rechtlicher Regelung weitgehend im alleinigen Handlungsspielraum der Exekutive, d. h. des französischen Präsidenten bzw. des britischen Premierministers, mit welchem Ziel und in welchem Rahmen nationale Streitkräfte eingesetzt werden können. Das deutsche Grundgesetz hingegen beschränkt die Einsatzmöglichkeiten auf drei allgemeine Fälle. In der politischen Praxis sollten diese Unterschiede jedoch nicht überbewertet werden. Nachdem das Urteil des Bundesverfassungsgerichts von 1994 in Deutschland den Weg für Auslandseinsätze im Rahmen von VN, NATO, EU oder anderen Systemen kollektiver Sicherheit freigemacht hat, ist die Reichweite möglicher Einsätze im Ausland bis auf unilaterale Interventionen nahezu deckungsgleich und hat somit zu einer Annäherung hinsichtlich der Einsatzmöglichkeiten geführt. Nicht nur rechtlich problematisch bleibt aber die Frage der Notwendigkeit eines VN-Mandats, das weder in Frankreich noch in Großbritannien rechtlich erforderlich ist. In Deutschland hingegen ist die Zulässigkeit einer militärischen Intervention ohne VN-Mandat nicht nur politisch, sondern auch juristisch höchst umstritten.

5.2.2   *Einsatz von Streitkräften im Inland*

Deutlich umfassender ist in allen drei Staaten rechtlich geregelt, unter welchen Umständen und mit welchen Befugnissen die nationalen Streitkräfte im

Inland eingesetzt werden dürfen. Da der Einsatz bewaffneter Truppen im eigenen Staat und damit potenziell auch gegenüber der eigenen Bevölkerung besonders kritisch ist, spiegelt sich in den Einsatzmöglichkeiten im Innern deutlich die strategische Kultur hinsichtlich der Rolle von Streitkräften und des Gebrauchs militärischer Gewalt wider.

Eine zusätzliche Relevanz bekommt die Frage nach dem Einsatz militärischer Mittel im Inland, falls mit der EU-Vertragsrevision von Lissabon die „Solidaritätsklausel" eingeführt wird (Art. 222 Vertrag über die Arbeitsweise der Europäischen Union [AEUV]).[9] Nach diesem Artikel könnte die Union im Falle einer Naturkatastrophe, eines Terroranschlags oder einer anderen von Menschen verursachten Katastrophe auf Ersuchen der politischen Organe des/der betroffenen Mitgliedstaates/n „alle ihr zur Verfügung stehenden Mittel, einschließlich der ihr von den Mitgliedstaaten bereitgestellten militärischen Mittel" (Art. 222 Abs. 1 AEUV) innerhalb des Hoheitsgebiets des/der betroffenen Mitgliedstaates/n einsetzen. Damit stellt sich – falls der Vertrag von Lissabon in Kraft treten sollte – auch auf EU-Ebene die Frage, ob ein Mitgliedstaat im Falle eines Terroranschlags oder einer anderen von Menschen verursachten Katastrophe die Streitkräfte anderer EU-Staaten anfordern will bzw. ob die anderen Mitgliedstaaten ihre Streitkräfte für den Einsatz im Hoheitsgebiet eines anderen EU-Staates zur Verfügung stellen wollen.[10]

Bevor die Einsatzmöglichkeiten von Streitkräften im eigenen Hoheitsgebiet zwischen Deutschland, Frankreich und Großbritannien verglichen werden, sollte eine wichtige Unterscheidung vorgenommen werden. So haben eine Verwendung der Streitkräfte ohne besondere bzw. mit rein polizeilichen Hoheitsrechten (wie etwa bei Naturkatastrophen) und eine Verwendung als militärisches Vollzugsorgan (beispielsweise bei der Bekämpfung eines bewaffneten Aufstandes) eine sehr unterschiedliche Qualität. Für die vergleichende Analyse der drei Staaten ist daher von besonderer Bedeutung, unter welchen Umständen die rechtlichen Bestimmungen welche Form der Streitkräfteverwendung im Innern zulassen.

---

9   Da der Vertrag von Lissabon von allen 27 EU-Mitgliedstaaten ratifiziert werden muss, ist sein Inkrafttreten nach der Ablehnung im irischen Referendum von Juni 2008 vorerst gestoppt; im zweiten Halbjahr 2009 soll die irische Bevölkerung aber mit einigen Zusicherungen erneut zum Vertrag befragt werden. Indes haben bis auf Tschechien alle anderen EU-Mitgliedstaaten den Vertrag parlamentarisch ratifiziert (Lieb/Maurer/von Ondarza 2008).

10 Zu beachten ist hier, dass die EU die Mitgliedstaaten weder bei externen ESVP-Operationen noch im Falle der Solidaritätsklausel zur Entsendung nationaler Streitkräfte verpflichten kann. Wie Erklärung 37 des Lissabonner Vertrags verdeutlicht, begründet die Solidaritätsklausel also keine Beistandspflicht mit militärischen Mitteln, sondern belässt die Wahl der geeigneten Mittel zur Erfüllung der Solidaritätsverpflichtung vollständig im souveränen Entscheidungsbereich eines jeden Mitgliedstaates.

In Deutschland wird seit Jahren über den Einsatz der Bundeswehr im Innern zwischen den großen Parteien gestritten. Zuletzt scheiterte dabei im Herbst 2008 ein Vorschlag zur Änderung von Art. 35 des Grundgesetzes, welcher den Einsatz der Streitkräfte mit militärischen Mitteln auch als Amtshilfe bei besonders schweren Unglücksfällen ermöglicht hätte, insbesondere der Luftabwehr eines terroristischen Angriffs. Rein rechtlich gesehen ist aber bereits heute im Grundgesetz der Einsatz der Streitkräfte in vier unterschiedlichen Formen gestattet:

- Wenn aufgrund einer Gefahr von außen gegen die Bundesrepublik der Verteidigungs- oder Spannungsfall festgestellt wurde, kann die Bundeswehr gemäß Art. 87a Abs. 3 GG zum Schutz ziviler Objekte und Aufgaben der Verkehrsregelung eingesetzt werden, „soweit dies zur Erfüllung ihres Verteidigungsauftrages erforderlich ist". Eine solche Feststellung kann jedoch gemäß Art. 80a Abs. 1 GG (Spannungsfall) bzw. Art. 115a Abs. 1 GG (Verteidigungsfall) nur vom Bundestag getroffen werden.[11] Sobald der Verteidigungsfall festgestellt ist, können die Streitkräfte auch im Inland als militärisches Vollzugsorgan eingesetzt werden.
- Ebenfalls mit dem Recht zum Einsatz militärischer Mittel kann die Bundeswehr im Inland gemäß Art. 87a Abs. 4 in Verbindung mit Art 91 Abs. 2 GG eingesetzt werden, um eine drohende Gefahr für den Bestand oder die freiheitliche demokratische Grundordnung des Bundes oder eines Landes abzuwehren. Ein solcher Einsatz ist nur als *ultima ratio* zulässig, wenn die Kräfte der Polizei und des Bundesgrenzschutzes nicht ausreichen (Art. 87a Abs. 4 Satz 1 GG). Nach Beseitigung der Gefahr oder jederzeit auf Verlangen des Bundestages oder Bundesrates ist der Einsatz einzustellen.
- Bei Naturkatastrophen oder einem besonders schweren Unglücksfall kann die Bundeswehr nach Anforderung durch ein Land oder den Bund im Rahmen der Amtshilfe eingesetzt werden, soweit es zur wirksamen Bekämpfung der Gefahr erforderlich ist (Art. 35 GG). Zu betonen ist jedoch, dass ein präventiver Einsatz, d. h. bei einer Gefährdung, wie er etwa in der öffentlichen Debatte zur Terrorismusbekämpfung diskutiert wird, nach der aktuellen Rechtslage verfassungswidrig ist.[12]

---

11 Für die Feststellung des Verteidigungsfalles ist eine Zwei-Drittel-Mehrheit im Bundestag und zusätzlich die Zustimmung des Bundesrates erforderlich. Falls ein rechtzeitiger Beschluss nicht möglich ist und das Bundesgebiet direkt angegriffen wird, gilt die Feststellung ab dem Zeitpunkt des Angriffes als getroffen (Art. 115a GG).

12 So wurde in den vergangenen Jahren in Deutschland wiederholt diskutiert, unter welchen Umständen die Bundeswehr im Innern eingesetzt werden könne. Zuletzt ist dabei eine Grundgesetzänderung zur Änderung von Art. 35 GG am Widerstand der SPD-Fraktion im Bundestag und der Bundesländer im Bundesrat gescheitert. Die geplante Änderung sollte

- Viertens können die Streitkräfte im Einzelfall noch zur technischen und logistischen Unterstützung der Polizei im Rahmen der Amtshilfe eingesetzt werden, wenn deren Mittel nicht ausreichen, wie etwa bei der Überwachung des G8-Gipfels 2007 in Heiligendamm. In diesem Rahmen verfügen die Streitkräfte über keinerlei polizeiliche Eingriffsbefugnisse (Papenberg 2007: 72). Insgesamt werden damit die Einsatzmöglichkeiten im Innern von Deutschland deutlich stärker und klarer eingeschränkt als beim Einsatz im Ausland.

Auch in Frankreich wird zwischen ziviler und militärischer Verteidigung unterschieden. Eine Besonderheit stellt zunächst jedoch die Gendarmerie dar (siehe Kapitel 6.2). Diese militärische Polizeieinheit unterstand bis Ende 2008 organisatorisch zwar dem Verteidigungsministerium, hat aber in Friedenszeiten unter der operativen Führung des Innenministeriums Aufgaben in der Zivilverteidigung, insbesondere im ländlichen Bereich, übernommen. Im Rahmen der Reformen um das Livre Blanc wurde die Gendarmerie ab Januar 2009 vollständig dem Innenministerium unterstellt; die Gendarmerie soll aber ihren militärischen Charakter beibehalten (Ministère de la Défense 2008: 229). Abgesehen von dieser Sonderstellung ist der Einsatz militärischer Einheiten innerhalb Frankreichs in drei Fällen vorgesehen:

- „Wenn die Institutionen der Republik, die Unabhängigkeit der Nation, die Integrität ihres Staatsgebietes oder die Erfüllung ihrer internationalen Verpflichtungen schwer und unmittelbar bedroht sind und wenn gleichzeitig die ordnungsgemäße Ausübung der verfassungsmäßigen öffentlichen Gewalten unterbrochen ist" (Art. 15 CC), kann der Präsident nach Beratung mit anderen Verfassungsorganen alle erforderlichen Maßnahmen treffen. Hierzu gehört auch der Einsatz bewaffneter Streitkräfte. Dieser Notstand wird im Gegensatz zu Deutschland auch vom Präsidenten selbst erklärt (Art. 15 Abs. 2 CC). Da diese Bestimmung als „kind of constitutional dictatorship" (Gerkrath 2003: 289) sehr umstritten war, wurde mit der Verfassungsänderung von 2008 ein Absatz zu Art. 15 hinzugefügt, welcher eine regelmäßige richterliche Überprüfung der Rechtmäßigkeit der Notstandserklärung ermöglicht.[13]

---

der Bundesregierung ermöglichen, den Einsatz von Streitkräften mit militärischen Mitteln anzuordnen, falls die polizeilichen Mittel zur Abwehr eines besonders schweren Unglücksfalles nicht ausreichen (http://www.tagesschau.de/inland/bundeswehreinsatz104.html). Zuvor hatte das Bundesverfassungsgericht in seinem Urteil zum Luftsicherheitsgesetz entschieden, dass die aktuelle Fassung des Art. 35 GG der Bundesregierung nicht den Einsatz militärischer Mittel im Inland ermöglicht (Urteil des Bundesverfassungsgerichts vom 15. Februar 2006).

13 Nach der neuen Regelung kann der Conseil Constitutionnel 30 Tage nach Erklärung des Notstands von einem der Präsidenten der beiden Kammern des französischen Parlaments

- Unterhalb der Schwelle des nationalen Notstands kann der französische Ministerrat gemäß Art. 36 CC den Belagerungszustand („état de siège") erklären, der länger als zwölf Tage nur mit Zustimmung des Parlaments aufrechterhalten werden darf. Die Rechtsfolgen des Belagerungszustands sind in drei Gesetzen vom 9. August 1849, 3. April 1878 und 27. April 1916 festgelegt und beinhalten unter anderem, dass die Amtsbefugnisse der Polizei bei der Aufrechterhaltung der öffentlichen Ordnung an das Militär übertragen werden (Gerkrath 2003: 289–290).
- Wie auch in Deutschland besteht in Frankreich die Möglichkeit der Amtshilfe für die zivilen Kräfte, die gemäß Art. 17 Abs. 5 der Ordonnance 59-147 vom 7. Januar 1959 vom Innenminister zur Gewährleistung der öffentlichen Ordnung angefordert werden können. Voraussetzung für diese Anforderung ist, dass die öffentliche Sicherheit und Ordnung nicht mit den dem Innenminister zur Verfügung stehenden zivilen Mitteln aufrechterhalten werden kann. Jenseits dieses Vorbehaltes verfügt der Innenminister dabei aber über einen weiten politischen Entscheidungsspielraum, die Streitkräfte nicht nur bei Naturkatastrophen und schweren Unglücksfällen, sondern auch zur Abwehr terroristischer Angriffe anzufordern (Papenberg 2007: 63–64).

Im Gegensatz zu Frankreich und Deutschland verfügt Großbritannien in seiner jüngeren Geschichte über ein langjähriges Beispiel für den Einsatz des Militärs im Inland – der von 1969 bis 2007 andauernden „Operation Banner" in Nordirland. Die britischen Streitkräfte sollten dabei als Unterstützung der Polizei in einem langjährigen Kampf gegen paramilitärische Einheiten, insbesondere die nach Unabhängigkeit strebende Irish Republican Army (IRA), die öffentliche Ordnung aufrechterhalten. In den 1970er-Jahren waren dafür bis zu 27 000 britische Soldaten in Nordirland im Einsatz, und auch in den früheren sicherheits- und verteidigungspolitischen Grundsatzdokumenten nahm Operation Banner noch eine wichtige ·Stellung ein. In der NSS von 2008 hingegen wird Nordirland, in dem heute nur noch etwa 12 000 britische Soldaten regulär, d. h. ohne Einsatzbefugnis, stationiert sind (Sotscheck 2007), nicht mehr erwähnt.

Angesichts der Schärfe, mit welcher der militärische Konflikt in Nordirland zeitweise ausgetragen wurde,[14] stellt sich die Frage, mit welcher rechtlichen Grundlage in diesem tatsächlichen Fall bewaffnete Streitkräfte im Inland eingesetzt wurden. Nach dem Common Law können die Streitkräfte in Großbritannien „in aid of the civil power" („Zur Unterstützung der zivilen

---

oder 60 Abgeordneten bzw. Senatoren angerufen werden (Art. 15 Abs. 4 CC).

14 Insgesamt kam es Schätzungen zufolge zu 3 600 Todesopfern, davon 763 britische Soldaten (Sotscheck 2007; British Chief of the General Staff 2008).

Kräfte") eingesetzt werden, um die öffentliche Ordnung aufrechtzuerhalten oder wiederherzustellen. Im Inland verfügen die Streitkräfte dabei aber nicht über andere Befugnisse als normale Bürger, solange diese nicht gesetzlich vom Parlament festgelegt werden. Für Nordirland wurde dafür erstmals 1973 der Northern Ireland (Emergency Provisions) Act erlassen, welcher den Streitkräften beim Einsatz in Nordirland beispielsweise Durchsuchungen von Häusern und Fahrzeugen ermöglichte. Die Soldaten unterstehen dabei der zivilen Gerichtsbarkeit, so dass sowohl das Verteidigungsministerium als auch einzelne Soldaten von Betroffenen z. T. auch mit Erfolg vor britischen Gerichten sowie dem Europäischen Gerichtshof für Menschenrechte verklagt wurden.[15]

In jüngerer Zeit wurde der Northern Ireland Emergency Act durch den 2000 verabschiedeten Terrorism Act ersetzt, der 2006 nach den Anschlägen von London (2005) noch einmal überarbeitet wurde. Teil des umfangreichen Gesetzespakets zur Bekämpfung des Terrorismus sind dabei auch Regelungen, welche den zivilen, aber auch den militärischen Kräften Sonderrechte im kompletten Vereinigten Königreich zusprechen. Bis dato ist es trotz hoher Terrorwarnstufe[16] noch nicht zu einem großflächigen Einsatz der Streitkräfte in Großbritannien gekommen; nach dem Terroranschlag in Glasgow vom Juli 2008 wurde jedoch zur Verhinderung möglicher weiterer Anschläge das Militär auf Bereitschaft gehalten und die Royal Air Force patrouilliert regelmäßig den Luftraum Großbritanniens auch zur Abwehr von terroristischen Angriffen aus der Luft (Mitarbeiter des britischen Verteidigungsministeriums, London, November 2008). Zusätzlich kann die Regierung in Ausübung des royal prerogative den Notstand erklären und auch ohne vorherige gesetzliche Grundlage Streitkräfte im Inland einsetzen (Rowe 2003: 841).

Vergleicht man die Einsatzmöglichkeiten der Streitkräfte im Inland, werden sehr große Unterschiede in zwei wesentlichen Aspekten deutlich. Erstens unterliegt die Ausrufung verschiedener Formen des Notstands als Voraussetzung zum Einsatz militärischer Mittel im Inland unterschiedlichen Beschränkungen – in Deutschland erfordert sie die Zustimmung des Bundestages; im Verteidigungsfall ist sogar eine Zwei-Drittel-Mehrheit notwendig. In Frankreich hingegen entscheidet die Exekutive weitgehend und in Großbritannien vollends alleine über die Ausrufung des Notstands und kann damit selbst die

---

15 Unter anderem wurden mindestens zwei Soldaten des Mordes für schuldig befunden (Rowe 2003: 40).

16 In Großbritannien wird seit August 2006 ein fünfstufiges System zur Warnung vor terroristischen Angriffen verwendet. Seit Beginn des Systems war die Warnstufe nie geringer als „Severe – meaning an attack is highly likely" („hoch – d. h. ein Angriff ist sehr wahrscheinlich"; Übersetzung d. A.) und wurde zweimal, im August 2006 und im Juni/Juli 2007, auf die höchste Stufe gesetzt (MOD 2008: 10). Die aktuelle Stufe ist weiterhin ‚Severe' (Home Office 2009, Stand Februar 2009).

rechtliche Voraussetzung für den Einsatz militärischer Mittel im Inland schaffen. Hier zeigt sich erneut, dass die rechtlichen Vorgaben in Deutschland weitaus restriktiver sind und die Handlungsspielräume der Politik genauer und enger eingrenzen. Zweitens ist die Reichweite der Amtshilfe in Deutschland am stärksten beschränkt, während in Großbritannien und Frankreich der Einsatz militärischer Mittel im Inland (z. B. im Rahmen der Terrorbekämpfung) auch außerhalb eines erklärten Notstands zulässig ist.

5.3 Entscheidungskompetenzen beim Einsatz bewaffneter Streitkräfte

Neben den rechtlichen Beschränkungen für den Einsatz der Streitkräfte bilden die Entscheidungskompetenzen einen wesentlichen Indikator für das Spektrum der Handlungsfreiheit. Im Kern geht es dabei um die Frage, ob die Kompetenz zur Entsendung von bewaffneten Soldaten auf wenige Amtsinhaber innerhalb der Exekutive konzentriert ist, welche eine solche Entscheidung damit sehr schnell und flexibel, aber ohne größere Kontrolle treffen können; oder aber verteilt sich diese Kompetenz auf mehrere Ämter und Organe, die sich in längeren Entscheidungsverfahren einigen und damit gegenseitig kontrollieren können. Sind die Entscheidungskompetenzen also auf möglichst große Flexibilität oder möglichst große Kontrolle ausgerichtet?

5.3.1 Kompetenzverteilung in der Exekutive

Obgleich alle Mitgliedstaaten der Europäischen Union demokratisch verfasste Staaten sind, unterscheiden sich ihre politischen Systeme insbesondere auch in der Macht- und Kompetenzverteilung innerhalb der Exekutive sowie zwischen Exekutive und Legislative. Allein die drei untersuchten Länder variieren von einem semi-präsidentiellen System mit einem direkt gewählten Präsidenten in Frankreich über eine parlamentarische Demokratie in Deutschland mit einem Staatsoberhaupt, das vor allem repräsentative Aufgaben hat, bis hin zur parlamentarischen Monarchie in Großbritannien, in der noch heute königliche Vorrechte von der Regierung im Namen der Krone ausgeübt werden (siehe Kapitel 5.1).

Diese allgemeinen Unterschiede zwischen den politischen Systemen der drei Staaten wirken sich auch auf den Bereich der Sicherheits- und Verteidigungspolitik aus. Im Frankreich der V. Republik nimmt der direkt gewählte Staatspräsident in der Tradition von Charles de Gaulle neben seinen repräsentativen Aufgaben eine zentrale Rolle als Entscheidungsträger in der Politik ein. Die Außen-, Sicherheits- und Verteidigungspolitik als sein ‚domaine reservé' nimmt hier noch einmal eine Sonderstellung ein – so ist der Staatspräsident gemäß Art. 15 CC Oberbefehlshaber der Streitkräfte und führt die obersten Räte und Gremien der nationalen Verteidigung, einschließlich des mit dem Livre Blanc von 2008 geschaffenen nationalen Verteidigungs- und Sicherheitsrates[17]. Zu seinen Entscheidungsbefugnissen gehört auch das alleinige Recht auf Befehl zum Einsatz der französischen Nuklearwaffen gemäß Ordonnance No. 96-520 vom 12. Juni 1996.

Rechtlich eingeschränkt ist der Staatspräsident hingegen in Friedenszeiten[18] gemäß Art. 19 CC, da auch seine Entscheidungen als Oberbefehlshaber Teil der Gegenzeichnungspflicht durch die Regierung sind. So ist der Premierminister verfassungsrechtlich „verantwortlich" („responsable"; Art. 21 CC) für die nationale Verteidigung. In der Verfassungspraxis hat sich die ambivalente Kompetenzverteilung zwischen dem Präsidenten als Oberbefehlshaber und dem Premierminister als Verantwortlichen für die nationale Verteidigung klar zum Präsidenten hin verschoben, während der Premierminister eher auf beratende und ausführende Tätigkeiten beschränkt ist (Papenberg 2007: 40). Auch der Verteidigungsminister nimmt vor allem als Mitglied in den wesentlichen Gremien wie dem nationalen Verteidigungs- und Sicherheitsrat sowie in der Umsetzung Einfluss auf die Entscheidungen der Sicherheits- und Verteidigungspolitik. Er untersteht dabei sowohl den direkten Anweisungen des Premierministers als auch – ohne Zustimmungspflicht des ersteren – denjenigen des Staatspräsidenten (Papenberg 2007: 41). In der Verfassungswirklichkeit entscheidend ist dabei die politische Verbindung zwischen Staatspräsident und Regierung – wird die Regierung mehrheitlich von der Partei des Präsidenten gestellt, ist dieser in der Praxis der bestimmende Entscheidungsträger. Im Falle einer „cohabitation", d. h. einer Regierung gestellt von den zum Präsidenten oppositionellen Parteien, nimmt diese eine größere Rolle ein. Insgesamt sind die Entscheidungskompetenzen auch nach der Verfassungsänderung von 2008 deutlich auf den Staatspräsidenten konzentriert.

In Großbritannien und Deutschland hingegen nimmt das Staatsoberhaupt – der britische Monarch bzw. der Bundespräsident – keine entscheidende Rolle in der Sicherheits- und Verteidigungspolitik ein. Symbolisch gilt die britische Krone zwar als Oberbefehlshaber der Streitkräfte; diese Kompetenzen werden in der Verfassungswirklichkeit aber von der Regierung und dabei insbesondere dem Premierminister übernommen. In Ausübung der royal pre-

---

17 Dieser besteht aus dem Staatspräsidenten, dem Premierminister sowie den Ministern für Auswärtiges, Verteidigung, Inneres, Wirtschaft und Finanzen. Je nach Bedarf können weitere Ministerien hinzugezogen werden.
18 Im Falle des nationalen Notstands gemäß Art. 16 i. V. m. Art. 19 CC hingegen liegt die Verantwortung und Entscheidungskompetenz über den Einsatz der Streitkräfte allein beim Staatspräsidenten.

rogatives ist es der Premierminister oder das Kabinett als Ganzes, die über den Einsatz der britischen Streitkräfte entscheiden (Ministry of Justice 2007: 22). Der direkte Oberbefehl liegt beim Verteidigungsrat, dem der britische Verteidigungsminister (Secretary of Defence) vorsteht. Die Nuklearwaffen können jedoch nur auf Befehl des Premierministers eingesetzt werden (Ministry for Defence 2006: 23), der damit in der Sicherheits- und Verteidigungspolitik eine mit dem französischen Staatspräsidenten vergleichbare Rolle einnimmt.

In Deutschland ist die politische und militärische Führung innerhalb der Exekutive aufgeteilt. Zum einen übt der deutsche Bundespräsident wie in anderen Politikbereichen vor allem Repräsentativ- und Ehrenaufgaben aus, wie die Ernennung von Offizieren (Art. 60 GG)[19], die Stiftung und Verleihung von Orden und Ehrenzeichen sowie die Verkündung des vom Bundestag festgestellten Verteidigungsfalls (Papenberg 2007: 48). Zum anderen steht der Bundeskanzler an der Spitze der Bundesregierung und bestimmt im Rahmen seiner Richtlinienkompetenz die Grundlagen der Verteidigungspolitik.[20] Die Befehls- und Kommandogewalt über die Streitkräfte aber liegt in Friedenszeiten gemäß Art. 65a GG beim Verteidigungsminister; nur im Verteidigungsfall geht diese an den Bundeskanzler über. Von politischer Bedeutung ist hier, dass bei den bisherigen Koalitionsregierungen der Außenminister in der Regel vom kleineren und der Verteidigungsminister vom größeren Koalitionspartner gestellt wurden.[21] Im Vergleich sind damit bereits innerhalb der Exekutive die Entscheidungskompetenzen in Deutschland breiter verteilt als in Frankreich und Großbritannien, in denen sie sich faktisch stärker auf den Staatspräsidenten bzw. den Premierminister konzentrieren.

5.3.2 Beteiligungs- und Kontrollrechte der Parlamente

Die großen Unterschiede in den Entscheidungskompetenzen der drei Länder werden erst deutlich, wenn man die Beteiligungs- und Kontrollerechte der nationalen Parlamente an Entscheidungen zur Entsendung bewaffneter Streit-

---

19 Dieses Recht hat der Bundespräsident mit Art. 1 Abs. 2 der Anordnung des Bundespräsidenten über die Ernennung und Entlassung der Soldaten vom 10. Juli 1969 an den Bundesminister der Verteidigung übertragen. In besonderen Fällen kann er es jedoch weiterhin ausüben.

20 Die Richtlinienkompetenz kommt beispielsweise zum Tragen, falls es ressortübergreifend zu Konflikten zwischen Außen- und Verteidigungsministerium kommt.

21 So stellte beispielsweise die FDP mit Hans-Dietrich Genscher bzw. Klaus Kinkel in der Regierungszeit von Bundeskanzler Helmut Kohl (CDU, 1982–1998) den Außenminister, die Grünen mit Joschka Fischer in der Regierungszeit von Gerhard Schröder (SPD, 1998–2005) und die SPD mit Frank-Walter Steinmeier in der aktuellen Regierungszeit von Angela Merkel (CDU, 2005–heute). Eine Ausnahme war beispielsweise das erste Adenauer Kabinett, in dem Adenauer selbst zusätzlich zur Kanzlerschaft den Außenministerposten inne hatte.

kräfte betrachtet. Für die vergleichende Untersuchung der grundlegenden Aspekte der Sicherheits- und Verteidigungspolitik ist die Parlamentsbeteiligung von besonderer Bedeutung, da sie ein wesentliches Element demokratischer Kontrolle integriert, wenn die Entscheidungsträger in der Exekutive nur mit Zustimmung des Parlaments Streitkräfte entsenden können. Im Rahmen der Theorien zum „Demokratischen Frieden" wird der Parlamentsbeteiligung in der Friedens- und Konfliktforschung ein besonders hoher Stellenwert eingeräumt, da sie kriegsaversive Präferenzen der Bevölkerung in den politischen Entscheidungsprozess transportiert und damit zu einer verantwortungsvolleren Sicherheits- und Verteidigungspolitik beitragen soll.[22]

Deutschland gilt insbesondere seit dem wegweisenden Urteil des Bundesverfassungsgerichts von 1994 als ein Staat mit besonders hoher Parlamentsbeteiligung in der Sicherheits- und Verteidigungspolitik. Die Bundeswehr als ‚Parlamentsarmee' kann gemäß dem auf dem ‚AWACS-Urteil' basierenden Parlamentsbeteiligungsgesetz (2005) für bewaffnete Einsätze im Ausland nur nach vorheriger Zustimmung des Bundestages entsendet werden; bei Gefahr im Verzug kann die Bundesregierung einen Einsatz zwar ohne Zustimmung des Parlaments beschließen, muss diese aber unverzüglich nachholen. Der Bundestag verfügt dann auch über ein Rückholrecht.[23] Das Parlamentsbeteiligungsgesetz hat die bestehende Praxis normiert, nach der der Antrag der Bundesregierung vom Bundestag nicht geändert, sondern nur angenommen oder abgelehnt werden kann. Der Antrag hat aber operationelle Details wie das Einsatzgebiet, die Einsatzdauer etc. zu enthalten, die der Bundestag daher mit seinem Beschluss einschränken kann.[24] Bei Mandatsänderungen und Verlängerungen, die in der Regel alle zwölf Monate anstehen, muss die Bundesregierung jeweils erneut die Zustimmung des Bundestages einholen. Für die internationale Zusammenarbeit bedeutet diese Parlamentsbeteiligung jedoch, dass die Bundesregierung Zusagen zur Beteiligung an EU-, NATO- oder VN-Operationen nur unter dem Vorbehalt parlamentarischer Zustimmung geben kann. Dies ist besonders problematisch, wenn integrierte Einheiten wie die AWACS-Flugzeuge der NATO von einer Beteili-

---

22 Für eine aktuelle Übersicht über die wissenschaftliche Debatte zum demokratischen Frieden siehe stellvertretend Geis et al. 2006.

23 Rechtswissenschaftlich ist dennoch umstritten, inwieweit der Bundestag eine einmal gegebene Zustimmung widerrufen und das Zurückholen von deutschen Streitkräften im Einsatz anordnen kann. Eine ausführliche Übersicht über die Debatte findet sich in Glich 2005: 147–157.

24 So wurde das zulässige Einsatzgebiet des deutschen Kontingents für die militärische EU-Operation EUFOR RD CONGO auf den „Raum Kinshasa" (Deutscher Bundestag 2006, Drucksache 16/1507) beschränkt, obgleich die zugrunde liegende VN-Resolution und die Gemeinsame Aktion der EU keine geografische Einschränkung innerhalb der Demokratischen Republik Kongo enthielten. Ein Einsatz der Bundeswehr außerhalb des Raumes Kinshasa wäre also nur nach Änderung des Bundestagsmandats möglich gewesen.

gung oder schnelle Eingreiftruppen wie die NATO Response Force (NRF) bzw. die EU-Battlegroups von einer schnellen Entscheidung Deutschlands abhängen und seitens der internationalen Partner ein hoher Erwartungsdruck gegenüber Deutschland aufgebaut wird. Analog wird in der wissenschaftlichen Debatte diskutiert, ob der hohe Erwartungsdruck in Verbindung mit dem deutschen Bekenntnis zum Multilateralismus im Sinne einer ‚Multilateralismusfalle' nicht zusätzlich den Handlungsspielraum der deutschen Sicherheits- und Verteidigungspolitik einschränkt und treibender Faktor hinter Entscheidungen wie der Beteiligung am EUFOR RD CONGO Einsatz 2006 war (Kaim 2007).

Frankreich und Großbritannien hingegen galten innerhalb der EU mit der ‚domaine reservé' und den ‚royal prerogatives' lange als Beispiele für eine Sicherheits- und Verteidigungspolitik ohne signifikante Parlamentsbeteiligung und einer möglichst großen Flexibilität für die Exekutive. 2008 wurde jedoch in beiden Ländern diskutiert, erstmals Elemente parlamentarischer Beteiligung in ihre Entscheidungen zum Einsatz bewaffneter Streitkräfte einzuführen. In Frankreich wurde dieser Schritt bereits mit der Verfassungsänderung von Juli 2008 vollzogen – bisher bedurfte nur eine Kriegserklärung der parlamentarischen Zustimmung (Art. 35 CC in der Fassung vor dem 21. Juli 2008), und selbst bei größeren militärischen Einsätzen wie dem Golfkrieg 1990/1991 oder dem Kosovo-Krieg 1999 oblag es der Regierung, ob sie das Parlament befragt. Eine rechtliche Verpflichtung dazu bestand nicht, so dass das französische Parlament insgesamt nur bei einem Auslandseinsatz gefragt wurde (Rozenberg 2002: 224). In der Praxis wurde das Parlament an Entsendeentscheidungen im Rahmen von EU-, NATO-, VN- oder unilateralen Operationen in der großen Mehrheit der Fälle weder gefragt noch umfassend informiert.

Die veränderte Fassung von Art. 35 CC schreibt vor, dass die Regierung das Parlament spätestens drei Tage *nach* Beginn eines Einsatzes über den Beschluss zur Entsendung von Truppen unterrichtet. An die Unterrichtung kann zwar eine Aussprache, nicht aber eine Abstimmung angeschlossen werden. Nur Einsätze, die länger als vier Monate dauern, bedürfen einer Zustimmung der beiden Kammern des französischen Parlaments, wobei die Assemblée Nationale in letzter Instanz entscheidet. Kürzere Einsätze wie etwa die EU-Operation in der Demokratischen Republik Kongo (EUFOR RD CONGO), die genau vier Monate dauerte, liegen daher auch weiterhin außerhalb der Parlamentsbeteiligung. Auch die neuere Regelung lässt der Exekutive durch ihre Nachträglichkeit und der Ausklammerung kürzerer Einsätze deutlich mehr Entscheidungsspielraum als in Deutschland. Nichtsdestoweniger kommen die fortan regelmäßig zu erwartenden Debatten und Abstimmungen im Sénat und der Assemblée Nationale zu größeren Operationen wie in Afghanistan (siehe unten) für die französische Sicherheits- und Verteidigungspolitik einer Zeitenwende gleich.

Auch in Großbritannien deutet sich die Einführung einer – wenn auch noch flexibler als in Frankreich ausgestalteten – Parlamentsbeteiligung bei Entsendeentscheidungen an. Als royal progative waren Entsendeentscheidungen bisher Teil der exklusiven Entscheidungsrechte der Exekutive. Anders als in Frankreich stand das britische Parlament aber bisher nicht abseits der Entscheidungsprozesse in der Sicherheits- und Verteidigungspolitik, sondern hat sich in Anhörungen, Debatten und sogar Abstimmungen – wie 2003 *vor* der Beteiligung am Irak-Krieg[25] – beteiligt und die Regierung kontrolliert. Der Großteil dieser parlamentarischen Kontrolle findet in der Regel jedoch nach einer Entsendung statt, wie etwa die umfangreichen Untersuchungen im House of Commons zum Kosovo-Krieg (Rowe 2003: 836).

Unter dem Eindruck der umstrittenen Entscheidung zum Irak-Krieg hat der aktuelle Premierminister Gordon Brown vor seiner Amtsübernahme angekündigt, als Regierungschef die Irak-Abstimmung als Präzedenzfall anzusehen und auch in Zukunft das Parlament zu befragen (BBC 2005). Kurz nach seinem Einzug in die Downing Street 10 initiierte die Regierung Brown die Reformagenda „The Governance of Britain" („Das Regieren von Großbritannien"), in deren Zuge auch die royal prerogatives der Sicherheits- und Verteidigungspolitik eingegrenzt werden sollen.[26] Die Regierung hat dafür die Verabschiedung einer Resolution im House of Commons[27] vorgeschlagen, nach der sie im Regelfall vor der Entsendung von Streitkräften in be-

---

25 So hat das House of Commons im März 2003 vor Beginn des Irak-Krieges einer britischen Beteiligung zugestimmt. Für Kontroversen hat jedoch die nachträglich bekannt gewordene Information gesorgt, dass der Generalstaatsanwalt Lord Goldsmith zwar gegenüber Premierminister Tony Blair Zweifel an der Rechtmäßigkeit des Krieges ohne zweites VN-Mandat äußerte, diese aber in Goldsmiths öffentlicher Erklärung an das Parlament – angeblich nach politischem Druck – nicht enthalten waren (BBC 2008).

26 „The Government believes that this is now an outdated state of affairs in a modern democracy. On an issue of such fundamental importance to the nation, the Government should seek the approval of the representatives in the House of commons for significant, non-routine deployments of the Armed Forces into armed conflict, to the greatest extent possible." (Green Paper, The Governance of Britain, zitiert nach Payne 2008: 28) – „Die Regierung ist überzeugt, dass die aktuelle Rechtslage für eine moderne Demokratie veraltet ist. Bei Themen mit solch grundlegender Bedeutung für die Nation sollte die Regierung, soweit wie möglich, die Zustimmung der Abgeordneten im House of Commons für größere, nicht-routine Entsendungen der Streitkräfte in bewaffnete Konflikte einholen." (Übersetzung d. A.)

27 Eine solche Resolution wäre nur politisch bindend und könnte damit nicht als Grundlage für eine Klage zur Durchsetzung einer Parlamentsbeteiligung dienen (Mitarbeiter des britischen Verteidigungsministeriums, London, November 2008).

waffnete Konflikte die Zustimmung des House of Commons[28] einholen muss. Nach dem Regierungsentwurf soll der Premierminister entscheiden, wann er dem Parlament den Antrag zur Zustimmung vorlegt. Ebenso soll es in seiner Kompetenz liegen, einen Notstand oder eine Sicherheitsgefährdung festzustellen, und in der Folge die Entsendung der Streitkräfte ohne Zustimmung des Parlaments zu beschließen. Auch wenn der Zeitpunkt der Entscheidung außerhalb der Sitzungszeit liegt, soll die Regierung die Streitkräfte ohne Zustimmung entsenden können. Anders als in Deutschland und Frankreich soll das Parlament dabei kein Rückholrecht innehaben und die Einsatzdauer nicht beschränkt sein, so dass für Verlängerungen von Einsätzen oder Mandatsänderungen keine Beteiligung des Parlaments nötig wäre. Der Entwurf steht zurzeit jedoch noch in der Diskussion und soll voraussichtlich im Frühjahr 2009 verabschiedet werden. Es steht also zu erwarten, dass der Premierminister auch weiterhin über ein großes Maß an Flexibilität in der Entscheidungsfindung zur Entsendung bewaffneter Streitkräfte verfügen wird.

5.4   Fallbeispiel: ISAF in Afghanistan

Die International Security Assistance Force (ISAF), die im Rahmen der NATO in Afghanistan engagiert ist, gehört zu den anspruchsvollsten und längsten militärischen Einsätzen, an denen sich europäische Staaten seit dem Zweiten Weltkrieg beteiligt haben. Da sich Deutschland, Frankreich und Großbritannien jeweils an ISAF beteiligen, lassen sich hier besonders gut die Unterschiede in den rechtlichen Rahmenbedingungen sowie ihre Auswirkungen auf die Sicherheits- und Verteidigungspolitik und die multinationale Zusammenarbeit illustrieren.

Der ISAF-Einsatz der NATO in Afghanistan ist im Kontext der US-amerikanischen Reaktion auf die Terroranschläge vom 11. September 2001 in New York und Washington entstanden. Da die Taliban-Regierung in Afghanistan der für die Anschläge verantwortlich gemachten Terrororganisation Al Quaida und ihrem Führer Osama bin Laden Aufenthalt und Unterstützung gewährt hatten, führten die USA auf Grundlage des Selbstverteidigungsrechts nach Art. 51 VN-Charta[29] mit britischer Hilfe ab Oktober 2001 Militäraktionen zur Vertreibung der Taliban durch. Im Anschluss an die vorübergehend erfolgreiche Vertreibung der Taliban mandatierte der VN-Sicherheitsrat im Dezember 2001 die Einsetzung von ISAF nach Kapitel VII der VN-Charta in

---

28 Nach dem Resolutionsentwurf der Regierung soll das House of Lords hierbei eine beratende Funktion einnehmen.

29 Die Anwendbarkeit des Selbstverteidigungsrechts hat der VN-Sicherheitsrat zuvor in den Resolutionen 1368 vom 12. September 2001 und 1373 vom 28. September 2001 festgestellt.

einem Umfang von 5 000 Soldatinnen und Soldaten (Schröder 2005: 120). Nachdem ISAF zunächst auf die Sicherung der afghanischen Hauptstadt Kabul und die Unterstützung der Übergangsregierung beschränkt war, wurde ihr Mandat ab 2003 sukzessive quantitativ, geografisch sowie inhaltlich erweitert[30] und ihre Führung von der NATO übernommen. Ende 2008 gehören der multinationalen ISAF-Mission insgesamt 50 700 Soldatinnen und Soldaten aus 26 NATO-Staaten und 15 Partnerstaaten an, sie erstreckt sich über das gesamte Staatsgebiet Afghanistans und soll 2009 weiter aufgestockt werden. Gleichzeitig stellt sie aber auch den NATO-Einsatz mit den bislang höchsten Verlusten für ihre Mitgliedstaaten dar, dessen Erfolg in der öffentlichen Debatte mit der Glaubwürdigkeit der NATO an sich verknüpft worden ist.

Der erste wichtige Aspekt hinsichtlich des Vergleichs der rechtlichen Rahmenbedingungen und ihrer Auswirkungen ist die Entscheidungsfindung zur Beteiligung an den militärischen Operationen in Afghanistan. Von den drei untersuchten Staaten war Großbritannien als erster militärisch in Afghanistan engagiert, da es auf Beschluss des damaligen Premierministers Tony Blair als einziger Bündnispartner direkt an der US-Invasion ab dem 7. Oktober 2001 beteiligt war.[31] Nach Blairs Entscheidung übernahm das Vereinigte Königreich mit seinem flexibel verlegbaren Hauptquartier ARRC in den ersten drei Monaten die operative Führung von ISAF und gestaltete deren Entwicklung maßgeblich. Mit der Umsetzung der Operation wurde am 26. Dezember, d. h. sechs Tage nach Verabschiedung des VN-Sicherheitsratsmandats begonnen.

Frankreich hat auf Beschluss des französischen Präsidenten ab dem 21. Oktober 2001 die amerikanischen Operationen zunächst mit Luftaufklärung und -betankung unterstützt und schon vor dem offiziellen Beginn von ISAF ab dem 2. Dezember 2001 die amerikanischen Bodentruppen in Mazar-i-Sharif verstärkt (Französische Botschaft 2008). Anschließend waren französische Truppen von Beginn an beim Aufbau und der Umsetzung von ISAF beteiligt. In beiden Staaten konnten also die jeweiligen Entscheidungsträger in der Exekutive in kurzer Zeit eine Beteiligung beschließen und haben sich direkt oder unterstützend an den US-Angriffen beteiligt. Parallel hat im britischen House of Commons eine ausführliche Debatte, aber keine Beschlussfassung, über die nationalen und internationalen militärischen Operationen in

---

30 So fallen seit der Sicherheitsratsresolution 1563 vom 17. September 2004 neben der Unterstützung der Regierung auch die Vorbereitung von Wahlen, der Schutz humanitärer Helfer und die Entwaffnung ehemaliger Kämpfer in den Aufgabenbereich von ISAF.

31 Andere Staaten, einschließlich Deutschland und Frankreich, haben die US-Kräfte zwar indirekt unterstützt, beispielsweise durch Luftbetankung oder strategischen Transport. Großbritannien hat sich aber als einziges Land im Rahmen der „Operation Violet" mit Angriffen von See und aus der Luft sowie Einsätzen von Spezialkräften in Afghanistan direkt an den US-Operationen beteiligt (House of Commons Foreign Affairs Committee 2002: 26).

Afghanistan stattgefunden, die auch von der Opposition unterstützt wurde (House of Commons Foreign Affairs Committee 2002). In Frankreich hingegen wurden die Einsätze in Afghanistan vor der Verfassungsänderung 2008 im Parlament vornehmlich im Rahmen der Verabschiedung und Kontrolle des Haushalts thematisiert.

In Deutschland war die Beteiligung am Afghanistaneinsatz trotz der „uneingeschränkten Solidarität", die Bundeskanzler Schröder nach den Anschlägen vom 11. September ausgesprochen hatte, von Beginn der militärischen Operationen an umstrittener. So wurde die Beteiligung an der Operation Enduring Freedom (OEF) deutlich später als in Frankreich und Großbritannien – am 16. November 2001 – verknüpft mit einer Vertrauensfrage von Kanzler Schröder mit nur zwei Stimmen Mehrheit verabschiedet. Zuvor hatte bereits eine SPD-Abgeordnete aus Protest die Regierungsfraktion verlassen.[32] In der Folge waren deutsche Kräfte an OEF in Afghanistan erst nach dem Rückzug der Taliban aus Kabul beteiligt. Der Entscheidungsprozess für den ISAF-Einsatz hingegen demonstrierte eindrucksvoll die Beschlussfähigkeit des Bundestages zum Einsatz bewaffneter Streitkräfte, wenn weitgehende politische Einigkeit besteht. So wurde das inhaltlich vom OEF-Einsatz getrennte ISAF-Mandat am 21. Dezember 2001, einen Tag nach Verabschiedung des VN-Sicherheitsratsmandats, von der Bundesregierung dem Bundestag vorgelegt. Am Folgetag wurde das gesamte parlamentarische Verfahren – 1. Lesung, Überweisung, Beratungen und Empfehlungen der betroffenen Ausschüsse, Debatte und schließlich die Abstimmung im Plenum – innerhalb von weniger als 7 Stunden durchgeführt und der Antrag mit 538 zu 35 Stimmen bei 8 Enthaltungen angenommen (Schröder 2005: 122). Dabei enthielt das Bundestagsmandat wie üblich eine begrenzte Einsatzdauer (zunächst sechs Monate), eine Personalobergrenze (1 200 Soldatinnen und Soldaten) und eine Beschränkung des Einsatzgebietes auf die Hauptstadt Kabul und ihre Umgebung (Deutscher Bundestag 2001, Drucksache 14/7930).

Der zweite wichtige Aspekt in den Einsatzentscheidungen sind die zeitlichen und funktionalen Beschränkungen, die nationalen Streitkräfte beim Einsatz im multinationalen Rahmen auferlegt werden können. In dieser Hinsicht hat der Bundestag in den weiteren Diskussionen und den Entscheidungen zum ISAF-Einsatz eine zentrale Rolle eingenommen, einschließlich der Debatte über nationale Einsatzbeschränkungen. Seit Dezember 2001 wurde dabei das Mandat für die Bundeswehrbeteiligung insgesamt neunmal verlängert

---

32 Die Zustimmung für die Beteiligung ist auch deswegen so knapp ausgefallen, da der damalige Kanzler Schröder mit der Vertrauensfrage eine eigene Mehrheit der Abgeordneten aus der Regierungskoalition erreichen wollte. Die Abgeordneten der Oppositionsfraktionen, einschließlich der CDU/CSU-Fraktion, stimmten daher gegen das Mandat, obwohl sie die Operation an sich unterstützt haben.

und analog zur ISAF-Erweiterung in mehreren Schritten geografisch[33] sowie personell von 1 200 auf aktuell 4 500 Soldatinnen und Soldaten erweitert. Die Dauer der Entscheidungsprozesse zwischen Vorlage des Antrags der Bundesregierung und Verabschiedung des Mandats variierte zwischen 7 bis 30 Tagen, wobei die Mandate mit der Entsendung der Tornado-Aufklärungsflugzeuge (30 Tage, Februar/März 2007) und der Quick Reaction Force (23 Tage, September/Oktober 2007) besonders umstritten waren.[34] Die von mehreren an ISAF beteiligten Staaten kritisierte Beschränkung des Einsatzgebietes des deutschen Kontingents auf Kabul und Nord-Afghanistan kann gemäß den rechtlichen Bestimmungen nur mit konstitutiver Zustimmung des Bundestages aufgehoben werden. Zusätzlich hat die Bundesregierung im Parlament zugesagt, die in Ausnahmen kurzfristig möglichen Einsätze in anderen Provinzen Afghanistans nur nach vorherigen Informationen der Obleute und Ausschussvorsitzenden und nicht gegen erhebliche Bedenken durchzuführen (Deutscher Bundestag 2003, Plenarprotokoll vom 24. Oktober 2003). Damit bedürfen alle Verlängerungen und Änderungen im Mandat, einschließlich der Aufhebung der zusätzlichen geografischen Beschränkung, der vorherigen Zustimmung des Bundestages.

Großbritanniens Engagement in Afghanistan wurde nach der anfänglichen Führungsposition zunächst reduziert und stand lange im Schatten der Beteiligung am Irak-Krieg und seiner Folgen. So wurde das britische Kontingent im Juni 2002 von anfangs 1 800 auf 400 Soldatinnen und Soldaten reduziert und ist bis zum April 2004 nicht über 500 gestiegen. Ab 2004 erfolgte eine personelle und qualitative Ausweitung, insbesondere nach der Übernahme der Provinz Helmand im Süden Afghanistans. Als Reaktion auf die heftigen Kämpfe in Helmand beschloss die britische Regierung ab Juli 2006 in rascher Folge eine Aufstockung der Truppen von 3 600 auf aktuell 8 100; für 2009 ist eine weitere Entsendung von etwa 2 000 Soldatinnen und Soldaten nach Afghanistan im Gespräch (BBC 2008a). Begleitend haben dabei wie beim Beginn der Einsätze regelmäßig Debatten im House of Commons und House of Lords stattgefunden, wobei ersteres regelmäßig Berichte zu den Einsätzen in Irak und Afghanistan verabschiedet (zuletzt: House of Commons Defence Committee 2008). Von den jeweiligen Entscheidungen, einschließlich des Beschlusses zur Ausweitung des Einsatzgebietes auf die umkämpfte Provinz Helmand, wurde das Parlament jedoch von der Regierung

---

33 Das deutsche Kontingent wird dabei vornehmlich in Kabul und im Norden Afghanistans eingesetzt. Einsätze in den anderen afghanischen Provinzen, einschließlich des stärker umkämpften Südens, sind nur in begrenztem Umfang und bei unabweisbarer Notwendigkeit für die Erfüllung des gesamten ISAF-Auftrags gestattet. Zusätzlich können deutsche Tornado-Aufklärungsflugzeuge in ganz Afghanistan eingesetzt werden (Deutscher Bundestag 2008a, Drucksache 16/10473).
34 Eigene Berechnung auf Grundlage offizieller Informationen des Deutschen Bundestages.

nur informiert. Gemäß eines Berichts des House of Commons seien die britischen Truppen in Afghanistan im Gegensatz zu denen anderer Partner „without any caveats imposed upon their use" (House of Commons Defence Committee 2008a: 41).

Auch die französischen Entscheidungen zur Beteiligung in Afghanistan folgten bis zum Inkrafttreten der Verfassungsreform von 2008 dem Muster der ursprünglichen Einsatzentscheidung – jegliche Veränderungen an dem Einsatzgebiet oder der Größe des französischen ISAF-Kontingents wurden vom Staatspräsidenten und der Regierung flexibel und auch gegen Proteste aus der Opposition beschlossen (Kläsgen 2008). Substanziell wurde das französische Engagement in Afghanistan ab 2008 unter Präsident Nicolas Sarkozy vergrößert. Die Assemblée Nationale hat den Afghanistan-Einsatz durchgängig weniger ausführlich begleitet als das britische Parlament.[35] Nach dem Inkrafttreten des veränderten Art. 35 CC aber wurde die französische Beteiligung an ISAF im September 2008 erstmals ausführlich in beiden Kammern des Parlaments kontrovers diskutiert, insbesondere nachdem wenige Wochen zuvor zehn französische Soldaten in Afghanistan von den Taliban ermordet worden waren. Aufgrund der großen Mehrheit des Regierungslagers wurde der Beteiligung aber mit 343 zu 210 Stimmen zugestimmt (Kläsgen 2008). Der Parlamentsbeschluss autorisierte dabei generell eine Verlängerung des Afghanistaneinsatzes und enthielt damit anders als in Deutschland weder eine zeitliche, personelle, geografische noch funktionale Beschränkung (Assemblée Nationale 2008).

Vergleicht man die Entscheidungsprozesse in den drei Ländern, so werden die Auswirkungen der rechtlichen Rahmenbedingungen und der unterschiedlichen strategischen Kulturen besonders deutlich. Zunächst ist in allen drei Ländern eine Teilnahme an einem Einsatz wie ISAF mit VN-Mandat rechtlich unumstritten. Des Weiteren wirken sich die Unterschiede im Spektrum der Handlungsspielräume nicht nur im Verlauf der Entscheidungsprozesse und der beteiligten Akteure aus, sondern spiegeln sich auch in größeren Beschränkungen auf multinationaler Ebene wider. So sind die Beschlüsse in Deutschland von einer maßgeblichen Beteiligung mehrerer politischer Akteure in Regierung und Parlament geprägt, in deren Verlauf einzelne operationelle Fragen detailliert festgeschrieben wurden, wie etwa das Einsatzgebiet oder das Aufgabenspektrum des deutschen Kontingents. Gleichsam sind die Einschränkungen Ausdruck der über das Parlament transportierten kritische-

---

35 So wurde das Afghanistan-Engagement Frankreichs zwar in mehreren Berichten und Beschlüssen des Parlaments erwähnt, wie beispielsweise bei der Verabschiedung des Haushalts oder einem Bericht zu den transatlantischen Beziehungen. Ein dezidierter Bericht zur französischen Beteiligung an OEF oder ISAF wurde jedoch vor der Verfassungsänderung 2008 nicht verabschiedet.

ren deutschen öffentlichen Meinung gegenüber dem Afghanistan-Einsatz.[36] Dies schränkt zwar die Handlungsfreiheit der Regierung auf internationaler Ebene ein, realisiert aber eine größere Legitimation basierend auf der breiten Unterstützung im Parlament. Die Verabschiedung des ursprünglichen ISAF-Mandats hat dabei gezeigt, dass im Einzelfall bei breiter politischer Unterstützung sehr schnelle Bundestagsmandate möglich sind. In Großbritannien und Frankreich hingegen hat die jeweilige Exekutive auch nach den jüngsten Reformen einen weiterhin größeren Handlungsspielraum, der es ihr erlaubt, auch kontroversere Beschlüsse ohne vorangegangene umfangreiche innenpolitische Debatte zu fassen. Dabei kann sie operationelle Entscheidungen wie die Festlegung des Einsatzgebietes, des Aufgabenspektrums und der Größe des nationalen Kontingents flexibel und kurzfristig treffen.

5.5   Schlussfolgerungen

Die rechtlichen Rahmenbedingungen der Sicherheits- und Verteidigungspolitik offenbaren grundlegende Unterschiede zwischen Deutschland auf der einen sowie Frankreich und Großbritannien auf der anderen Seite. Am deutlichsten zeigt sich dies im Spektrum des Handlungsspielraums der Exekutive, in dem zwei Faktoren zu engeren Handlungsspielräumen für die deutschen Entscheidungsträger führen: Zum einen setzt das Grundgesetz in Verbindung mit den maßgeblichen Urteilen des Bundesverfassungsgerichts konkrete Beschränkungen für den Einsatz bewaffneter Streitkräfte, nach der nur diejenigen Einsatzarten zulässig sind, welche explizit vorgesehen sind. Zum anderen wird der Handlungsspielraum der Bundesregierung durch die obligatorische ex ante Beteiligung des Bundestages weiter eingegrenzt. In der wissenschaftlichen Debatte über die rechtlichen Rahmenbedingungen der deutschen Sicherheitspolitik sind daher in den letzten Jahren vermehrt Stimmen laut geworden, welche die Vereinbarkeit mit den Anforderungen aktueller und zukünftiger Auslandseinsätze angezweifelt haben, insbesondere im Rahmen von Streitkräfteformationen wie den EU-Battlegroups oder der NATO Response Force (siehe etwa Noetzel/Schreer 2007). Die vergleichende Untersuchung hat hier aber gezeigt, dass sich Deutschland seit dem Urteil des Bun-

---

36 So hat beispielsweise die vergleichende Umfrage der Transatlantic Trends 2008 ergeben, dass sich in Deutschland eine Minderheit von 36 Prozent für eine Beteiligung an Kampfeinsätzen gegen die Taliban ausspricht, während dies in Frankreich (52 Prozent) und in Großbritannien (64 Prozent) mehrheitlich befürwortet wird. Auch bei der Frage, ob sich generell alle NATO-Mitgliedstaaten an jeder militärischen Operation der Allianz beteiligen sollten, zeigen sich die befragten Deutschen mit 56 Prozent Zustimmung zurückhaltender als ihre französischen (62 Prozent) und britischen Pendants (82 Prozent) (Transatlantic Trends 2008: 26, 30).

desverfassungsgerichts von 1994 prinzipiell an allen Einsätzen im gesamten Aufgabenspektrum von VN, NATO und EU beteiligen kann und eine Zustimmung des Bundestages in weniger als zehn Stunden möglich ist.

Zwischen Frankreich und Großbritannien hingegen haben sich deutliche Parallelen im Spektrum der Handlungsspielräume der Exekutive gezeigt. Zwar enthält die französische Verfassung Bestimmungen zur Sicherheits- und Verteidigungspolitik, sie geht aber neben der Kompetenzverteilung nicht über das Verbot von Angriffskriegen hinaus. Dabei ist es die Exekutive und insbesondere der Staatspräsident, der flexibel über den Einsatz der Streitkräfte entscheiden kann. Die Verfassungsänderung von 2008 hat eine leichte Annäherung in Richtung stärkerer parlamentarischer Kontrolle gebracht, die aber auf nachträgliche Zustimmung und längerfristige Einsätze beschränkt ist. Am Beispiel von ISAF hat sich gezeigt, dass das Parlament dabei nicht wie der Bundestag operationelle Entscheidungen festschreibt. Noch deutlicher auf flexible Entscheidungsfindung ausgerichtet ist das britische System, welches keine Beschränkungen für den auswärtigen Einsatz bewaffneter Streitkräfte enthält und die Entscheidungen als royal prerogative von der Regierung getroffen werden. Die Entwicklung hin zu mehr Parlamentsbeteiligung ist als vorsichtige Bewegung hin zu (etwas) mehr Kontrolle zu werten.

Doch die französische und britische Ausrichtung auf eine möglichst große Flexibilität für die Exekutive in der Sicherheits- und Verteidigungspolitik unterstreicht ebenfalls den bereits in der Analyse ihrer Interessen und Ziele sowie der Ausrichtung ihrer militärischen Fähigkeiten deutlich gewordenen sicherheitspolitischen Gestaltungs- und Führungsanspruch. So ist die Verteilung der Entscheidungskompetenzen mit der Konzentration auf den Staatspräsidenten respektive Premierminister darauf ausgerichtet, auf internationaler Ebene möglichst effektiv die eigenen Interessen durchsetzen zu können. Das Mitentscheidungsrecht des Bundestages verpflichtet die deutsche Regierung, stärker auf die Bedenken der Parlamentarier sowie der Bevölkerung einzugehen, ohne deren Zustimmung sie auf internationaler Ebene keine definitiven Beteiligungszusagen geben oder nationale Beschränkungen aufheben kann. Die Parlamentsbeteiligung kann indes aber auch als Schutz vor zu hohem Erwartungsdruck seitens der internationalen Partner fungieren.

Die rechtlichen Rahmenbedingungen geben weiterhin Aufschluss über das Verhältnis zum Einsatz militärischer Gewalt. Insbesondere der Vergleich der Einsatzmöglichkeiten im Inland hat Unterschiede in der Frage aufgezeigt, unter welchen Umständen und mit welchen Befugnissen bewaffnete Streitkräfte eingesetzt werden sollen. Auch hier deutet die hohe Regelungsdichte im deutschen Grundgesetz auf eine stärker zurückhaltende Einstellung hin, da der Einsatz mit militärischen Mitteln nur unter sehr spezifischen Umständen und unter parlamentarischer Kontrolle zugelassen ist. Indes sind in Frankreich und vor allem Großbritannien die Beschränkungen im Inland deutlich geringer, wie die langjährige Operation Banner in Nordirland und die Befugnisse im Rahmen der Terrorbekämpfung eindrucksvoll beweisen.

Mit Blick auf die europäische und internationale Ebene macht die vergleichende Untersuchung der rechtlichen Rahmenbedingungen deutlich, dass die Staaten die nationalen Streitkräfte zwar grundsätzlich im Ausland in einem vergleichbaren Aufgabenspektrum einsetzen können, ihre Regierungen aber bei der Zusammenarbeit und den Verhandlungen untereinander über unterschiedlich großen Handlungsspielraum verfügen. Grundsätzlich sollte das Spannungsfeld zwischen der Anforderung nach möglichst flexiblen Bedingungen für eine effektive gemeinsame Operationsführung sowie der Beachtung innenpolitischer Bedenken zur Herstellung einer möglichst breiten Legitimation und dem Schutz vor Missbrauch der Streitkräfte nur schwer aufzulösen sein. Bei der Zusammenlegung von militärischen Fähigkeiten für schnelle Eingreiftruppen oder einzelne Operationen sollten sich die Regierungen dieser Unterschiede bewusst sein und möglichst bereits im Vorfeld auf gemeinsame, einheitliche Beschränkungen einigen.

6 Zwischen Prestige und Pragmatismus. Militärische Fähigkeiten und ihre Weiterentwicklung

Alexandra Jonas

> *„Eine politische, militärische oder psychologische Wirkung kann bereits durch eine glaubhafte Demonstration militärischer Fähigkeiten erzielt werden.“*
>
> BMVg 2006: 100

Militärische Fähigkeiten sind traditionellerweise das Herzstück nationaler Sicherheits- und Verteidigungspolitik und stellen auch in Zeiten umfassender, die Verzahnung ziviler und militärischer Instrumente implizierender Konzepte, einen essenziellen Teil nationaler Sicherheits- und Verteidigungspolitik dar. Dabei beruht die Bedeutung der militärischen Fähigkeiten für die jeweilige Sicherheits- und Verteidigungspolitik auf zwei Faktoren: Sie sind nicht nur das Instrument, welches die Fähigkeit von Staaten zur Durchführung militärischer Einsätze bestimmt, sondern können darüber hinaus bereits auf psychologischer Ebene Wirkung entfalten und so z. B. den politischen Verhandlungsspielraum bzw. den internationalen Status eines Staates determinieren.

Obgleich grundsätzlich der Auftrag, die Aufgaben und die internationalen Verpflichtungen die jeweiligen militärischen Fähigkeiten bestimmen sollten (so z. B. BMVg 2006: 82), zeigt sich in der Realität, dass diese auch durch das nationale Selbstverständnis sowie kulturelle und historische Faktoren beeinflusst werden. Beispielhaft hierfür kann das entschlossene Festhalten verschiedener Staaten an ihren nuklearen Fähigkeiten genannt werden oder – grundsätzlicher – die Unterschiede in der Höhe des Budgets, welches die jeweiligen sicherheits- und verteidigungspolitischen Entscheidungsträger bereit sind, für Verteidigung zu investieren. Weiterhin zeigen sich nationale, auf historischen und kulturellen Faktoren fußende Spezifika u. a. darin, ob die jeweilige militärische Fähigkeitsentwicklung eher auf Einsätze im EU-Rahmen ausgerichtet oder NATO-orientiert ist. Durch eine vergleichende Untersuchung der militärischen Fähigkeiten Deutschlands, Frankreichs und Großbritanniens sollen somit im Folgenden Rückschlüsse auf die Positionierung der drei Staaten in den Spektren „Außenpolitische Orientierung“, „Sicherheitspolitischer Gestaltungswille“ und „Verhältnis zum Einsatz militärischer Gewalt“ gezogen werden.

Dabei ist in Anbetracht der Zielsetzung der vorliegenden Studie nicht von hervorgehobener Relevanz, dass in Zeiten unzureichend ausgerüsteter und überanspruchter Streitkräfte, rückläufiger nationaler Verteidigungsbudgets, der Finanzkrise und gleichzeitig steigender Kosten für Rüstung eine gemeinsame Fähigkeitsentwicklung bzw. -harmonisierung auf europäischer Ebene, vor allem im Rahmen der Europäischen Verteidigungsagentur (EDA), immer dringlicher wird.[1] Ausschlaggebend ist vielmehr die Aussagekraft, welche die Herangehensweise der sicherheits- und verteidigungspolitischen Entscheidungsträger an die nationalen militärischen Fähigkeiten und deren Weiterentwicklung über die grundlegende Ausrichtung der jeweiligen Sicherheits- und Verteidigungspolitik besitzt.

Die Definition militärischer Fähigkeiten geht dabei in der folgenden Untersuchung über das enge Konzept wehrtechnischer Kernfähigkeiten (siehe z. B. BMVg/BDI 2007) hinaus und wird sich auf einige Elemente aus den Bereichen Budget und Streitkräfte, Reformvorhaben, Rüstung, Forschung und Entwicklung, die sich als grundlegende Bereiche militärischer Fähigkeiten wiederholt in den jeweiligen Grundsatzdokumenten wiederfinden, konzentrieren. Um die Positionierungen Deutschlands, Frankreichs und Großbritanniens in den Spektren „Außenpolitische Orientierung", „Sicherheitspolitischer Gestaltungswille" und „Verhältnis zum Einsatz militärischer Gewalt" zu vergleichen, werden somit exemplarisch einige aussagekräftige Aspekte der jeweiligen militärischen Fähigkeiten analysiert.[2] In der Zusammenschau weist die komparative Analyse der militärischen Fähigkeiten Deutschlands, Frankreichs und Großbritanniens darauf hin, dass sich die drei Staaten im Spektrum „Sicherheitspolitischer Gestaltungswille" zwar einander annähern, maßgebliche Divergenzen allerdings in den Spektren „Außenpolitische Orientierung" und „Verhältnis zum Einsatz militärischer Gewalt" bestehen.

6.1   Budget, Personal und Organisation[3]

Bereits ein Vergleich der jeweiligen Verteidigungsausgaben sowie der Größe, Organisation und Einsatzfähigkeit der Streitkräfte lässt deutliche Unterschiede hinsichtlich der militärischen Fähigkeiten Deutschlands, Frankreichs und Großbritanniens erkennen.

---

1   So könnte ein einheitlicher europäischer Rüstungsmarkt die Ausgaben der EU-Mitgliedstaaten für Beschaffung um schätzungsweise 20 Prozent und somit insgesamt um ca. 6 Mrd. Euro jährlich verringern (so Hartley 2003; ähnlich auch Witney 2008: 31).

2   Eine abschließende, vollständige Untersuchung aller Aspekte der jeweiligen militärischen Fähigkeiten würde den Rahmen dieser Studie sprengen und soll somit hier nicht vorgenommen werden.

3   Es wird auf die aktuellsten verfügbaren Daten der Europäischen Verteidigungsagentur zurückgegriffen, die sich auf das Jahr 2007 beziehen.

Tabelle 6.1: Streitkräfte und Verteidigungsausgaben

	Deutschland	Frankreich	Großbritannien
Größe der Streitkräfte[4]	249 067	354 400[5]	192 670
Ausgaben für Personal, prozentual zu den Verteidigungsausgaben (2007)	55 %	55 %	39 %
Verteidigungsausgaben	31,09 Mrd. €	44,27 Mrd. €	50,31 Mrd. €
• % BIP[6]	1,28 %	2,34 %	2,49 %
• % der gesamten staatlichen Ausgaben (2007)	2,92 %	4,47 %	5,58 %

Quelle: EDA 2008.

6.1.1   Budget

Während Frankreich und Großbritannien mit 2,34 Prozent bzw. 2,49 Prozent einen ähnlich hohen Anteil ihres Bruttoinlandprodukts (BIP) im Bereich Verteidigung investieren, liegt Deutschland mit 1,28 Prozent deutlich darunter. In der Rückschau lässt sich feststellen, dass dieser Unterschied auch in den vergangenen Jahren bestand. So sind die Verteidigungsausgaben anteilig sowohl in Deutschland als auch in Frankreich und Großbritannien seit Anfang der 1990er-Jahre kontinuierlich zurückgegangen: Im Jahr 2002 wurden in Deutschland 1,5 Prozent des BIP für Verteidigung ausgegeben, im Jahr 2005 noch 1,4 Prozent und ab dem Jahr 2006 nur noch um die 1,3 Prozent (SIPRI 2008). Ebenso ist in Frankreich ein leichter Abwärtstrend beobachtbar, mit einem Rückgang von 2,6 Prozent des BIP im Jahr 2004 auf 2,5 Prozent im Jahr 2005 und schließlich 2,4 Prozent im Jahr 2006 (ebd.). In Großbritannien pendelten sich die Verteidigungsausgaben seit 1997 auf einen Mittelwert von 2,5 Prozent des BIP ein, stiegen im Jahr 2003 kurzfristig – im Zusammenhang mit dem Engagement im Irak – auf 2,7 Prozent des BIP und sanken erst wieder ab dem Jahr 2006 (Taylor/Waldmann/Gick 2008a: 4). Dass die Bereitstellung eines ausreichenden – den sicherheits- und verteidigungspolitischen Aufgaben angemessenen – Verteidigungsbudgets dabei allerdings eine

---

4   Anm.: In dem Dokument der Europäischen Verteidigungsagentur „Defence Data of EDA participating Member States in 2007" sind die Zahlen für 2006 und 2007 im Fall der Größe der deutschen und französischen Streitkräfte vertauscht worden (Stand: 12. Dezember 2008) und wurden in der vorliegenden Tabelle von der Autorin korrigiert.
5   Inklusive Gendarmeriekräften mit einer Stärke von 95 200 Mann.
6   Die inoffizielle, selbst definierte Empfehlung für NATO-Mitgliedstaaten liegt bei zwei Prozent des BIP (Tylor/Waldmann/Gick 2008a: 79).

grundsätzlich gleichermaßen große und kontinuierliche Herausforderung für alle drei Länder darstellt, präzisiert die NSS: „The combination of the rising costs of defence equipment, our commitment to capability over quantity, and the recent high operational tempo undeniably presents a significant challenge, which is shared with all developed countries with major military commitments." (NSS 2008: 46)[7]

6.1.2 Streitkräfte

Hinsichtlich der Größe der Streitkräfte liegt Deutschland mit knapp über 249 000 Soldatinnen und Soldaten im Mittelfeld, während Frankreichs Streitkräfte, einschließlich der 95 200 Mann starken Gendarmerie, über 354 000 und Großbritanniens Streitkräfte über 192 000 Soldatinnen und Soldaten umfassen. In diesem Zusammenhang sind allerdings vor allem die Kosten, die der Unterhalt des Personals anteilig zu den gesamten Verteidigungsausgaben ausmacht, von Bedeutung. Diese definieren das Budget, das den jeweiligen sicherheits- und verteidigungspolitischen Entscheidungsträgern prinzipiell für andere Ausgaben, u. a. für Einsatzkosten, Rüstungsbeschaffung, Forschung und Entwicklung bleibt. Mit 61 Prozent, also ca. 31 Mrd. Euro verfügt Großbritannien dabei über den größten Betrag für andere Ausgaben, gefolgt von 45 Prozent in Frankreich,[8] also ca. 19 Mrd. Euro und ebenfalls 45 Prozent in Deutschland, also ca. 14 Mrd. Euro. Beachtet werden sollte in diesem Zusammenhang allerdings, dass Frankreich und Großbritannien jährlich um die 4 Mrd. Euro (Ministère de la Défense 2008a: 42) bzw. ca. 2 Mrd. Euro/ 1,7 Mrd. GBP (House of Commons Hansard 2008) für ihre nuklearen Fähigkeiten einplanen müssen – eine Ausgabe, die für Deutschland nicht relevant ist.

Bezüglich der Streitkräfteorganisation sind jedoch auch jenseits deren Größe und den damit zusammenhängenden Kosten unterschiedliche Herangehensweisen zu verzeichnen: Zum einen steht die deutsche Wehrpflichtarmee im Gegensatz zu der französischen und britischen Berufsarmee. Zum anderen existiert die in Deutschland vorgenommene Unterteilung in drei Fähigkeitskategorien – Eingreif-, Stabilisierungs- und Unterstützungskräfte –

---

7 „Die Kombination von steigenden Kosten für Rüstung, unser Bekenntnis zu Fähigkeiten über Quantität und das heutige hohe operationelle Tempo stellen eindeutig eine erhebliche Herausforderung dar, welche wir mit allen entwickelten Ländern mit bedeutenden militärischem Engagement teilen." (Übersetzung d. A.) So auch Rüdiger Moniac für den Fall Deutschlands, der anführt, der Bundeswehrplan 2009 verdeutliche wie wenig Geld der Sicherheits- und Verteidigungspolitik zur Verfügung steht (Moniac 2008: 42).
8 Frankreich ist nun – in Folge des Livre Blanc 2008 – dabei, die Anzahl seiner Streitkräfte drastisch zu verkleinern (siehe unten Kapitel 6.2), was zur Folge haben wird, dass das für andere Ausgaben zur Verfügung stehende Budget erhöht wird.

weder in Frankreich noch in Großbritannien. Bereits dieser strukturelle Unterschied weist auf voneinander abweichende Konzeptionen im gesamten militärischen Fähigkeitsbereich hin: „To put it simply, if the armed forces (...) are organised very differently, then one has to assume that there are very different views of the nature of the military world, and this will then mean that there are likely to be very different requirements as regards defence equipment."[9] (siehe Griephan Briefe vom 13. Oktober 2008: 6) Weiterhin bestehen auch bezüglich der entsandten bzw. entsendbaren Truppen Unterschiede:[10] Im Falle Deutschlands ist, laut Weißbuch, die nationale Zielvorgabe der Einsatz von gleichzeitig bis zu 14 000 Soldatinnen und Soldaten, aufgeteilt auf bis zu fünf verschiedene Einsatzgebiete (BMVg 2006: 85). Derzeit (Stand: November 2008) befinden sich rund 7 100 deutsche Soldaten im Auslandseinsatz. Frankreich hingegen hat ca. 12 900 Soldaten eingesetzt, wobei die Zahl der entsandten französischen Soldaten seit Beginn der 1990er-Jahre zwischen 10 000 und 15 000 Mann schwankt und ausnahmsweise bis zu 20 000 Mann erreichen kann (Georgelin 2008: 8). Im Falle Großbritanniens sind es über 14 000 Soldaten, die zurzeit mehrheitlich in Afghanistan und dem Irak eingesetzt sind (Taylor/Waldmann/Gick 2008a: 104).[11] Ein im Zusammenhang mit den entsandten Truppen aussagekräftiger Aspekt zur Differenzierung der grundlegenden Aspekte deutscher, französischer und britischer Sicherheits- und Verteidigungspolitik sei die Tatsache – so ein Mitglied der französischen Weißbuchkommission – dass Frankreich traditionellerweise versuche, sein weltpolitisches Gewicht zu beweisen, indem es in möglichst vielen Ländern militärische Präsenz zeigt: Sowohl Deutschland als auch Großbritannien unterhalten seit dem Jahr 2000 simultan zwei bis drei militärische Auslandseinsätze mit jeweils über 1 000 Mann, während es im Falle Frankreichs regelmäßig sechs bis sieben Operationen mit über 1 000 Mann waren (Mitglied der französischen Weißbuchkommission, Paris, November 2008; siehe Anhang).

Insgesamt heben sich somit die hier betrachteten budgetären und personellen Aspekte der militärischen Fähigkeiten Frankreichs und Großbritanniens von denen Deutschlands ab: Auffallend sind insbesondere die – trotz der finanziellen Belastungen durch die nuklearen Fähigkeiten – wesentlich

---

9 „Um es einfach auszudrücken, wenn die Streitkräfte (...) sehr unterschiedlich organisiert sind, dann muss davon ausgegangen werden, dass äußerst unterschiedliche Sichtweisen über die Natur der militärischen Welt existieren, was wiederum bedeutet, dass höchstwahrscheinlich sehr unterschiedliche Ansprüche hinsichtlich militärischer Ausrüstung bestehen." (Übersetzung d. A.)

10 Die Empfehlung für NATO-Mitgliedstaaten lautet, zu jeder Zeit etwa 40 Prozent der verfügbaren Truppen einsatzbereit zu halten (House of Commons 2008: 44).

11 In der Anfangsphase des Irak-Krieges waren es allerdings um die 45 000 britische Soldaten, die im Irak dienten (House of Commons 2003: 3).

höheren Verteidigungsausgaben, betrachtet man allein den Prozentsatz des BIP, den die politischen Entscheidungsträger Frankreichs und Großbritanniens bereit sind, für Verteidigung zu investieren. So stellen das französische und britische Verteidigungsbudget gemeinsam annähernd die Hälfte des Gesamtbetrages der Verteidigungshaushalte der EU dar und nehmen somit eine prominente Rolle im EU-Vergleich ein (vgl. auch Deutscher Bundestag 2008: 3). Diese Zweiteilung der EU-Mitgliedstaaten hinsichtlich der jeweiligen Verteidigungsbudgets, mit Frankreich und Großbritannien auf der einen und anderen EU-Staaten wie Deutschland auf der anderen Seite, ist dabei ein bereits seit dem Ende des Kalten Krieges bestehender Trend (so auch Darnis et al. 2007: 17). Dieser weist nicht nur auf einen größeren sicherheitspolitischen Gestaltungswillen, sondern auch auf eine größere Akzeptanz militärischer Mittel im Falle Frankreichs und Großbritanniens hin. Ein sicherheitspolitischer Führungsanspruch und ein hoher Zuspruch für militärische Einsätze seitens Frankreichs und Großbritanniens, die im Gegensatz zu der eher zurückhaltenden Position Deutschlands stehen, werden darüber hinaus anhand der Anzahl der *de facto* entsandten Truppen deutlich. Untermauert werden kann die sich hier widerspiegelnde, voneinander abweichende Positionierung in den Spektren „Sicherheitspolitischer Gestaltungswille" und „Verhältnis zum Einsatz militärischer Gewalt", mit Deutschland auf der einen und Frankreich und Großbritannien auf der anderen Seite, durch historisch bedingte sicherheits- und verteidigungspolitische Spezifika, die maßgeblich zu der Sonderrolle Frankreichs und Großbritanniens beitragen. Zum einen handelt es sich dabei um ihren Status als Atommacht, zu dessen Aufrechterhaltung sich beide Staaten wiederholt bekennen.[12] Zum anderen sind es die koloniale Vergangenheit Frankreichs und Großbritanniens sowie der ständige Sitz im UN-Sicherheitsrat, welche das nationale Selbstverständnis maßgeblich definieren und zu dem Anspruch beitragen, sich als aktiver, selbstständiger globaler sicherheits- und verteidigungspolitischer Akteur zu bewähren (so auch Kempin 2005: 7).

6.2   Reformvorhaben

Über die Gemeinsamkeiten und Unterschiede im Bereich Budget und Streitkräfte hinaus sollen weiterhin die gegenwärtig vorgesehenen bzw. bereits laufenden Reformvorhaben hinsichtlich der militärischen Fähigkeiten Deutsch-

---

12   „La France continuera d'entretenir les moyens de conserver ces capacités (...)" (Ministère de la Défense 2008: 69); „(...) we decided to maintain our independent nuclear deterrent (...)" (Cabinet Office 2008: 44). Exemplarisch für den Fall Großbritannien betont Alister Miskimmon, die Aufrechterhaltung der eigenständigen nuklearen Abschreckung sei eine „key facet of British strategic culture" (Miskimmon 2004: 276).

lands, Frankreichs und Großbritanniens Hinweise auf die jeweilige Positionierung in den Spektren „Außenpolitische Orientierung", „Sicherheitspolitischer Gestaltungswille" und „Verhältnis zum Einsatz militärischer Gewalt" liefern. Die nationalen Reformvorhaben besitzen insbesondere Aussagekraft darüber, ob sich Deutschlands, Frankreichs und Großbritanniens militärische Fähigkeiten sukzessive einander annähern.

Die drei Staaten bekennen sich übereinstimmend zu der Notwendigkeit, ihre militärischen Fähigkeiten den Anforderungen der fortschreitenden Globalisierung und den dem Ende des Kalten Krieges folgenden veränderten Herausforderungen kontinuierlich anzupassen: „Die Transformation der Bundeswehr zu einer Armee im Einsatz erfordert erhebliche Anpassung und Modernisierung." (BMVg 2006: 73); „Pour faire vivre cette stratégie, des réformes profondes sont aujourd'hui nécessaires. (...) que nous pourrons moderniser nos équipements et renforcer les capacités opérationnelles de nos armées."[13] (Ministère de la Défense 2008: 10); „The requirement for deployable, flexible, agile and capable Armed Forces will therefore remain crucial, as will the need to prepare for the longer term."[14] (MoD 2008: 4) Schlüsselaspekte dieses Anpassungsprozesses sind dabei sowohl die Reform der jeweiligen Streitkräfte hin zu schnelleren, mobileren und flexibleren Eingreifkräften als auch die langfristige Bereitstellung eines angemessenen Budgets, einschließlich der maximal effektiven Nutzung dieses Budgets für eine moderne, militärische Ausrüstung: „Übergeordnetes Ziel der Transformation bleibt unverändert die nachhaltige Verbesserung der Einsatzfähigkeit der Bundeswehr (...). Hierzu sind in einem langfristigen, fortlaufenden und vorausschauenden Anpassungsprozess Aufgaben und Fähigkeiten, die wesentlich durch Personal und Ausrüstung bestimmt werden, mit den Finanzmitteln (...) zu synchronisieren." (BMVg 2008: 2)

6.2.1 Stellenwert der Reformprozesse

Hinweise auf die Bedeutung, die den jeweils geplanten Reformen nationaler militärischer Fähigkeiten zugemessen wird, ergeben sich u. a. daraus, in welchen Dokumenten diese im Detail aufgeführt werden. Dabei lässt ein hoher Stellenwert der Reformvorhaben, welche die jeweilige Sicherheits- und Verteidigungspolitik im Hinblick auf die heutigen Herausforderungen effektiver

---

13 „Um diese Strategie umzusetzen, sind nun tiefgreifende Reformen notwendig. (...) damit wir unsere Ausrüstung modernisieren können und die operationellen Fähigkeiten unserer Streitkräfte stärken." (Übersetzung d. A.)

14 „Das Erfordernis einsetzbarer, flexibler, mobiler und fähiger Streitkräfte wird demzufolge ausschlaggebend bleiben, ebenso wie das Erfordernis, sich langfristig auszurüsten." (Übersetzung d. A.)

machen sollen, auf einen starken sicherheitspolitischen Gestaltungswillen schließen.

Die jeweils geplanten Reformen nationaler militärischer Fähigkeiten finden sich nicht nur in den aktuellen bzw. älteren Grundsatzdokumenten, sondern vor allem auch in begleitenden sicherheits- und verteidigungspolitischen Dokumenten wie z. B. dem Bundeswehrplan 2009, dem Loi de Programmation militaire 2009–2014 oder dem Defence Plan 2008–2012. Dabei sind, betrachtet man Weißbuch, Livre Blanc und NSS im Vergleich, lediglich im aktuellen französischen Grundsatzdokument die vorgesehenen Reformen im Einzelnen und detailliert aufgeführt und werden durch das Loi de Programmation militaire 2009–2014 weiter ausdifferenziert und umgesetzt. Das deutsche Weißbuch hingegen, das den Prozess der 2004 begonnenen Transformation, einschließlich technischer Aspekte, als Antwort auf die veränderten sicherheitspolitischen Herausforderungen bezeichnet (BMVg 2006: 88), bietet eher eine Bestandsaufnahme und Stellungnahme hinsichtlich des laufenden Transformationsprozesses der Bundeswehr. Die Reformierung der Bundeswehr findet somit zwar in den deutschen Grundsatzdokumenten, wie z. B. auch in den Verteidigungspolitischen Richtlinien von 2003 auf konzeptioneller und eher grundsätzlicher Ebene Niederschlag, wird in detaillierterer Weise allerdings eher in den umsetzenden Dokumenten, wie der Konzeption der Bundeswehr von 2004 oder den Bundeswehrplänen behandelt. Ganz ähnlich beschreibt auch die NSS bezüglich der militärischen Fähigkeitsentwicklung in Großbritannien eher den Status Quo, als dass sie Zukunftspläne beinhaltet (so auch ein Mitarbeiter des Forschungsinstituts DEMOS, London, November 2008). Vereinzelt wurde nach Veröffentlichung des britischen Grundsatzdokuments eben dies kritisiert: Die NSS sei hinsichtlich konkreter Verteidigungsplanung lediglich limitiert nützlich und treffe keine Aussagen über die Gültigkeit zuvor formulierter Reformpläne (so Taylor/Waldmann/Gick 2008a: 85f.). Diese finden sich nämlich in den früheren britischen Grundsatzdokumenten, vor allem in der Strategic Defence Review (SDR) aus dem Jahr 1998 und dem Defence White Paper aus dem Jahr 2003, einschließlich dem diesem nachträglich im Jahr 2004 hinzugefügten Kapitel Future Capabilities. Dabei entwickelten letztere vor allem die in der SDR formulierten Reformpläne weiter – insbesondere im Sinne der lessons learned aus den Operationen im Irak und in Afghanistan (ebd.: 21). In NSS und Defence Plan 2008–2012 wird folglich implizit davon ausgegangen, dass die zuvor in britischen Grundsatzdokumenten vorgenommene Planung für die Reform der Sicherheits- und Verteidigungspolitik noch Gültigkeit besitzt und somit unverändert bleiben sollte (ebd.: 86).

Die ausführliche Darstellung der Reformvorhaben in den aktuellen bzw. vorherigen Grundsatzdokumenten Frankreichs und Großbritanniens weist darauf hin, dass die jeweiligen militärischen Fähigkeiten bzw. deren Reformierung eine Angelegenheit von nationaler Bedeutung ist, die einen hohen Stellenwert innerhalb der nationalen Sicherheits- und Verteidigungspolitik einnimmt und folglich auf einen großen sicherheitspolitischen Gestaltungswillen hindeutet. In Deutschland hingegen scheint die Reformierung der militärischen Fähigkeiten mehr als technische Angelegenheit wahrgenommen zu werden, deren Bedeutung für das nationale Selbstverständnis eher limitiert ist.

6.2.2   *Reformierung von Budget und Streitkräften*

Bezüglich der Entwicklung der jeweiligen Verteidigungsbudgets sowie der Streitkräftestärke sind sowohl in Deutschland als auch in Frankreich und Großbritannien ähnliche Trends beobachtbar: Die Verteidigungetats sollen erhöht, die Streitkräfte, u. a. durch Verkleinerungen oder Umstrukturierungen, maximal einsatzfähig gemacht werden. So soll im Fall Deutschlands das Verteidigungsbudget im Jahr 2009 um mehr als fünf Prozent auf 31,1 Mrd. Euro aufgestockt werden. Gegenüber dem Jahr 2008 bedeutet dies eine deutliche Erhöhung um mehr als 1,7 Mrd. Euro. Des Weiteren soll der Etat in den Folgejahren um jeweils weitere 500 Mio. Euro jährlich steigen (BMVg 2008: 5). In Frankreich hingegen ist vorgesehen, den aktuellen Verteidigungetat, bereinigt um die jährliche Inflationsrate, in den nächsten Jahren einzufrieren, um ihn dann ab 2012 real um einen Prozentpunkt jährlich zu erhöhen (Ministère de la Défense 2008: 290f.). Auch in Großbritannien wurde 2007 angekündigt, dass das Verteidigungsbudget bis 2010 um durchschnittlich 1,5 Prozent jährlich real wachsen soll (Taylor/Waldmann/Gick 2008a: 4). Inwieweit diese Erhöhungen im Lichte der Finanzkrise tatsächlich umgesetzt und in höhere Verteidigungsausgaben übersetzt werden, wird sich jedoch erst zeigen müssen. Grundsätzlich ist es das erklärte Ziel der sicherheits- und verteidigungspolitischen Entscheidungsträger aller drei Staaten, eine wirtschaftliche sowie durchdachte Nutzung der ihnen zur Verfügung stehenden Ressourcen zu realisieren: Neben der ökonomischen Modernisierung der Bundeswehr, die einen zentralen Bestandteil der Transformation darstellt, sollen in Frankreich beispielsweise die zukünftigen Einsparungen – erzielt durch die im Livre Blanc formulierten Reformen – vollständig in andere Bereiche des Verteidigungssektors reinvestiert werden. Auch in Großbritannien wird spätestens seit der 1998 formulierten „Smart Procurement Policy" – welche durch eine Studie der Unternehmensberatung Mc Kinsey maßgeblich mitentwickelt wurde – größter Wert auf Wirtschaftlichkeit, „good value for money" und schnellere Umsetzung gelegt (MoD 1998: 151ff.).

Hinsichtlich der deutschen, französischen und britischen Streitkräfte weist Frankreich zurzeit die vergleichsweise umfassendsten Reformvorhaben auf. Die durch das Livre Blanc vorgesehene und im Zeichen von Sarkozy's Politik der „rupture" stehende Reduzierung der Streitkräfte von 271 000 Soldatinnen und Soldaten im Jahr 2008 (ohne Gendarmeriekräfte)[15] auf 225 000 Soldaten in den Jahren 2014–2015 (Ministère de la Défense 2008: 228) soll eine wesentlich bessere Ausstattung der dann kleineren französischen Streitkräfte ermöglichen. Diese Reform entspricht den in Großbritannien bereits verfolgten Umstrukturierungen (so Keohane 2008: 2).[16] Eine Reduzierung der Streitkräfte wurde im Fall Großbritanniens in der Tat bereits mit dem Defence White Paper eingeleitet, gemäß welchem das Heer um 1 500, die Luftwaffe um 7 500 und die Marine um 1 500 Mann reduziert wurden (Taylor 2004: 16–21). Auch laut des deutschen Weißbuchs ist die Reduzierung von Personal ein Teilaspekt der Modernisierung der Bundeswehr (BMVg 2006: 73). Dabei liegt der Zielumfang ab 2010 bei 252 500 Soldaten, einschließlich Reservisten, sowie 75 000 zivilen Mitarbeitern (ebd.: 80). Die jeweiligen Truppenreduzierungsmaßnahmen gehen mit massiven Umstrukturierungen einher, die in Großbritannien bereits maßgeblich durch das White Paper (MoD 2003: 11), in Deutschland im Rahmen der Transformation (BMVg 2004) und nun auch in Frankreich eingeleitet wurden, wo in Konsequenz der Reformen aus dem Livre Blanc in den kommenden fünf Jahren über 80 Militärstandorte geschlossen und die verkleinerten französischen Streitkräfte dann an einer von ca. 90 „bases de défense" untergebracht werden (Ministère de la Défense 2008b). Eine klare Abkehr vom Konzept der Territorialverteidigung wurde schließlich sowohl in Deutschland als auch in Frankreich und Großbritannien durch das Gewicht, welches die jeweiligen sicherheits- und verteidigungspolitischen Entscheidungsträger flexibleren und schneller einsetzbaren Eingreiftruppen zumessen, eingeleitet. So betonte bereits Großbritanniens SDR die Bedeutung von „expeditionary forces", die in der Lage sind, multiple und simultan stattfindende Operationen durchzuführen (Wither 2006: 53; Taylor/Waldmann/Gick 2008a: 3) – ein Schwerpunkt, der sich auch in der NSS und dem Defence Plan 2008–2012 widerspiegelt: „Future uncertainty means that flexible and adaptable expeditionary capability will remain at the heart of our defence policy (...)"[17] (Cabinet Office 2008: 38, 56; MoD 2008: 8). Ebenso wurde in Deutschland das Bekenntnis zur Einsatzorientierung be-

---

15 Die Gendarmerie wurde, ohne Verlust ihres Militärstatus, ab 1. Januar 2009 dem Innenministerium unterstellt.

16 Darüber hinaus spiegele sie Empfehlungen britischer Verteidigungspolitiker wider (so zumindest Moran 2008).

17 „Künftige Ungewissheit bedeutet, dass flexible und anpassungsfähige Expeditionskräfte das Herz unserer Verteidigungspolitik bleiben werden (...)" (Übersetzung d. A.).

reits im Rahmen des Transformationsprozesses, insbesondere durch die im Zusammenhang mit den Verteidigungspolitischen Richtlinien von 2003 erfolgte Kategorisierung der deutschen Streitkräfte – u. a. in die Fähigkeitskategorie „Eingreifkräfte" – umgesetzt: „Daraus ergibt sich eine strikt einsatzorientierte Ausrichtung der Bundeswehr." (BMVg 2006: 76, siehe auch 94) Letztendlich benennt auch das Livre Blanc das „Eingreifen" („Intervenir") als essenzielle Aufgabe der französischen Streitkräfte und sieht für diese ebenfalls schnell verlegbare Kräfte vor (Ministère de la Défense 2008: 199, 211).

Ein Vergleich der jeweiligen Entwicklungen der Verteidigungsbudgets sowie der Streitkräftereformen – hin zu höheren Etats sowie kleineren, flexibleren Streitkräften – verdeutlicht somit ein übereinstimmendes Problembewusstsein in der Sicherheits- und Verteidigungspolitik und einen sich annähernden sicherheitspolitischen Gestaltungswillen. Ins Gewicht fallen jedoch nichtsdestotrotz die unterschiedlichen Ausgangspunkte, vor allem hinsichtlich der Verteidigungsbudgets, die in engem Zusammenhang mit der unterschiedlich großen Akzeptanz militärischer Mittel in den drei Ländern stehen. Bezüglich der Reformierungen der Streitkräfte fällt allerdings weiterhin auf, dass Großbritannien die Truppenreduzierungen und die damit einhergehenden Umstrukturierungen zu einem vergleichsweise frühen Zeitpunkt vollzog[18] und Frankreich sich als letzter der drei großen EU-Staaten – im Rahmen von Sarkozy's Politik der „rupture" – von dem Konzept der klassischen Territorialverteidigung mit den vergleichsweise umfangreichsten Reformen löste.

6.2.3   Reformen im Rüstungsbereich

Hinsichtlich der militärischen Ausrüstung, die im Rahmen der kontinuierlichen Anpassungsprozesse verbessert bzw. angeschafft wird, stimmen die sicherheits- und verteidigungspolitischen Entscheidungsträger Deutschlands, Frankreichs und Großbritanniens in den Grundsätzen überein.[19] Beispielhaft können hier die Schwerpunktbereiche operative und strategische Verlegefähigkeit, Kampfflugzeuge oder Drohnen (UAVs) genannt werden.[20] Diese

---

18 In diesem Zusammenhang betont James Wither auch, dass Großbritannien das einzige europäische Land war, das die entsprechenden militärischen Fähigkeiten besaß, um sich bereits an der ersten Phase des Krieges gegen die Taliban im Jahr 2001 in Afghanistan beteiligen zu können (Wither 2006: 51).

19 Als zentraler Bezugspunkt gelten offensichtlich die Fähigkeitsanforderungen im Rahmen multilateraler militärischer Operationen. So gehören z. B. zu den größten Fähigkeitslücken für ESVP-Operationen schnell entsendbare Truppen, Helikopter und Transportflugzeuge (so Keohane 2008: 2).

20 Deutschland investiert beispielsweise in die Transporthubschrauber NH-90 und CH53, Frankreich in den NH-90 und Cougar Hubschrauber und Großbritannien verbessert seine

Übereinstimmungen stehen im Zusammenhang mit den zunehmenden gemeinsamen Einsatzerfahrungen im multilateralen Rahmen sowie der damit einhergehenden Identifizierung gemeinsamer Fähigkeitslücken[21] und weisen auf einen übereinstimmenden Willen hin, sich als militärisch einsatzfähige sicherheitspolitische Akteure aktiv an multilateralen Operationen zu beteiligen.[22] Hinweise auf historisch und kulturell bedingte grundlegende Unterschiede zwischen den Sicherheits- und Verteidigungspolitiken der drei Länder ergeben sich dennoch aus verschiedenen Rüstungsprioritäten, die im Rahmen der Reform nationaler militärischer Fähigkeiten voneinander abweichen. Exemplarisch kann hier zunächst der Bereich der satellitengestützten Aufklärung betrachtet werden: Diese stellt für Frankreich innerhalb der militärischen Fähigkeitsentwicklung einen Schwerpunktbereich dar und soll daher, so das Livre Blanc, in Zukunft von einem verdoppelten Budget profitieren (Ministère de la Défense 2008: 143).[23] Dies steht im Einklang damit, dass Frankreich der satellitengestützten Aufklärung bereits in der Vergangenheit große Bedeutung zumaß und innerhalb der EU über die größten Kapazitäten zur satellitengestützten Aufklärung verfügt (vgl. de Durand 2007: 738). Im Gegensatz dazu steht allerdings die britische Herangehensweise: So kooperiert Großbritannien im Bereich der satellitengestützten Aufklärung eng mit den USA und greift in hohem Maße auf die US-amerikanischen Aufklärungsinstrumente zurück. Vor dem Hintergrund, dass alle EU-Staaten im Rahmen multilateraler Einsätze oftmals auf die Aufklärungskapazitäten der USA zurückgreifen müssen und für ESVP-Operationen dringend bessere satelliten-

---

taktisch-operative Verlegfähigkeit vor allem durch Chinooks HC2/HC2A/HC3 sowie den Merlin HC3 (Bundeswehr 2008; EADS 2005; Ministère de la Défense 2008a: 45; Royal Air Force 2008; MoD 2007). Darüber hinaus bauen alle drei Staaten ihre strategische Verlegefähigkeit aus, z. B. durch Anschaffung des Airbus A 400M. Hinsichtlich des Kaufs neuer Kampfflugzeuge haben sowohl Deutschland als auch Großbritannien den Eurofighter bestellt, während Frankreich sich der Anschaffung neuer Rafale verschrieben hat (BMVg 2006: 100, 106, 110; Sénat 2008; Royal Air Force 2008a). Auch im Bereich unbemannter Luftfahrzeuge, sog. Drohnen, investieren zurzeit alle drei Staaten: In der sog. MALE-Klasse wird von Großbritannien der MQ-9 Reaper beschafft, während Deutschland sich noch in der Phase der Entscheidung zwischen der Heron TP und dem Predator B befindet (Graw 2009). Ebenso wird in Frankreichs Livre Blanc die Absicht formuliert, Drohnen der MALE-Klasse – eines allerdings noch unspezifizierten Modells – zu beschaffen (Ministère de la Défense 2008: 136).

21 So fehlten der EU z. B. für die im März 2008 begonnene ESVP-Operation EUFOR Tschad/ Zentralafrikanische Republik Transporthubschrauber, die letztendlich von Russland ausgeliehen werden mussten (siehe Valasek 2008: 7).

22 Davon, dass die übereinstimmenden Wahrnehmungen bezüglich der benötigten wehrtechnischen Fähigkeiten in enger Wechselwirkung mit den von übergeordneter Ebene – z. B. durch die EDA – definierten Fähigkeitslücken stehen, ist weiterhin auszugehen, steht jedoch nicht im Fokus der vorliegenden Studie.

23 Im Jahr 2008 betrug dieses 380 Mio. Euro.

gestützte Aufklärungsfähigkeiten bräuchten (siehe Keohane/Valasek 2008: 34–35), spiegelt die französische Priorisierung dieses Bereichs den Anspruch wider, die nationale wie europäische Unabhängigkeit von dem transatlantischen Bündnispartner zu stärken. Während sowohl Deutschland als auch Frankreich bereits über Beobachtungssatelliten verfügen und darüber hinaus mit weiteren EU-Staaten seit dem Jahr 2000 über die Bedingungen der gemeinsamen Nutzung des satellitengestützten Observationssystems SAR-Lupe/Helios II verhandeln, welches die Grundlage für eine europäische satellitengestützte Aufklärungsfähigkeit darstellt und ab Ende 2009 operativ sein soll, nehmen die Briten an diesen Gesprächen nicht teil – erhalten sie doch ohnehin privilegierten Zugang zu den Aufnahmen US-amerikanischer Satellitenaufklärung (ebd.).[24]

Zwei weitere Rüstungsbereiche, die Rückschlüsse auf die Positionierungen Deutschlands, Frankreichs und Großbritanniens in den Spektren „Außenpolitische Orientierung", „Sicherheitspolitischer Gestaltungswille" und „Verhältnis zum Einsatz militärischer Gewalt" ermöglichen, ist die Beschaffung von Flugzeugträgern sowie die Aufrechterhaltung bzw. Modernisierung der nuklearen Fähigkeiten. Diese prestigeträchtigen Fähigkeiten unterscheiden in erster Linie Deutschland, welches weder einen Flugzeugträger noch autonome nukleare Fähigkeiten besitzt, von Frankreich und Großbritannien: Frankreich verfügt bereits über den Flugzeugträger „Charles de Gaulle" – der allerdings wegen der turnusmäßig notwendigen, umfangreichen Wartungen lediglich 65 Prozent der Zeit einsatzfähig ist – und beabsichtigt nun, eine Entscheidung über die Anschaffung des lange anvisierten zweiten Flugzeugträgers in den Jahren 2011 bis 2012 zu fällen (Ministère de la Défense 2008: 214). Großbritannien hingegen verfügt bereits über zwei einsatzfähige sowie über einen außer Betrieb gesetzten aber noch bis 2010 in Reserve stehenden dritten Flugzeugträger (Royal Navy 2008) und plant diese in den Jahren 2014 und 2016 durch zwei neue Flugzeugträger zu ersetzen – eine Modernisierung die ca. 4,5 Mrd. Euro (4 Mrd. GBP) kosten wird (IISS 2008: 108).[25] Deutlich macht dabei das französische und britische Festhalten an dem Plan, die jeweiligen Flugzeugträger trotz der damit verbundenen erheblichen Kosten zu ersetzen bzw. zu ergänzen, dass diese militärischen Prestigeobjekte für das jeweilige Selbstverständnis „sakrosankt" sind (so auch Moran 2008) – verlei-

---

24 Die Wurzeln dieser engen nachrichtendienstlichen Kooperation liegen in dem nach Ende des Zweiten Weltkrieges geschlossenen UK-USA Abkommen zur Zusammenarbeit der Nachrichtendienste.
25 Dass die Zielvorgabe 2014 bzw. 2016 jedoch nicht eingehalten werden kann und die beiden Flugzeugträger voraussichtlich erst mit zwei Jahren Verspätung in Betrieb genommen werden können, gilt bereits jetzt als sicher und verdeutlicht, dass auch das MoD maßgeblich von der Finanzkrise betroffen ist (Pfeifer/Barker 2008).

hen diese doch verteidigungspolitische Autonomie und eine sicherheitspolitische Führungsrolle.

Ähnlich verhält es sich mit den nuklearen Fähigkeiten Frankreichs und Großbritanniens: Beide Länder halten an ihrer atomaren Abschreckung fest, wobei Frankreich – betrachtet man die entsprechenden Ambitionen und Ausgaben im Vergleich – einen noch größeren Wert auf diese „ultimative Garantie nationaler Unabhängigkeit" (Übersetzung d. A.) zu legen scheint: „La dissuasion nucléaire demeure un fondement essentiel de la stratégie de la France. Elle est la garantie ultime de la sécurité et de l'indépendance nationale." (Ministère de la Défense 2008: 69)[26] Sowohl Frankreich als auch Großbritannien sind dabei, ihre seit dem Ende des Kalten Krieges massiv verringerten nuklearen Fähigkeiten durch die Anschaffung neuer Atom-U-Boote – in beiden Fällen – und neuer ballistischer Raketen sowie Marschflugkörpern – im Falle Frankreichs – zu modernisieren (Ministère de la Défense 2008: 172; MoD/FCO 2006: 7). Dabei verfügt Großbritannien – nach einer letzten Reduzierung im Jahr 2006 – mit ca. 160 Atomsprengköpfen über wesentlich weniger Atomsprengköpfe als Frankreich, welches selbst nach den aktuellen Reduzierungen durch das Livre Blanc noch knapp 300 Atomsprengköpfe besitzt. Großbritannien hat somit, im Vergleich zu den anderen anerkannten Atommächten, die geringste Anzahl Atomsprengköpfe und stützt sich des Weiteren lediglich auf die Seekomponente zur nuklearen Abschreckung, wohingegen Frankreich sowohl die See- als auch die Luftkomponente nutzt, letztere allerdings im Rahmen der Reformen des Livre Blanc um ein Drittel verkleinert. Insgesamt wird die Aufrechterhaltung der nuklearen Fähigkeiten Großbritanniens und Frankreichs in den Jahren 2008 bzw. 2009 ca. 2 Mrd. Euro (1,7 Mrd. GBP) bzw. 3,9 Mrd. Euro kosten (House of Commons Hansard 2008; Ministère de la Défense 2008a: 42). Die jeweils vorgesehene Modernisierung der nuklearen Fähigkeiten wird darüber hinaus mit über 20 Mrd. Euro bzw. ca. 17–22,5 Mrd. Euro (15–20 Mrd. GBP) zu Buche schlagen (Taverna 2006; MoD/FCO 2006: 7, 26f.). Dabei betonen die sicherheits- und verteidigungspolitischen Entscheidungsträger beider Länder, es würde nicht mehr als das absolut notwendige Minimum an nuklearen Fähigkeiten beibehalten (so MoD/FCO 2006: 5; Ministère de la Défense 2008: 170). Die Aufrechterhaltung glaubwürdiger, einsatzfähiger aber auch sehr kostspieliger nuklearer Fähigkeiten gehört somit offenbar zu den Grundfesten französischer und britischer Sicherheits- und Verteidigungspolitik. Dies ist – vergleichbar zur Anschaffung neuer Flugzeugträger – insbesondere vor dem

---

26 Zu der jüngst aufgekommenen Diskussion innerhalb des britischen Militärs, das Atomwaffenarsenal Großbritanniens abzuschaffen, siehe Koydl 2009.

Hintergrund knapper finanzieller Ressourcen[27] bemerkenswert und impliziert ein hervorgehobenes Interesse Frankreichs und Großbritanniens, ein unabhängiger und führender sicherheitspolitischer Akteur zu sein, wohingegen Deutschland bereits aufgrund seiner abweichenden militärpolitischen Geschichte einen entsprechend starken Anspruch nicht aufweist. Auch lassen die im Vergleich zu Großbritannien etwas größeren nuklearen Fähigkeiten Frankreichs auf einen stärkeren Wunsch nach sicherheitspolitischer Autonomie und einen ausgeprägten Gestaltungs- und Führungswillen Frankreichs schließen.

6.2.4 Ausrichtung der Reformprozesse

Neben der implizit durch verschiedene Reformprozesse deutlich werdenden Positionierung der drei Länder im Spektrum „außenpolitische Orientierung" – so z. B. die europäische Orientierung Frankreichs und die atlantische Ausrichtung Großbritanniens im Rahmen ihrer jeweiligen Herangehensweise an satellitengestützte Aufklärung, nehmen vor allem die französischen und britischen Grundsatzdokumente auch explizit Stellung dazu, ob die militärische Fähigkeitsentwicklung eine europäische oder atlantische Raison hat. So fordert die NSS, die britischen Streitkräfte sollten hauptsächlich als Teil von NATO-Operationen eingesetzt werden und die anspruchsvollsten Operationen sollten entweder mit den USA oder im NATO-Kontext durchgeführt werden (Cabinet Office 2008: 9, 38). Dabei fällt insbesondere die seit dem Jahr 2001 zunehmende gemeinsame Einsatzerfahrung mit den USA, vor allem im Irak und in Afghanistan, und die damit einhergehenden engen sicherheits- und verteidigungspolitischen Beziehungen ins Gewicht. Vor dem Hintergrund der maßgeblich geteilten Herausforderungen ist die Entwicklung ausreichender Kapazitäten, um Interoperabilität und Kompatibilität mit den USA bzw. den US-amerikanischen militärischen Fähigkeiten zu gewährleisten, konsequenterweise eine hervorgehobene Priorität Großbritanniens (Taylor/Waldmann/Gick 2008: 12; de Durand 2007: 738). Schließlich könne Großbritannien nur mit den entsprechenden, kompatiblen militärischen Interventionsfähigkeiten einen Einfluss auf die US-amerikanische internationale Politik haben (so Codner 2002: 79). Weiterhin arbeitet Großbritannien im Bereich nuklearer Waffen – sowohl auf der Forschungs- als auch auf der Durchführungsebene – traditionellerweise eng mit den USA zusammen

---

27 Sowohl die britischen als auch die französischen Streitkräfte stehen unter finanziellem Druck – was sich in veraltetem Material, Problemen bezüglich der Instandhaltung und über ihre Kapazitäten ausgelastete Streitkräfte widerspiegelt (siehe z. B. Moran 2008; Taylor/Waldmann/Gick 2008a: 107). In diesem Zusammenhang steht auch der wiederholte Aufschub der Anschaffung der neuen französischen und britischen Flugzeugträger.

(Wither 2006: 55). In dieser Logik lehnt Großbritannien auch Vorschläge zum Aufbau eines europäischen Rüstungsmarkts ab und will das Prinzip „best value for money", das im Gegensatz zur volkswirtschaftlichen und technologischen Herangehensweise Frankreichs an Rüstungspolitik steht, als Teil von Beschaffungsprozessen beibehalten (so Kempin 2005: 9f., die hier auch von einem kulturellen Unterschied spricht).

Frankreichs Ambitionen hingegen, die rüstungspolitische Kooperation und Koordination auf europäischer Ebene zu fördern, basieren maßgeblich auf dem fast schon traditionellen Versuch, eine amerikanische Vormachtstellung bzw. eine Abhängigkeit von den USA im Verteidigungsbereich zu vermeiden (siehe auch ebd.: 9). In diesem Sinne ist die französische Wiedereingliederung in die militärischen Strukturen der NATO in der Tat vornehmlich eine Maßnahme zur Stärkung der ESVP (vgl. Kapitel 7.1) und geht Hand in Hand mit der vergleichsweise starken Betonung der EU als sicherheits- und verteidigungspolitischer Handlungsrahmen im Livre Blanc (Ministère de la Défense 2008: 81ff.). Deutschland nimmt hinsichtlich der außenpolitischen Orientierung eine Mittelposition ein: So soll ein Mindestumfang an eigenen militärischen Kapazitäten, z. B. in der Fähigkeitskategorie Mobilität, zwar beibehalten werden (BMVg 2006: 99), allerdings sollen Modernisierungsmaßnahmen „soweit möglich, multinational vor allem im Rahmen von NATO und Europäischer Union umgesetzt oder konkretisiert [werden]. Der Europäischen Verteidigungsagentur wird bei zukünftigen Planungen eine zentrale Rolle zukommen." (ebd.: 101) In diesem Zusammenhang zeigen insbesondere die im November 2008 im Rahmen der EDA lancierten Initiativen und Projekte zur Verbesserung der gemeinsamen europäischen militärischen Fähigkeiten ein interessantes Bild auf: Großbritannien beteiligt sich weder an der Initiative zur Gründung einer europäischen Lufttransport-Flotte (European Air Transport Fleet) noch an dem Projekt zum zukünftigen unbemannten Flugsystem (Future Unmanned Aerial System) oder am gemeinsamen Investitionsprogramm für innovative Konzepte und neue Technologien (Joint Investment Programme on Innovative Concepts and Emerging Technologies – JIP-ICET). Deutschland und Frankreich indessen sind an allen diesen Initiativen und Projekte beteiligt (EDA 2008a). Ganz grundsätzlich sei ohnehin zu erwarten – so Michael Codner –, dass Großbritannien in absehbarer Zukunft keine Abhängigkeit von EU-Strukturen im Bereich militärischer Fähigkeiten akzeptieren wird (Codner 2002: 82).[28]

---

28 Die hier aufgezeigte – eher negative – Perspektive für eine europäische Rüstungspolitik und – allgemeiner – die grundsätzlich atlantisch ausgerichtete Verteidigungspolitik Großbritanniens soll die strategische Ausrichtung verdeutlichen und steht nicht im Widerspruch dazu, dass Großbritannien im Rahmen militärischer Reformprozesse in Einzelfällen mit den EU-Partnern zusammenarbeitet: Dies ist z. B. der Fall für die britisch-französische Initiative zur

6.3   Rüstung, Forschung und Entwicklung

Abschließend sollen die jeweiligen Ausgaben für Rüstungsbeschaffung, Forschung und Entwicklung verglichen werden. Diese sind ein wichtiger Teil der gesamten Verteidigungsausgaben Deutschlands, Frankreichs und Großbritanniens, da sie für die kontinuierliche Anpassung der nationalen Streitkräfte an sich verändernde sicherheitspolitische Herausforderungen entscheidend sind. Die Ausgaben für Rüstungsbeschaffung, Forschung und Entwicklung besitzen Aussagekraft über den Willen der drei Staaten, als effektiver sicherheitspolitischer Akteur zu gestalten sowie über die jeweilige Akzeptanz des Einsatzes militärischer Mittel.

Tabelle 6.2:   Ausgaben für Rüstungsbeschaffung, Forschung und Entwicklung

	Deutschland	Frankreich	Großbritannien
Ausgaben für Rüstungsbeschaffung, Forschung und Entwicklung (2006)	4 806 Mio. €	9 679 Mio. €	12 773 Mio. €
• Rüstungsbeschaffung	3 593 Mio. €	6 448 Mio. €	8 762 Mio. €
• Ausgaben für Forschung und Entwicklung	1 213 Mio. €	3 231 Mio. €	4 011 Mio. €
% der gesamten Verteidigungsausgaben	15 %	22 %	25 %

Quelle: EDA 2008.

In den deutschen, französischen und britischen Ausgaben für Rüstungsbeschaffung, Forschung und Entwicklung spiegelt sich die Verteilung hinsichtlich der gesamten Verteidigungsausgaben wider: Während Frankreich und Großbritannien einen ähnlich hohen Prozentsatz ihrer Verteidigungsausgaben und mit rund 9,7 Mrd. Euro bzw. 12,8 Mrd. Euro auch einen vergleichbaren Betrag für Rüstungsbeschaffung, Forschung und Entwicklung investieren, gibt Deutschland mit rund 4,8 Mrd. Euro sowohl einen um über die Hälfte geringeren absoluten Betrag als auch einen – gemessen an den gesamten Verteidigungsausgaben – geringeren Prozentsatz als Frankreich und Großbritannien aus.[29] Weiterhin fällt auf, dass die Ausgaben für Forschung und Ent-

---

Verbesserung der Helikopter-Kapazitäten (Pop 2008) sowie für das im Februar 2008 von den Verteidigungsministern Deutschlands, Frankreichs und Großbritanniens entschiedene „Pooling" der Instandhaltung des A400M Transportflugzeuges (de Vaucorbeil 2008: 109).

29 Im Falle Frankreichs und Großbritanniens ist in diesem Zusammenhang allerdings zu berücksichtigen, dass ein Teil der jeweiligen Ausgaben für Rüstungsbeschaffung, Forschung und Entwicklung in Verbindung mit den nationalen nuklearen Fähigkeiten steht.

wicklung in Frankreich und Großbritannien mehr als die Hälfte des für Rüstungsbeschaffung ausgegebenen Betrages ausmachen, während Deutschland weniger als die Hälfte des in Rüstungsbeschaffung investierten Betrages für Forschung und Entwicklung ausgibt. In diesem Zusammenhang stellen allein Frankreichs und Großbritanniens Investitionen für Forschung und Entwicklung auch bereits 75 Prozent der gesamten EU-Ausgaben für diesen Bereich dar. Im Verhältnis zu ihrem Verteidigungsbudget geben sie für Forschung und Entwicklung einen ähnlich hohen Prozentsatz wie die USA aus (so auch Darnis et al. 2007: 26).

Sowohl in Deutschland als auch in Frankreich und Großbritannien ist dabei ein Trend beobachtbar, der höhere Ausgaben für Rüstungsbeschaffung – u. a. zu Lasten der Ausgaben für Forschung und Entwicklung – impliziert. So sollen, laut dem Bundeswehrplan 2009, die Ausgaben für Rüstungsbeschaffung in Deutschland bis ins Jahr 2013 kontinuierlich steigen, während die Ausgaben für Forschung, Entwicklung und Erprobung sinken werden (BMVg 2008: 25f.). Dazu heißt es: „Einer Forderung nach deutlicher Erhöhung des F&T-Ansatzes im Sinne der Zukunftsfähigkeit der Bundeswehr wurde aus gesamtplanerischer Sicht mit Blick auf den erforderlichen Output bei den militärischen Beschaffungen im Sinne der dringlichen Verbesserung des Fähigkeitsprofils nicht entsprochen." (ebd.: 33) Ebenso ist in Frankreich geplant, vermehrt in die Rüstungsbeschaffung zu investieren – u. a. durch die aus der Schließung von Standorten frei werdenden Mittel (Ministère de la Défense 2008a: 42). Schließlich muss auch Großbritannien – maßgeblich vor dem Hintergrund der kostspieligen, rüstungsintensiven Einsätze in Irak und Afghanistan – langfristig im Bereich Forschung und Entwicklung einsparen (IISS 2008: 108).

Parallel zu den bestehenden Verteidigungsbudgets und Streitkräfteumfängen weisen also die jeweiligen Ausgaben für Rüstungsbeschaffung, Forschung und Entwicklung auf voneinander abweichende Herangehensweisen hin. Dabei zeigen Frankreich und Großbritannien durch die entsprechenden Ausgaben für Forschung, Entwicklung und Beschaffung einen größeren Willen als Deutschland, sich als aktiver, innovativer sicherheits- und verteidigungspolitischer Akteur zu behaupten, was in engem Zusammenhang mit der generell geringeren Akzeptanz militärischer Mittel in Deutschland steht.

6.4   Schlussfolgerungen

Die militärischen Fähigkeiten erweisen sich als ein Teilbereich nationaler Sicherheits- und Verteidigungspolitik, in dem die Wechselwirkung zwischen historisch und kulturell bedingten nationalen Spezifika und externen Faktoren, wie z. B. der wachsenden multilateralen militärischen Einbindung und der globalen Finanzkrise, klar zutage tritt. Insgesamt fällt insbesondere die Divergenz zwischen einem sich annähernden sicherheitspolitischen Gestaltungswillen Deutschlands, Frankreichs und Großbritanniens und eher unterschiedlichen Ausgangspositionen hinsichtlich der Akzeptanz militärischer Mittel und des außenpolitischen Gestaltungswillens auf.

Im Spektrum „Sicherheitspolitischer Gestaltungswille" weisen u. a. die jeweiligen Verteidigungsausgaben, die Anzahl der entsandten bzw. entsendbaren Truppen, der Besitz militärischer Prestigeobjekte – wie nukleare Abschreckungsfähigkeiten oder Flugzeugträger – sowie die voneinander abweichenden Investitionen im Bereich Rüstung, Forschung und Entwicklung zunächst darauf hin, dass Frankreich und Großbritannien einen großen sicherheitspolitischen Gestaltungswillen offenbaren, während Deutschland eine eher zurückhaltende Position einnimmt. So verdeutlicht Frankreichs und Großbritanniens Herangehensweise an die jeweiligen militärischen Fähigkeiten einen sicherheitspolitischen Führungsanspruch und den Willen, als führende und unabhängige militärische Akteure eine Hauptrolle auf der internationalen Bühne zu spielen. Der französische Außenminister formulierte in eben diesem Sinne: „France wants to maintain a strong foreign policy. For its voice to be heard, it must be a credible military power."[30] (Hervé Morin in Cody 2008) Zieht man jedoch die bereits laufenden bzw. die vorgesehenen Reformvorhaben in Betracht, so wird deutlich, dass sich der Gestaltungswille der drei Staaten in Anbetracht der zunehmend geteilten sicherheitspolitischen Herausforderungen einander annähert. So bekennen sich die drei Staaten übereinstimmend zu der Notwendigkeit, ihre militärischen Fähigkeiten den Anforderungen der veränderten sicherheitspolitischen Herausforderungen kontinuierlich anzupassen: Im Einzelnen planen sowohl Deutschland als auch Frankreich und Großbritannien die langfristige Zuteilung eines höheren Budgets für den Bereich Verteidigung, investieren verstärkt in die Rüstungsbeschaffung, rüsten ihre Armeen hin zu kleineren, flexibleren Streitkräften um und stimmen auch maßgeblich hinsichtlich der militärischen Ausrüstung, welche mit Priorität verbessert bzw. angeschafft wird, überein.

Ungeachtet dieses geteilten Problembewusstseins und den zunehmend übereinstimmenden Zielvorstellungen führt allerdings eine unterschiedlich große Akzeptanz des Einsatzes militärischer Mittel zu nach wie vor gewichtigen Unterschieden zwischen den deutschen, französischen und britischen militärischen Fähigkeiten. So ist das Selbstverständnis Frankreichs und Großbritanniens stark von ihrem militärischen Potenzial geprägt: Sowohl der den detaillierten militärischen Fähigkeiten eingeräumte Stellenwert in den jeweiligen Grundsatzdokumenten als auch die Aufrechterhaltung militäri-

---

30 „Frankreich will eine starke Außenpolitik beibehalten. Um sich Gehör zu verschaffen, muss es eine glaubwürdige militärische Macht sein." (Übersetzung d. A.)

scher Prestigeobjekte weisen darauf hin, dass diese eine Angelegenheit von nationaler Bedeutung sind. Im Gegensatz dazu spiegeln die militärischen Fähigkeiten Deutschlands die vergleichsweise kurze Zeit wider, seit der Deutschland Auslandseinsätze durchführt und weisen auf eine eher geringe Akzeptanz militärischer Instrumente hin. Dafür sprechen insbesondere die verhältnismäßig geringere Investition in Verteidigung, einschließlich des Bereichs Rüstung, Forschung und Entwicklung sowie die vergleichsweise kleinere Anzahl an entsandten Truppen. Vor diesem Hintergrund formuliert auch der Historiker Paul Nolte – überspitzt: „Die Nation hadert tief mit der Tatsache, als Gesellschaft und Staatswesen auch einen militärischen Arm zu besitzen. (...) Heimlich träumt dieses Land davon, sich endlich innerhalb seiner Grenzen als militärfreie Zone deklarieren zu können. (...) Seit der Wiedervereinigung hat sich in Deutschland eine beispiellose Demilitarisierung vollzogen. (...) Wohin man blickt: Deutschland ist inzwischen ziviler, weniger militärisch als die meisten seiner Nachbarn und Verbündeten, ganz gewiss als Amerika und England. Hier ist die ‚Zivilgesellschaft‘ (...) in radikaler Weise Realität geworden.“ (Nolte 2008)

Ähnlich wie die unterschiedlichen Positionierungen Deutschlands, Frankreichs und Großbritanniens im Spektrum „Verhältnis zum Einsatz militärischer Gewalt" erweist sich anhand des Vergleichs der militärischen Fähigkeiten auch die unterschiedliche außenpolitische Orientierung der drei Länder als Hindernis für sich einander angleichende Sicherheits- und Verteidigungspolitiken. Neben dem expliziten Bezug auf die jeweilige außenpolitische Orientierung, vor allem in den Grundsatzdokumenten Deutschlands und Großbritanniens, ist Frankreichs hervorgehobenes Anliegen ein von den USA unabhängiger sicherheitspolitischer Akteur zu sein u. a. anhand der vergleichsweise großen nuklearen Fähigkeiten und der Bemühungen um verbesserte europäische – vom transatlantischen Bündnispartner unabhängige – satellitengestützte Aufklärungsfähigkeiten ersichtlich. Deutschland nimmt auf deklaratorischer Ebene eine Mittelposition ein, zeigt allerdings *de facto* – genauso wie Frankreich – den Willen, die nationalen militärischen Fähigkeiten in den europäischen Rahmen zu integrieren, was im Gegensatz zu der eindeutig transatlantisch ausgerichteten Orientierung Großbritanniens steht, die sich sowohl auf deklaratorischer Ebene als auch in der Ablehnung eines europäischen Rüstungsmarktes wiederfindet.

7   Verfechter eines wirksamen Multilateralismus? Sicherheits- und Verteidigungspolitik auf der internationalen Ebene

Nicolai von Ondarza

> *„Le potentiel européen doit être amplifié, défendu et valorisé collectivement, les bénéfices de la croissance et de la démocratie européennes doivent pouvoir être partagés, la responsabilité des pays européens sur la scène internationale doit être assumée."*[1]
>
> Défense et Sécurité nationale.
> Le Livre blanc: 81

Den Schwerpunkt ihrer sicherheits- und verteidigungspolitischen Ziele verorten das deutsche Weißbuch, das Livre Blanc und die National Security Strategy übereinstimmend im internationalen Krisenmanagement jenseits der Selbstverteidigung. Die klassischen Aufgaben der Verteidigungspolitik, die Aufrechterhaltung der territorialen Souveränität und der Schutz gegen bewaffnete Angriffe von außen, treten angesichts der neuen Bedrohungen und der relativen Sicherheit vor massiven militärischen Angriffen anderer Staaten in den Hintergrund. Gleichzeitig formulieren alle drei Länder das Interesse und sehen sich selbst in der Verantwortung, aktiv mit zivilen und militärischen Mitteln an Krisenmanagementoperationen teilzunehmen. Diese generelle Bereitschaft, sich auf internationaler Ebene an Strukturen und Operationen zu beteiligen, stellt bereits eine wichtige Gemeinsamkeit der strategischen Kulturen der drei Staaten dar – die allgemeine multilaterale Ausrichtung der Sicherheits- und Verteidigungspolitik. So findet sich zumindest implizit in allen drei Grundsatzdokumenten das Credo der Europäischen Sicherheitsstrategie (ESS) wieder, dass „kein Land in der Lage [ist], die komplexen Probleme der heutigen Zeit im Alleingang zu lösen" (Europäischer Rat 2003: 1).

Die zahlreichen zivilen und militärischen Operationen, an denen Deutschland, Frankreich und Großbritannien im Rahmen der Vereinten Nationen, der Europäischen Union und der NATO in den letzten Jahren teilgenommen haben, sind Ausdruck dieser multilateralen Einbettung nationaler Sicherheits- und Verteidigungspolitik. In den Zielvorstellungen und den tat-

---

1   „Das europäische Potenzial sollte gemeinsam ausgebaut, verteidigt und verstärkt werden, die Vorteile der Erweiterung und der europäischen Demokratie sollten gemeinsam genutzt werden, die Verantwortung der europäischen Staaten auf der internationalen Bühne sollte angenommen werden." (Übersetzung d. A.)

113

sächlichen Beteiligungen auf internationaler Ebene spiegeln sich daher nicht nur tagespolitische Entscheidungen, sondern auch drei insbesondere für die Weiterentwicklung der ESVP zentrale Aspekte wider: Hierzu gehören erstens die Präferenzen und bewährten Handlungsmuster für den Rahmen internationaler Zusammenarbeit im Spektrum zwischen transatlantischer und primär europäischer außenpolitischer Orientierung. Trotz einiger Annäherungen zeigt die Analyse, dass sich Frankreich und Großbritannien in dem Spektrum „Außenpolitische Orientierung" weiterhin diametral gegenüberstehen.

Zweitens äußert sich in der bevorzugten Form der Zusammenarbeit, ob die Staaten willens sind, im kritischen Bereich der Sicherheit und Verteidigung Ressourcen und Entscheidungskompetenzen zu teilen oder in der multinationalen Zusammenarbeit auf eine möglichst große nationale Entscheidungsfreiheit und Flexibilität bestehen. Der konstatierte wachsende sicherheitspolitische Gestaltungswille Deutschlands stellt zwar eine Annäherung dar, welche für die europäische Streitkräfteintegration aber eher ein zusätzliches Hindernis darstellen könnte. Zusätzlich zeigt sich in beiden Spektren anhand der Bereitschaft, auf internationaler Ebene personelle, materielle und finanzielle Ressourcen zur Verfügung zu stellen, in welcher Beziehung die deklaratorischen Ziele und die tatsächlichen Beteiligungen zueinander stehen.

7.1 Internationaler Handlungsrahmen

Die multilaterale Ausrichtung der Sicherheits- und Verteidigungspolitik der drei Staaten ist noch kein Garant dafür, dass sie sich international gemeinsam im selben Rahmen engagieren. In der heutigen internationalen Sicherheitsarchitektur, die von mehreren internationalen Organisationen geprägt ist, die sich zum Teil parallel in denselben Sachfragen und Konflikten engagieren, stehen die Nationalstaaten kontinuierlich vor der Frage, wie sie ihre Sicherheits- und Verteidigungspolitik organisieren wollen. Als Mitglieder der Vereinten Nationen, der Europäischen Union und der NATO stehen Deutschland, Frankreich und Großbritannien im militärischen Krisenmanagement bereits drei unterschiedliche Optionen offen; im zivilen Bereich ist das Spektrum mit OSZE, Europarat, Commonwealth und anderen Organisationen noch breiter. Zusätzlich sind insbesondere große Staaten wie die drei untersuchten weiterhin eigenständig aktiv, pflegen intensive bilaterale Beziehungen zu anderen Staaten und beteiligen sich an Ad-hoc-Koalitionen zur Durchführung ihrer Sicherheits- und Verteidigungspolitik.

Das Zusammenspiel nationaler Akteure und internationaler Organisationen in Afghanistan seit 2001 macht dieses Phänomen besonders deutlich. Nach den Terrorangriffen vom 11. September 2001 in New York und Washington rief die NATO den Verteidigungsfall nach Art. 5 des Nordatlantikvertrags aus. Die USA entschieden sich in ihrer folgenden Invasion in Afghanistan unter Berufung auf das Selbstverteidigungsrecht gemäß Art. 51 VN-Charta i. V. m. Resolution 1368 dafür, auf eine Ad-hoc-Koalition zurückzugreifen, an der sich direkt nur Großbritannien beteiligt hat (Operation Enduring Freedom, OEF). Nach dem Sturz des Taliban-Regimes wurde vom VN-Sicherheitsrat die International Security Assistance Force (ISAF) ins Leben gerufen, die zunächst im Wechsel von einzelnen Nationen und seit 2003 von der NATO geführt wird. Des Weiteren sind die EU mit einer zivilen Polizeimission (EUPOL Afghanistan), die VN sowie einzelne Staaten mit verschiedenen zivilen Maßnahmen im Land aktiv, wie etwa das deutsche Engagement zum Aufbau der afghanischen Polizei. Zusätzlich werden weiterhin militärische Operationen im Rahmen der Koalition OEF durchgeführt, an der sich von den drei Staaten vornehmlich Großbritannien beteiligt.

Diese Parallelität und Überschneidung des internationalen Engagements ist nicht auf Afghanistan beschränkt, sondern erstreckt sich auf alle geografischen Schwerpunkte der Sicherheits- und Verteidigungspolitik der drei Staaten – die EU-Nachbarschaft (Nordafrika, westlicher Balkan, Osteuropa, Naher Osten), Asien und Subsahara-Afrika (siehe Kapitel 4.1). Für ein gemeinsames Handeln ist daher nicht nur entscheidend, ob sich die drei Staaten bezüglich der Ziele einigen, sondern auch in welchem Rahmen sie diese verfolgen wollen.

7.1.1 Die Rolle der Vereinten Nationen

Frankreich und Großbritannien nehmen in den Vereinten Nationen eine Sonderrolle ein. Als ständige Mitglieder des VN-Sicherheitsrates, dem entscheidenden Gremium in Fragen der VN-Friedenssicherung, verfügen sie als einzige Staaten neben den USA, Russland und China über einzigartige Rechte und Pflichten im internationalen Krisenmanagement. Jede zwischenstaatliche Anwendung militärischer Gewalt jenseits der Selbstverteidigung muss gemäß dem allgemeinen Gewaltverbot völkerrechtlich durch ein Mandat des VN-Sicherheitsrates legitimiert werden, welches nicht gegen ein Veto dieser fünf Staaten verabschiedet werden kann (Gareis/Varwick 2003: 86). Auf der anderen Seite sind sie verpflichtet, für einen Großteil der gemeinsamen Kosten für VN-geführte Operationen aufzukommen.[2] Deutschland hingegen war als

---

2 Anders als in der NATO oder der EU werden bei VN-geführten Operationen sowohl direkte Kosten (Mieten, Transportkosten etc.) als auch Personalkosten prinzipiell den beteiligten Mitgliedstaaten zurückerstattet. Dieser Erstattung liegen jedoch nicht die realen Kosten zugrunde, sondern es wird ein einheitlicher Satz pro Kopf erstattet, obgleich die Kosten für Sold, Training und Ausrüstung zwischen Industrie- und Entwicklungsländern erheblich variieren können. Für die Finanzierung wird für jede VN-geführte Operation ein Sonderhaushalt erstellt, in den alle VN-Mitgliedstaaten einzahlen; der Großteil der Kosten verteilt sich auf

nichtständiges VN-Mitglied bisher viermal für je zwei Jahre[3] im Sicherheitsrat vertreten und ist in der Regel daher formell nicht direkt auf VN-Ebene an
Entscheidungen im Sicherheitsrat beteiligt. Aufgrund seiner hohen Wirt-
schaftsleistung übernimmt es aber einen höheren Anteil an den Kosten für
VN-geführte Operationen als Frankreich und Großbritannien.[4]

In der politischen Praxis spiegelt sich diese unterschiedliche formelle Position insofern wider, dass Frankreich und Großbritannien aufgrund ihrer Ve-
tomacht und ständigen Mitgliedschaft naturgemäß in allen Verhandlungen
des VN-Sicherheitsrates eine zentrale Rolle einnehmen und damit über ein
erhebliches Gestaltungspotenzial verfügen, aber damit auch einen erhöhten
Gestaltungsanspruch verbinden. Dennoch nehmen die VN als Handlungsrahmen der Sicherheits- und Verteidigungspolitik in den drei Staaten eine
vergleichbare Rolle ein – diejenige eines internationalen Forums zum diplomatischen Austausch, zum Beschluss und zur Durchführung nicht-
militärischer Maßnahmen (wie etwa wirtschaftliche Sanktionen, zivile Auf-
bauprogramme) und zur Legitimation von militärischen Maßnahmen, die sie
aber in anderem Rahmen durchführen. Hierbei sind vor allem drei Aspekte
von besonderem Interesse:

Erstens sehen sich die drei Staaten jeweils auf deklaratorischer Ebene in
der Verantwortung, sich führend am Krisenmanagement der VN zu beteiligen. So „stelle" sich Deutschland seiner Mitverantwortung in den Vereinten
Nationen (BMVg 2006: 52) und Frankreich sowie Großbritannien „akzeptieren" (Cabinet Office 2008: 34) ihre Verantwortung als ständige Mitglieder im
VN-Sicherheitsrat und wollen diese Rolle „voll ausfüllen" (Ministère de la
Défense 2008: 115). In dieser Zuweisung von Verantwortung schwingt
gleichsam ein Führungsanspruch und Gestaltungswille der drei Länder mit,
die Entscheidungen der VN maßgeblich mit zu prägen. Im Fall Deutschlands
drückt sich der Wille nach mehr Mitspracherecht in den VN durch das Streben nach einem ständigen Sitz im Sicherheitsrat aus[5]; bemerkenswerterweise

---

die fünf ständigen Mitgliedstaaten im Sicherheitsrat und die Industriestaaten (vgl. Shimizu/
Sandler 2002).

3   Die nicht-ständigen Mitglieder des VN-Sicherheitsrates werden für je zwei Jahre von der
VN-Generalversammlung gewählt. Zuletzt war die Bundesrepublik 2003–2004 im Sicherheitsrat vertreten. Die vorherigen Mitgliedschaften waren 1977–1978, 1987–1988 und
1995–1996 (Vereinte Nationen 2008).

4   So ist Deutschland, wie der Großteil der EU-Mitgliedstaaten, in der zweithöchsten Kategorie
für den Finanzierungsschlüssel eingeordnet, so dass es beispielsweise 2006 effektiv 8,66
Prozent des Gesamthaushalts für VN-Friedensmissionen getragen hat und damit nach den
USA und Japan der drittgrößte Beitragszahler ist. Großbritannien und Frankreich haben 7,43
Prozent bzw. 7,32 Prozent des Haushalts finanziert (vgl. General Assembly of the United
Nations 2006).

5   Im Weißbuch heißt es dazu: „Deutschland steht bereit, auch mit der Übernahme eines ständigen Sicherheitsratssitzes mehr Verantwortung zu übernehmen." Die deutsche Regierung

unterstützen sowohl Frankreich als auch Großbritannien dieses deutsche Anliegen explizit in ihren jeweiligen Grundsatzdokumenten (Ministère de la Défense 2008: 116; Cabinet Office 2008: 48).

Eine ebenfalls hohe Kongruenz zwischen den drei Staaten zeigt sich zweitens im Auseinanderklaffen zwischen der Definition der VN als zentraler Institution der internationalen (Sicherheits-)Politik und den tatsächlichen Beteiligungen an VN-geführten Einsätzen: Nach den Erfahrungen der 1990er-Jahre in Somalia und dem westlichen Balkan haben sich die westlichen Industriestaaten weitgehend als Truppensteller für VN-geführte Operationen zurückgezogen. Sieht man heute von dem Sonderfall UNIFIL[6] ab, beteiligen sich die drei Länder kaum mit eigenen Truppen an VN-geführten Operationen, sondern konzentrieren sich in der Praxis klar auf Einsätze der EU, NATO oder von Ad-hoc-Koalitionen (siehe Anhang). Dies entspricht insofern einem allgemeinen Trend der europäischen Staaten, da diese 2007 zusammen genommen nur 14,3 Prozent der weltweiten Truppen für VN-Operationen stellten. In Afrika, dem Schwerpunkt des VN-Krisenmanagements, reduziert sich dieser Anteil auf 2,8 Prozent, d. h. 1 551 Soldaten (Global Peace Operations 2007: 5). Dem gegenüber standen 2007 allein 57 493 Soldaten, die im Rahmen der NATO und der EU von ihren Mitgliedstaaten weltweit im Einsatz waren (ebd.: 6). Der Großteil der Truppen für VN-Operationen hingegen wird von den Schwellen- und Entwicklungsländern gestellt.

In diesem Sinne werden die VN in den drei Grundsatzdokumenten drittens als Handlungsrahmen für die nationale Sicherheits- und Verteidigungspolitik nur mit zwei Punkten in Verbindung gebracht – zum einen als Mandatsgeber und Legitimationsquelle für militärische Operationen der NATO und EU. So verknüpft beispielsweise das Livre Blanc die Verantwortung des Sicherheitsrates für den Weltfrieden und die internationale Sicherheit damit,

---

bemüht sich seit 1993 offiziell um einen ständigen Sitz im VN-Sicherheitsrat. Obwohl dieses Ziel vor allem unter der Regierung Schröder mit Nachdruck verfolgt wurde, die sich zusammen mit Brasilien, Indien und Japan um einen ständigen Sitz im Rahmen der Reformbestrebungen für den Sicherheitsrat beworben haben, scheiterte es bislang an den Mehrheitsverhältnissen in der VN-Generalversammlung sowie der Frage, welches afrikanische Land ständiges Mitglied werden sollte.

6   Die Operation UNIFIL im Libanon, die nach dem „Juli-Krieg" von 2006 zwischen Israel und der Hisbollah auf bis zu 15 000 Soldatinnen und Soldaten ausgeweitet wurde, stellt in dreifacher Hinsicht einen Sonderfall dar. Zum einen ist es die erste VN-geführte Operation seit Ende der 1990er-Jahre, an der sich substanziell europäische Staaten beteiligt haben. Bemerkenswerterweise wurde die Einigung auf die UNIFIL Aufstockung auf einem Gipfel des Rates der EU verkündet, zu dem der damalige VN-Generalsekretär Kofi Annan angereist war. Die EU-Staaten setzen dabei durch, dass UNIFIL nicht wie üblich von dem Department of Peacekeeping Operations kommandiert wird, sondern von einer speziell eingerichteten Strategic Cell in New York, die sich hauptsächlich aus europäischen Offizieren zusammengesetzt hat. UNIFIL sei daher eher „(...) an EU-led multinational force with an UN logo, not a traditional UN mission" (Gowan 2007: 29).

dass die Autorisierung militärischer Gewalt in der Regel von ihm ausgehen solle (Ministère de la Défense 2008: 115). Obwohl das britische und deutsche Grundsatzdokument ebenfalls die Bedeutung der VN-Mandate zur Legitimation hervorheben, befürwortet keiner der drei Staaten explizit eine maßgebliche Beteiligung mit bewaffneten Streitkräften an VN-geführten Operationen. Zum anderen sprechen sich alle drei Länder für eine Durchführung von nichtmilitärischen Aufgaben mit eigener Beteiligung im VN-Rahmen aus, von der Durchsetzung des Atomwaffensperrvertrags mit Sanktionen (wie etwa im Fall Irans) über den Kampf gegen den Terrorismus bis hin zu zivilen Einsätzen. In diesem *modus operandi* drückt sich gleichsam eine geteilte Skepsis gegenüber der Effektivität der Vereinten Nationen bei der Durchführung militärischer Operationen aus, die beispielsweise in der britischen NSS offen geäußert wird: „We believe that the current international institutions, from the UN Security Council to the World Bank, need to become more ambitious, effective and representative. (...) We also recognise that sometimes the best approach will be more flexible alliances, coalitions or bilateral relationships tailored to particular issues."[7] (Cabinet Office 2008: 7–8)

7.1.2   Im Beziehungsgeflecht zwischen Europäischer Union und NATO

Von deutlich höherer Brisanz für die europäische Zusammenarbeit in der Sicherheits- und Verteidigungspolitik ist die Frage, ob diese vornehmlich im europäischen (EU) oder transatlantischen Rahmen (NATO) organisiert werden sollte. Die drei hier untersuchten Staaten standen dabei lange beispielhaft für die sich diametral gegenüberstehenden EU-Mitgliedstaaten – während Frankreich eine autonome Sicherheits- und Verteidigungspolitik der EU einschließlich einer gemeinsamen Verteidigung forderte, lehnte Großbritannien eine Zusammenarbeit in diesem Bereich in der EU kategorisch ab. Deutschland hingegen befürwortete zwar eine stärkere europäische Dimension in der Sicherheits- und Verteidigungspolitik, jedoch nur unter der Voraussetzung, dass diese die NATO nicht schwäche (siehe stellvertretend Hilz 2005: 40–69; Wagner 2002). Das Ergebnis dieser gegenseitigen Blockade ist bekannt: Bis zum Ende der 1990er-Jahre scheiterten alle Versuche, eine stärkere europäische Dimension in der Sicherheits- und Verteidigungspolitik zu schaffen, an dem britisch-französischen Antagonismus in der Frage über den Handlungsrahmen und dem Gegensatz zwischen transatlantischer und europäischer Ori-

---

7   „Wir glauben, dass die aktuellen internationalen Institutionen, vom VN-Sicherheitsrat bis zur Weltbank, ambitionierter, effektiver und repräsentativer werden müssen. (...) Wir haben auch erkannt, dass die beste Herangehensweise manchmal aus flexiblen Allianzen, Koalitionen oder bilateralen Partnerschaften besteht, die auf einen Sachverhalt abgestimmt sind." (Übersetzung d. A.)

entierung. Es lohnt sich daher besonders, einen genauen Blick darauf zu werfen, in welcher Position sich die drei Staaten heute im Spektrum der außenpolitischen Orientierung zeigen.

Zunächst ist festzuhalten, dass die grundsätzliche Frage, ob die Europäische Union neben der NATO und den VN überhaupt über Kompetenzen in der Sicherheits- und Verteidigungspolitik verfügen sollte, heute als geklärt gelten kann. Dies ist keine Selbstverständlichkeit und nur mit einem fundamentalen Politikwechsel Frankreichs und Großbritanniens zu erklären. So wichen beide Staaten von ihren Maximalpositionen ab: Auf der einen Seite Großbritannien, mit dem bis heute bestehenden Grundsatz, dass es sich zur Gewährleistung der eigenen Sicherheit eng an die USA binden und diese in Europa halten müsse. Bis Mitte der 1990er-Jahre wurde eine Zusammenarbeit in der Sicherheits- und Verteidigungspolitik im Rahmen der EU in London als Gefahr für die NATO und US-Anbindung an Europa betrachtet und somit als logische Konsequenz aus diesem Grundsatz vollständig abgelehnt. Unter dem Eindruck der Balkankriege der 1990er-Jahre und nach dem Wahlsieg von New Labour unter Tony Blair änderte sich diese Position grundlegend, da nun vielmehr das wachsende Gefälle an militärischen Fähigkeiten zwischen den USA und Europa als Gefahr und eine europäische Zusammenarbeit als Lösungsstrategie betrachtet wurde. Parallel näherte sich Frankreich unter Präsident Jacques Chirac wieder der NATO an[8], indem es in NATO-Gremien wie den Militärausschuss zurückkehrte und sich maßgeblich an Operationen der Allianz auf dem Balkan beteiligte.

Im Ergebnis gaben Frankreich und Großbritannien 1998 gemeinsam die wegweisende Erklärung von St. Malo ab, in der sie gemeinsam den Aufbau einer Sicherheits- und Verteidigungspolitik im EU-Rahmen forderten, die über die Institutionen *und* Fähigkeiten verfügen sollte, im Krisenmanagement als letztes Mittel autonom militärische Gewalt einzusetzen, falls die NATO als Ganzes nicht engagiert sei (St. Malo Declaration 1998). Im folgenden Jahr einigten sich die EU-Mitgliedstaaten auf den Aufbau der Europäischen Sicherheits- und Verteidigungspolitik (ESVP) und 2003 vereinbarten EU und NATO grundlegende Regeln für ihre Zusammenarbeit (Berlin-Plus-Vereinbarungen).[9] Und doch bleibt das Verhältnis zwischen ESVP und NATO bis heute problembelastet – in vielen Sachfragen, die zwangsläufig das Verhältnis der beiden Organisationen berühren, wie etwa derjenigen über die Ein-

---

8 Frankreich hat sich unter Präsident Charles de Gaulle 1966 aus der militärischen Struktur der NATO zurückgezogen, um eine eigenständige nationale Verteidigungsfähigkeit, einschließlich des nuklearen Bereichs, aufrechtzuerhalten. Gleichzeitig hat Frankreich die NATO aufgefordert, alle Institutionen und Stützpunkte, die nicht französischer Kontrolle unterliegen, aus Frankreich abzuziehen (vgl. Varwick 2008: 36f.).

9 Für eine Übersicht über die Entwicklung der ESVP, siehe stellvertretend Gnesotto 2004; Howorth 2007.

richtung eines EU-Hauptquartiers, stehen sich London und Paris weiterhin diametral gegenüber, während die Aufnahme Zyperns in die EU, verbunden mit der Veto-Position der Türkei in der NATO, die Zusammenarbeit weiter verkompliziert (vgl. Hoffmann/Reynolds 2007). Alle Initiativen in der ESVP oder NATO werden daher zwangsläufig mit der Frage konfrontiert, wie sie sich auf dieses Beziehungsgeflecht auswirken. Im Folgenden werden die Sicherheits- und Verteidigungspolitiken Deutschlands, Frankreichs und Großbritanniens hinsichtlich dieses Problemkreises in drei Aspekten vergleichend untersucht – die jeweilige eigene Rolle in der NATO und ESVP, die Konzeptionalisierung und das Aufgabenspektrum der beiden Organisationen sowie die hieraus resultierende Verteilung der eigenen Ressourcen.

7.1.2.1 Eigene Rolle in ESVP und NATO

Eine der zentralen sicherheits- und verteidigungspolitischen Reformen des Livre Blanc ist die erklärte Absicht Frankreichs[10], sein Verhältnis zur transatlantischen Allianz neu auszurichten und in die militärische Struktur der NATO zurückzukehren. Dieser Schritt ist in Berlin (Merkel 2008) deutlich und etwas zurückhaltender in London (Borger 2008) begrüßt worden und scheint auf den ersten Blick nicht nur eine Zeitenwende in der französischen Außen-, Sicherheits- und Verteidigungspolitik, sondern auch in den NATO-EU-Beziehungen zu markieren.

Der Schlüssel zum Verständnis der angekündigten französischen Rückkehr in die militärische Struktur der NATO ist ihre Einbettung in die europäischen Ambitionen Frankreichs. So erklärt das Livre Blanc diesen Schritt mit der Erkenntnis, dass sich Frankreich zwar seit 1994 maßgeblich an militärischen Operationen der NATO sowie der NATO Response Force (NRF) und seit 1995 wieder als volles Mitglied am NATO-Militärausschuss und dem Nordatlantikrat beteiligt hat[11], aber durch seinen fortgeführten Sonderstatus außerhalb der militärischen Struktur ambivalent gegenüber seinen Partnern auftrete und damit seine Initiativen zum Ausbau der ESVP unterminiere (Ministère de la Défense 2008: 108–111). Die Motivation hinter der Annäherung an die NATO ist demnach, eines der Haupthindernisse für das Fortschreiten der ESVP zu überwinden und die eigene französische Position beim Aufbau eines „Europa der Verteidigung", das auch innerhalb der NATO mit einer

---

10 Diese Absicht wurde erstmals von Präsident Sarkozy am 27. August 2007 auf einer Rede vor französischen Botschaftern nach seiner Amtsübernahme öffentlich erklärt (Sarkozy 2007).

11 Zwischen 1966 und 1994 hat Frankreich an diesen NATO-Gremien nur als Beobachter teilgenommen. Heute steht Frankreich noch außerhalb der militärischen Struktur der NATO und ist in zwei wichtigen Gremien, dem Verteidigungsplanungsausschuss und der Nuklearen Planungsgruppe, nicht vertreten.

Stimme spricht, zu stärken (Gaspers 2008; Kempin 2009). Auf längere Sicht solle dabei in der transatlantischen Partnerschaft eine bessere Teilung der Verantwortung erreicht werden, bei der die USA die EU als vollständigen politischen Akteur in der internationalen Sicherheitspolitik in einem neuen transatlantischen Gleichgewicht anerkennen (Ministère de la Défense 2008: 107).

Die britische Unterstützung der ESVP seit St. Malo basiert auf einer vergleichbaren, wenn auch spiegelverkehrten Motivation – so wird die ESVP in London vor allem als Instrument betrachtet, um zur Stärkung der transatlantischen Allianz relevante und glaubwürdige militärische Fähigkeiten auf Seiten der EU-Staaten zu entwickeln.[12] In diesem Sinne hat Großbritannien unter den Regierungen Blair und Brown insbesondere diejenigen ESVP-Projekte unterstützt, die auf den Aufbau militärischer Fähigkeiten abzielten (wie etwa das Helsinki Headline Goal und das Headline Goal 2010, die EU-Battlegroups oder die Aufnahme der ständigen strukturierten Zusammenarbeit in den Vertrag von Lissabon)[13]. Damit soll aus Sicht Großbritanniens erreicht werden, dass die Europäer anders als in den 1990er-Jahren auf dem Balkan sich substanziell an gemeinsamen Operationen mit den USA beteiligen können und somit einen Bedeutungsverlust der NATO für die USA verhindern (siehe etwa House of Commons 2008). Der Aufbau neuer Institutionen im Rahmen der EU, insbesondere die Duplikation von in der NATO vorhandenen Fähigkeiten, lehnt London dagegen strikt ab (Vucheva 2007).

Das deutsche Weißbuch verortet die deutsche Sicherheitspolitik gleichwertig auf dem europäischen und transatlantischen Pfeiler (BMVg 2006: 2). Als einziges unter den drei Grundsatzdokumenten enthält es ein spezielles Unterkapitel zur NATO-EU-Zusammenarbeit, in dem im Vergleich zu anderen Kapiteln überraschend deutliche Ziele für die deutsche Politik formuliert werden – diese solle sich dafür einsetzen, dass die Zusammenarbeit zwischen den beiden Organisationen verbessert und qualitativ sowie quantitativ auf alle EU-Mitgliedstaaten[14] erweitert wird, beispielsweise durch einen strategischen

---

12 „The UK is a strong supporter of developing EU capabilities in order to complement NATO (...) but considerable further progress, particuarly in developing relevant and credible capabilities and eradicating the shortfalls, will be required from nations if the full aspirations set out in the Headline Goal are to be met." (MoD 2003: 6) – „Das Vereinigte Königreich ist ein großer Unterstützer der Entwicklung von militärischen Fähigkeiten in der EU, um die NATO zu komplementieren (...) aber wenn die Ziele des Headline Goals erreicht werden sollen, müssen die beteiligten Nationen noch beachtliche Anstrengungen unternehmen, insbesondere bei der Entwicklung von relevanten und glaubwürdigen Fähigkeiten und der Beseitigung der bestehenden Defizite." (Übersetzung d. A.)

13 So heißt es auch im britischen Weißbuch von 2003 über die ESVP, dass Großbritannien diese vor allem zum Aufbau militärischer Kapazitäten unterstütze (Defence White Paper 2006: 6).

14 Nach den aktuellen Bestimmungen des Berlin-Plus-Vertrags müssen EU-Mitgliedstaaten, die nicht über ein Abkommen zum Austausch sicherheitsrelevanter Informationen mit der

Dialog „über alle Aspekte der Sicherheitspolitik" (BMVg 2006: 49) oder im Rahmen der Fähigkeitsentwicklung und Streitkräfteplanung. Deutschland strebt damit weiterhin seine traditionelle Position als Mittler an, der sich sowohl für eine Stärkung der europäischen Dimension und ohne Widerspruch gleichzeitig für eine belastbare Partnerschaft mit den USA in der NATO ausspricht.

7.1.2.2 Konzeptionalisierung und Aufgabenspektrum

Seit der Neuausrichtung der NATO auf Out-of-area-Einsätze und der Gründung der ESVP überschneiden sich nicht nur ein Großteil der Mitglieder beider Organisationen[15], sondern auch ihre Aufgaben und Ziele im Bereich des Krisenmanagements. So bekennt sich sowohl die NATO in ihrem aktuellen Strategischen Konzept (1999) als auch die EU in der Europäischen Sicherheitsstrategie (2003) zu Krisenmanagementoperationen außerhalb ihres Vertragsgebietes bis hin zu „Kampfeinsätze[n] bei der Krisenbewältigung einschließlich friedensschaffender Maßnahmen" (Art. 17 Abs. 2 EUV). Auch die Bekämpfung des Terrorismus gehört heute zum offiziellen Aufgabenspektrum beider Organisationen. Diese funktionale wird durch eine räumliche Überschneidung mit dem parallelen Fokus auf dem euro-atlantischen Raum ergänzt.

Angesichts dieser doppelten Überschneidung, die sich auch in der Praxis in aufeinanderfolgenden[16] und parallelen[17] Operationen widerspiegelt, stellt sich für die Entscheidungsträger, d. h. die Mitgliedstaaten, eine dreifache Frage – in welchem Handlungsrahmen sollen welche Operationen durchgeführt werden? Soll eine der beiden Organisationen bei bestimmten Aufgaben prinzipiell Vorrang haben? Soll die Zusammenarbeit zwischen EU und NATO also arbeitsteilig, komplementär oder konkurrenzbetont organisiert werden? Bei einer differenzierten Untersuchung Deutschlands, Frankreichs und Großbritanniens zeigt sich in diesen Fragen, dass das Kernproblem fortbesteht und die Zusammenarbeit in der Sicherheits- und Verteidigungspolitik weiterhin belastet.

NATO verfügen, den Verhandlungstisch verlassen. Da ein solches Abkommen mit dem EU-Mitglied Zypern, das vom NATO-Mitglied Türkei nicht anerkannt wird, bis zur Lösung des Zypern-Konflikts außer Reichweite ist, können aktuell nicht alle Mitglieder beider Organisationen an der formellen Zusammenarbeit teilnehmen (Hofmann/Reynolds 2007: 4).

15 Aktuell sind 21 von 27 (EU) bzw. 26 (NATO) Staaten in beiden Organisationen Mitglied.

16 So folgte zuletzt beispielsweise die Anti-Piraterie-Operation der EU vor der Küste Somalias, Operation EU NAVFOR Somalia, welche die NATO-Operation Allied Provider ablöste (NATO 2008).

17 Aktuelle Beispiele hierfür sind die Operationen KFOR und EULEX im Kosovo oder ISAF und EUPOL in Afghanistan.

Differenzen zeigen sich zunächst bei den Operationstypen, welche die drei Länder den Organisationen im Krisenmanagement zuschreiben. Während die Rolle der NATO als Handlungsrahmen für militärische Operationen insbesondere von hoher Intensität unstrittig scheint, unterscheiden sich die Positionen hinsichtlich der Frage, inwieweit die EU ebenfalls im genuin militärischen Bereich aktiv wird oder sich vor allem auf ihre vermeintliche Stärke, das zivile Krisenmanagement, beschränken sollte. So wird die EU als sicherheits- und verteidigungspolitischer Handlungsrahmen in der NSS nur im Zusammenhang mit zivilen Operationen oder Einsätzen zur „post-conflict stabilisation" genannt (Cabinet Office 2008: 9). An anspruchsvollen militärischen Operationen hingegen würden sich die britischen Streitkräfte vornehmlich im Rahmen der NATO oder Koalitionen beteiligen; die EU wird an dieser Stelle nicht erwähnt. Auch innerhalb des Verteidigungsministeriums und der britischen Streitkräfte ist die Unterstützung für NATO-Operationen laut einer Studie von 2005 deutlich höher als bei anderen Operationen wie etwa den VN (Frantzen 2005).

Abwägend stellt das deutsche Weißbuch in einem eigenen Unterkapitel zur NATO-EU-Zusammenarbeit dagegen fest, dass die NATO zwar die „natürliche Wahl" für militärische Operationen unter Beteiligung europäischer und amerikanischer Verbündeter sei, die EU aber in Zukunft einen stärkeren Beitrag zur eigenen Sicherheit leisten und damit Fähigkeiten im vollen Aufgabenspektrum haben müsse (BMVg 2006: 48). Dabei sei die besondere Stärke der EU die Kombination von militärischen und zivilen Fähigkeiten, so dass sie besonders für Einsätze an dieser Schnittstelle qualifiziert sei. Das französische Livre Blanc fordert von der EU, auch Kampfeinsätze höchster Intensität mit Interventionskräften von bis 60 000 Mann durchführen zu können. Das Ziel dabei soll sein, zwei bis drei militärische[18] und mehrere kleinere zivile Operationen parallel im EU-Rahmen sicherzustellen.

In dieser unterschiedlichen Aufgabenzuweisung in den drei Grundsatzdokumenten für die EU von primär zivil über zivil-militärisch bis hin zur vollen militärischen Einsatzbereitschaft spiegelt sich die weiterhin deutlich divergierende Konzeptionalisierung der EU als sicherheitspolitischer Akteur wider. Während Großbritannien unverändert von einem Primat der transatlantischen Allianz bei militärischen Operationen und damit von einer Arbeitsteilung ausgeht (EU für zivile und kleinere militärische Operationen, NATO für größere und/oder anspruchsvollere militärische Operationen), fordern sowohl Deutschland als auch Frankreich eine Komplementarität zwischen beiden Organisationen (vgl. BMVg 2006: 46; Fiott 2008: 5). Dabei nimmt die Bundesrepublik jedoch durch den Fokus auf – *de facto* kleinere – zivil-mi-

---

18 „(...) opérations de mantien ou de rétablissement de la paix" – „(...) friedenserhaltende oder friedensschaffende Operationen" (Übersetzung d. A.; Livre Blanc 2008: 89).

litärische Operationen für die EU und den Vorrang der NATO bei Teilnahmeinteresse der USA eine Mittelposition ein. Frankreich hingegen verfolgt weiterhin die Vision eines ‚Europe puissance', das mit größeren militärischen Operationen auf internationaler Ebene politisch über große Handlungs- und Gestaltungsmacht verfügt.

Ein gutes Beispiel dafür, wie sich diese unterschiedliche Konzeptionalisierung der EU als Handlungsrahmen für die nationale Sicherheits- und Verteidigungspolitik auf konkrete Projekte auswirkt, ist die Debatte über eigene Planungs- und Führungsstrukturen für autonome ESVP-Einsätze. Aktuell muss die EU für die Durchführung ihrer militärischen Einsätze entweder auf NATO-Strukturen, ein nationales Hauptquartier oder auf das Operationszentrum im EU-Militärstab[19] zurückgreifen. Letzteres eignet sich jedoch nur für kleinere Einsätze und müsste im Bedarfsfall erst aktiviert werden. Die Frage nach eigenen Planungs- und Führungskapazitäten hat bereits 2003 für Kontroversen gesorgt, nachdem Belgien, Deutschland, Frankreich und Luxemburg – die jeweils den Irak-Krieg ablehnten – auf einem Vierer-Gipfel zur Stärkung der ESVP ein autonomes EU-Hauptquartier forderten und damit am Widerstand der transatlantisch orientierten Staaten, vornehmlich Großbritanniens, scheiterten (Menon 2004). Analog zur Konzeptionalisierung ergeben sich auch die Positionen der drei Staaten: Das französische Livre Blanc konstatiert, dass die aktuellen Arrangements zur Planung und Führung autonomer europäischer Operationen nicht ausreichten und die EU daher eine eigene, permanente Kapazität zur strategischen Planung – auch für größere Operationen – benötige. Das deutsche Weißbuch verwendet ebenfalls den Begriff der „autonomen Planung und Führung von Einsätzen" (BMVg 2006: 48), zu dem die EU befähigt werden sollte. Hierzu solle die EU aber nur „im begrenzten Umfang" auf eigene Streitkräftestrukturen zurückgreifen. Britische Vertreter hingegen lehnen eine Erweiterung der Fähigkeiten in diesem Bereich mit der Begründung ab, dass die aktuellen Strukturen für die Aufgaben der ESVP vollständig ausreichend seien und größere Operationen ohnehin nur im Rahmen der NATO oder in einer Koalition mit den USA durchführbar seien (Mitarbeiter des britischen Verteidigungsministeriums, London, November 2008).

---

19 Das Operationszentrum im EU-Militärstab besteht regulär aus einem Nukleus von acht Offizieren, der im Bedarfsfall zur Führung von kleineren Operationen in Battlegroupgröße (z. B. 2 000 Soldatinnen und Soldaten) kurzfristig erweitert werden kann. Bislang wurde das Operationszentrum nur in Übungen eingesetzt.

7.1.2.3 Verteilung der eigenen Ressourcen

Aus der doppelten funktionalen und geografischen Überschneidung zwischen EU und NATO folgt, dass die Mitgliedstaaten, die in beiden Organisationen vertreten sind und jeweils nur über ein ‚single set of forces' verfügen, ihre knappen Ressourcen verteilen und dabei Prioritäten setzen müssen. Obgleich dieses Problem in besonderem Maße die kleineren Mitglieder wie etwa die baltischen Staaten (vgl. Slakteris 2004) betrifft, stehen angesichts des anspruchsvollen Engagements beider Organisationen auch die größeren Staaten Deutschland, Frankreich und Großbritannien vor dieser Herausforderung – so führten NATO und EU 2008 kontinuierlich jeweils mindestens zwei militärische Operationen[20] durch, hatten 2007 gemeinsam bis zu 58 941 Soldatinnen und Soldaten parallel im Einsatz (Global Peace Operations 2008: 7) und hielten in ihren jeweiligen schnellen Eingreiftruppen (NATO Response Force bzw. EU-Battlegroups) zusätzliche Einheiten für kurzfristige Einsätze bereit. Hinzu kommen weitere Missionen im Rahmen der Vereinten Nationen wie etwa UNIFIL im Libanon sowie andere Engagements, zum Beispiel die britische Truppenpräsenz im Irak und die französischen Stützpunkte in Afrika.

Da keine der internationalen Organisationen über eigene Streitkräfte verfügt, setzen sich ihre Streitkräftestrukturen jeweils aus nationalen Kräften der Mitgliedstaaten zusammen, die von Fall zu Fall zweckgebunden zur Verfügung gestellt werden. Die endgültige Entscheidung zum Einsatz ihrer Streitkräfte kann daher nur von den Mitgliedstaaten selbst getroffen werden, die jeweils nur die operationelle Kommandogewalt an die jeweilige Operationsführung übertragen. Dabei müssen die Mitgliedstaaten zusätzliche Truppen für die Rotation sowie Logistik und Unterstützung bereithalten. Während also auf deklaratorischer Ebene durchaus eine Gleichrangigkeit zwischen den beiden Organisationen möglich ist, erfordern die finanziellen und militärischen Sachzwänge eine Prioritätensetzung bei der Verteilung der eigenen Ressourcen.

Dies betrifft die potenzielle Bereitstellung von nationalen Streitkräften sowie von Planungs- und Führungskapazitäten für die Streitkräftestrukturen der beiden Organisationen. Sowohl die EU als auch die atlantische Allianz verfügen mit dem Headline Goal Katalog bzw. im Rahmen der NATO-Verteidigungs- und Streitkräfteplanung über eine regelmäßig aktualisierte Bestandsaufnahme, in der die potenziell von den Mitgliedstaaten bereitstellbaren Einheiten für EU/NATO-Operationen zusammengefasst sind. Da es sich hierbei aber nur um potenziell verfügbare Truppen handelt, die nicht dauerhaft auf Bereitschaft gehalten werden, deklarieren die Mitgliedstaaten ihre

---

20 NATO: Active Endeavour, Allied Provider, ISAF, KFOR; EU: EUFOR Althea, EUFOR Tchad/RCA, EU NAVFOR Somalia.

Einsatzkräfte in der Regel gleichzeitig als potenziell verfügbar für NATO, EU und gegebenenfalls VN-Operationen. Diese mehrfache Deklarierung findet in Deutschland, Frankreich und Großbritannien Anwendung, die sowohl in der EU als auch unter den europäischen NATO-Staaten die größten Kontingente im Rahmen des Headline Goal Katalogs und der NATO-Verteidigungs- und Streitkräfteplanung stellen.

Für besonders schnelle Krisenreaktionseinsätze haben die Europäische Union und die NATO nahezu parallel zusätzlich spezielle Einsatzkräfte geschaffen, die innerhalb kürzester Zeit gerade in militärisch anspruchsvollen Operationen eingesetzt werden können – die NATO Response Force (NRF) und die EU-Battlegroups. Beide Eingreiftruppen funktionieren nach dem Rotationsprinzip, d. h. dass abwechselnd jeweils eine Gruppe von Mitgliedstaaten für einen bestimmten Zeitraum (jeweils sechs Monate) Einsatzkräfte auf Bereitschaft halten. Auch hier überschneidet sich das Einsatzspektrum, da sowohl die NRF als auch die Battlegroups auf kurzfristige Einsätze hoher Intensität ausgerichtet sind (Lindberg 2006: 7). Ein erheblicher Unterschied ergibt sich jedoch aufgrund ihrer unterschiedlichen Größe: mit dem Anspruch eines Maximalumfangs von 25 000 Soldatinnen und Soldaten[21] ist die NRF rein quantitativ auf größere Einsätze ausgerichtet, die sich mit den ca. 1 500 Kräften einer EU-Battlegroup kaum durchführen lassen. Da die Kräfte für NRF/Battlegroups von den teilnehmenden Mitgliedstaaten jeweils auf Abruf gehalten werden müssen, gilt auch hier, dass sie ihre Beteiligungen synchronisieren müssen. Alle drei Staaten beteiligen sich maßgeblich an beiden Formationen und nehmen dabei sowohl bei der Aufstellung der EU-Battlegroups als auch bei der NRF unter den europäischen Staaten eine führende Rolle ein (siehe Tabelle 7.1).

Wie oben dargestellt, verfügt die EU nicht über ein eigenes Hauptquartier und muss vor jeder militärischen Operation[22] ein Operationshauptquartier (OHQ) für die Planung und Durchführung benennen. Dabei werden drei der fünf potenziell zur Verfügung stehenden Hauptquartiere von Deutschland, Frankreich und Großbritannien gestellt.[23] Alle NATO-Operationen hingegen werden dauerhaft vom ständigen NATO-Hauptquartier SHAPE in Mons

---

21 Obwohl die NATO die NRF 2006 als voll einsatzfähig erklärte und bereits mehrfach eingesetzt hat, konnte das Ziel von 25 000 Soldatinnen und Soldaten dauerhaft nicht erreicht werden (Bell 2006).

22 Für zivile Operationen verfügt die EU mit der Civilian Planning and Conduct Capability (CPCC) seit 2008 über ein einheitliches und ständiges Hauptquartier für alle zivilen Operationen.

23 Dies sind das britische OHQ in Northwood, das deutsche Einsatzführungskommando in Potsdam, das französische OHQ in Mont Valerien bei Paris, das italienische OHQ in Rom und das griechische OHQ in Larissa.

(Belgien) geführt, dem Allied Command Operations (ACO)[24]. SHAPE unterstehen drei operative Hauptkommandos (Brunssum/Niederlande, Neapel/ Italien, Lissabon/Portugal) sowie weitere Krisenreaktionshauptquartiere und schnell einsetzbare Korpshauptquartiere, an denen sich auch die drei untersuchten Staaten maßgeblich beteiligen:

Tabelle 7.1: Potenzielle Bereitstellung von Streitkräften und Streitkräftestrukturen

Art der Bereitstellung	Deutschland	Frankreich	Großbritannien
Hauptquartiere für NATO-Operationen	• Compenent Command Land, Heidelberg • Compenent Command Air, Ramstein • Combined Air Operations Centre, Udem • High Readiness Forces (Land) HQ, Rheindalen • High Readiness Forces (Land) HQ, Münster (mit Großbritannien) • Eurocorps HQ, Strassburg	• Europcorps HQ, Strassburg • High Readiness Force (Land) HQ, Lille • HQ Commander Maritime Forces (in Vorbereitung)	• Component Command Maritime Northwood • High Readiness Forces (Land) HQ, Münster (mit Deutschland) • HQ Commander United Kingdom Maritime Forces
NATO Response Force	Teilnahme an jeder NRF. Beispielsweise: • NRF 1 (ca. 1 200) • NRF 4 (ca. 5 500) • NRF 6 (ca. 2 400) • NRF 7 (ca. 6 700)	Teilnahme an jeder NRF. Beispielsweise: • NRF 1 (ca. 1 700) • NRF 7 (ca. 2 600) • NRF 11 (ca. 7 300) • NRF 12 (ca. 2 300)	Teilnahme an jeder NRF. Beispielsweise: • NRF 1 (ca. 1 200) • Teilnahme mit Land Compenent und Brigade an jeder 7. NRF (ca. 5 000)

---

24 Das zweite oberste Hauptquartier der NATO ist das Allied Command Transformations (ACT) in Norfolk, USA.

Art der Bereitstellung	Deutschland	Frankreich	Großbritannien
OHQ für EU-Operationen	Ja (Einsatzführungs-kommando der Bundeswehr, Potsdam)	Ja (Centre de Planifica-tion et de Conduite des Opérations, Paris)	Ja (Permanent Joint Headquarters of the UK, Northwood)
Landstreitkräfte für das EU Headline Goal (Stand: 2000)	13 000	12 000	12 500
Beteiligung an EU-Battle-groups (2005–2008)	• 01/2006 • 02/2006 • 01/2007 • 01/2008 • 02/2008	• 01/2005 • 01/2006 • 02/2006 • 01/2007 • 01/2008 • 02/2008	• 01/2005 • 02/2008

Quelle: Eigene Zusammenstellung auf Grundlage offizieller Informationen der NATO und EU.

Insgesamt zeigt der Vergleich in Tabelle 7.1, dass die Bereitschaft, zumindest potenziell Streitkräfte sowie Planungs- und Führungskapazitäten für NATO und EU zur Verfügung zu stellen, bei allen drei Staaten ähnlich ausgeprägt ist. Dies gilt sowohl für Frankreich, welches bereits vor der Ankündigung über die Rückkehr in die NATO maßgeblich an NATO-Strukturen beteiligt war, als auch für Großbritannien, welches sich trotz seiner Zurückhaltung in der ESVP potenziell als tragende Säule für deren Umsetzung anbietet. Wahrnehmbare Unterschiede zeigen sich hingegen, wenn man den Blick darauf wendet, welche tatsächlichen Beteiligungen an NATO- und EU-Operationen auf die potenziell zur Verfügung gestellten Ressourcen folgten.

So haben die bisherigen autonomen militärischen EU-Operationen – alle in Afrika[25] – auf einem maßgeblichen französisches Kontingent sowie Planungs- und Führungsfähigkeiten der Franzosen aufgebaut. Deutschland hat sich bei den EU-Afrika-Operationen lediglich 2006 führend an der Operation in der Demokratischen Republik Kongo (DRK) beteiligt, während sich Großbritannien – offiziell mit dem Verweis auf sein Engagement im Irak und in Afghanistan – von den bisherigen militärischen EU-Operationen substanziell

---

25 Dies waren Artemis (2003, Demokratische Republik Kongo), EUFOR RD CONGO (2006, DRK), EUFOR Tchad/RCA (2008–heute, Tschad und Zentralafrikanische Republik), EU NAVFOR Somalia (2008–heute, Golf von Aden).

nur an der von der NATO übernommenen und mit Rückgriff auf das NATO-Hauptquartier durchgeführten Operation in Bosnien-Herzegowina (EUFOR Althea) beteiligt hat. Die im Dezember 2008 gestartete Anti-Piraterie-Operation der EU im Golf von Aden, EU NAVFOR Somalia, stellt für Großbritannien daher ein doppeltes Novum dar – es ist die erste autonome militärische EU-Operation, an der es sich substanziell beteiligt und das erste Mal, dass es sein nationales Hauptquartier für die EU in der Praxis zur Verfügung stellt. Diese EU-Operation bestätigt aber auch die pragmatische britische Herangehensweise, kleinere Operationen im Rahmen der EU zu unterstützen und sich an diesen zu beteiligen, falls die britischen Interessen direkt betroffen sind.

Tabelle 7.2:   Tatsächliche Beteiligung (Maximalstärke) an bedeutenden NATO- und EU-Operationen zwischen 2003 und 2009

Operation	Deutschland	Frankreich	Großbritannien
KFOR 2009 Obergrenze 1999	2 129 8 500	1 774 7 000	161 13 000
ISAF	3 841	2 785	8 745
EUFOR Althea	1 139	450	950
Artemis	97	1 750	85
EUFOR Concordia	26	145	3
EUFOR RD Congo	780	1 000	2
EUFOR Tchad/ RCA	4	2 100	4
EU NAVFOR Somalia	1 Fregatte	2 Fregatten und 1 Seefernaufklärer	Hauptquartier und 1 Fregatte

Quelle: Eigene Zusammenstellung auf Basis offizieller Informationen der NATO, EU sowie den drei nationalen Verteidigungsministerien (Stand: Januar 2009).

Vergleichend wird deutlich, dass sich heute alle drei Staaten regelmäßig und dauerhaft an militärischen Operationen im Rahmen beider Organisationen beteiligen. Dabei ist das NATO-Engagement selbst für Frankreich, welches die ESVP bisher am deutlichsten mit seinen eigenen Ressourcen unterstützt hat, quantitativ umfangreicher als die EU-Operationen. In dieser tatsächlichen Beteiligung spiegelt sich damit sehr gut die Stellung der drei Staaten im Beziehungsgeflecht zwischen NATO und EU wider, die übereinstimmend heute beide zum Handlungsrahmen der nationalen Sicherheits- und Verteidigungspolitik von Deutschland, Frankreich und Großbritannien geworden sind. Die darin zum Ausdruck kommende Annäherung hat jedoch ihre Grenzen – trotz der Annäherung Frankreichs an die NATO, wie sie durch die angekündigte Rückkehr in die militärische Struktur der NATO symbolisiert wird, bleiben die Konzeptionalisierungen von EU und NATO als sicherheitspolitische Akteure in London und Paris im Grundsatz zu unterschiedlich, um das Verhältnis zwischen beiden Organisationen kurz- oder mittelfristig definitiv zu klären.

7.2 Im Spannungsfeld zwischen multilateraler Orientierung und nationaler Eigenständigkeit

Die Sicherheits- und Verteidigungspolitik gehört zu den sensibelsten Bereichen staatlicher Souveränität. Ihr Primärziel, der Schutz und die Gewährleistung von Sicherheit des Staatsgebiets, der Staatsbürger und der Staatsordnung, ist Kernbestandteil des *raison d'être* von Staaten, um ihre Eigenständigkeit und ihre Legitimation gegenüber ihren Bürgern aufrechterhalten zu können. Darüber hinaus ist die staatliche Souveränität in Entscheidungen über den Einsatz der nationalen Streitkräfte zentrale Voraussetzung für deren demokratische Legitimität und Kontrolle, die bis dato nur im nationalen Rahmen verwirklicht wird (Kielmannsegg 2006). Nicht zuletzt ist aber der nationalstaatliche Bezugsrahmen auch von entscheidender Bedeutung für die Angehörigen der Streitkräfte selbst (vgl. Biehl/Leonhard 2005). Auf der anderen Seite folgern selbst die drei untersuchten Staaten, die unter den EU-Mitgliedern noch über die am weitreichendsten Ressourcen in der Sicherheits- und Verteidigungspolitik verfügen, dass „kein Land der Welt" (Europäische Sicherheitsstrategie) die komplexen Herausforderungen und Bedrohungen der heutigen Zeit alleine bewältigen kann. Zusätzlich schaffen die hohen Kosten moderner Rüstungsgüter und aufwendiger Auslandseinsätze Anreize, im Rahmen multinationaler Kooperationen die nationalen Verteidigungshaushalte zu entlasten (siehe Kapitel 6). Doch wie ist diese übereinstimmende multilaterale Orientierung mit dem Bestreben nach nationaler Souveränität und Eigenständigkeit zu vereinbaren? Und zeigen die strategischen Kulturen hier Unterschiede in der Bereitschaft Deutschlands, Frankreichs und Großbritanniens, Teile ihrer Handlungsfreiheit und/oder Entscheidungskompetenzen in diesem sensiblen Bereich abzugeben?

7.2.1 *Zusammenarbeit im Bereich militärischer Fähigkeiten*

Um das Ziel glaubwürdiger und einsatzfähiger militärischer Fähigkeiten multinational zu erreichen, gibt es prinzipiell drei unterschiedliche Ansätze mit variierendem Einfluss auf die jeweilige Handlungsfreiheit der beteiligten Parteien. Diese reichen von der reinen Zusammenlegung von Streitkräften über eine Arbeitsteilung mit gegenseitiger Abhängigkeit bis zu integrierten Kräften, die nur gemeinsam eingesetzt werden können. An den bisherigen Beteiligungen lässt sich daher besonders gut illustrieren, inwieweit die drei Staaten in der Praxis bereit sind, zum Aufbau und zur Stärkung gemeinsamer Fähigkeiten Einbußen in ihrer eigenständigen Handlungsfähigkeit zu akzeptieren.

Die gebräuchlichste Methode zur gemeinsamen Durchführung von militärischen Operationen ist das temporäre Zusammenlegen von militärischen Fähigkeiten, wie es etwa bei einzelnen NATO/EU-Operationen, aber auch der NRF und den EU-Battlegroups praktiziert wird (Heise 2005: 11). Neben zeitlich begrenzten Operationen wird die Zusammenlegung von militärischen Fähigkeiten von europäischen Staaten auch operationsübergreifend und dauerhaft praktiziert. So haben beispielsweise zwölf EU-Mitgliedstaaten – einschließlich Deutschland und Frankreich, nicht aber Großbritannien[26] – im November 2008 angekündigt, die European Air Transport Fleet (EATF) zu gründen, in deren Rahmen sie jeweils ihre C130 und A400M Flugzeuge für den strategischen Lufttransport zusammenlegen und sich gegenseitig zur Verfügung stellen wollen (EDA 2008: 1). Bei dieser Art von Zusammenarbeit bleiben die jeweiligen Ressourcen vollständig unter nationaler Kontrolle und können jederzeit wieder zurückgezogen werden. Außerhalb des Einsatzes sind Streitkräftekooperationen in der Regel getrennt voneinander national stationiert und werden nur zum Einsatz zusammengelegt. Doch auch im Einsatz selbst sind zusammengelegte multinationale Streitkräfte wie beispielsweise die NRF jenseits der Kommandostrukturen von einer weitgehenden Trennung der einzelnen nationalen Einheiten gekennzeichnet (Gareis/vom Hagen 2004: 25). Schwierigkeiten können sich jedoch ergeben, wenn sich ein Staat, dessen Beitrag für die Funktionsfähigkeit der zusammengelegten Kräfte notwendig ist (beispielsweise ein substanzieller Beitrag zu einer EU-Battlegroup), nicht beteiligen möchte. Hier kann dann von den anderen interventionswilligen Staaten großer politischer Druck zur Beteiligung ausgehen.

Aufgrund seiner souveränitätsschonenden Natur, aber auch geringen Integrationstiefe liegt dieses Modell dem Großteil der internationalen Zusammenarbeit im Bereich militärischer Fähigkeiten zugrunde – vom UNSAS-System[27] der Vereinten Nationen über die Fähigkeitenziele und Operationen

---

26 Dies sind Belgien, Deutschland, Frankreich, Griechenland, Italien, Luxemburg, die Niederlande, Portugal, Rumänien, die Slowakei, Spanien und Tschechien. Großbritannien hat zunächst keine Teilnahme an der Initiative angekündigt (EDA 2008: 1).

27 Das UNSAS-System – „UN Standby Arrangements System" – soll es den VN ermöglichen, für Peacekeeping nach einem Waffenstillstand innerhalb von 30 Tagen, bei komplexeren Operationen innerhalb von 90 Tagen eine vollständige VN-geführte Operation im Einsatz zu bilden. Die beteiligten Staaten – etwa die Hälfte der 192 VN-Mitgliedstaaten – sollen dafür potenziell verfügbare Truppenteile, die gemeinsam festgelegten Standards entsprechen, bei den VN melden, um im Bedarfsfall die Planung und Truppenzusammenstellung zu be-

von EU und NATO bis hin zu bi- und multilateralen Kooperationen. Dies gilt auch für Deutschland, Frankreich und Großbritannien, die wie in Kapitel 7.1 aufgezeigt an dieser Zusammenarbeit maßgeblich und vor allem im NATO/ EU-Rahmen führend beteiligt sind.

Arbeitsteilung und Spezialisierung beim Aufbau multinationaler militärischer Fähigkeiten erfordern ein größeres Vertrauen und schränken die Handlungsfreiheit der beteiligten Staaten weitaus deutlicher ein. Nach diesem Prinzip verfügen nicht alle Teilnehmer an einer Zusammenarbeit über alle Fähigkeiten, sondern spezialisieren sich jeweils auf bestimmte Bereiche und stellen sich ihre Ressourcen gegenseitig zur Verfügung. So übernimmt beispielsweise eine Gruppe von NATO-Staaten seit 2004 die Luftüberwachung der baltischen Staaten, die noch mindestens bis 2018 von den zehn beteiligten Ländern für die Neu-Mitglieder durchgeführt werden soll. Im Gegenzug wollen die baltischen Staaten ihre Zusammenarbeit in der Sicherheits- und Verteidigungspolitik stärken, um gemeinsam Kontingente für Operationen und die NRF zur Verfügung zu stellen (Verteidigungsministerium von Litauen 2006). Diese Art der Arbeitsteilung kann potenziell zu erheblichen Kosteneinsparungen der beteiligten Länder führen, reduziert aber die Fähigkeit, unabhängig von den anderen Staaten unilateral zu handeln.

Zu einem solchen Abhängigkeitsverhältnis waren Deutschland, Frankreich und Großbritannien bislang nur als Anbieter von Ressourcen, nicht aber als (potenziell abhängiger) Empfänger bereit. Beispiele hierfür sind neben der Luftraumüberwachung für die baltischen Staaten etwa die deutsch-niederländische Zusammenarbeit beim Lufttransport, indem Deutschland den Niederlanden für eine Summe von ca. 50 Mio. Euro Transportkapazitäten zur Verfügung stellt (Heise 2005: 12–13).

Am kritischsten für die eigenstaatliche Handlungsfreiheit ist die kollektive Aufstellung von Fähigkeiten. Vollständig gemeinsam finanzierte und genutzte Fähigkeiten gibt es zum einen in der NATO, wie etwa die Flotte an AWACS-Flugzeugen zur Luftüberwachung, die von 15 Staaten gestellt wird (NATO 2007), sowie in Form von bi- oder multilateral aufgestellten Einhei-

---

schleunigen. Der Großteil der beteiligten Mitgliedstaaten hat dabei auch eine Selbstverpflichtung in Form eines „Memorandum of Understanding" mit den VN unterzeichnet, in dem die konkreten Bedingungen für die Bereitstellung der Kräfte festgeschrieben sind; diese Selbstverpflichtung kann rechtlich von den VN aber nicht eingefordert werden. So hat beispielsweise Deutschland im Jahr 2000 ein solches Memorandum of Understanding unterzeichnet und darin den VN militärische Fähigkeiten in sechs Gebieten zugesichert; daneben beteiligen sich weitere 21 der 27 EU-Mitgliedstaaten an UNSAS (UN Department Peacekeeping Operations 2005). Insgesamt sind im Rahmen von UNSAS Streitkräfte im Umfang von rund 150 000 Personen registriert, von denen jedoch der überwiegende Teil aus leichter Infanterie und anderen operational units besteht, während die benötigten aufwendigen und teuren support units weiterhin fehlen (Gareis/Varwick 2003: 311).

ten wie etwa der Deutsch-Französischen Brigade oder dem Deutsch-Niederländischen Korps.[28] Da zu ihrem Einsatz die Zustimmung aller beteiligten Staaten notwendig ist, geben die beteiligten Länder zwar nicht die souveräne Entscheidung darüber ab, wann ihre im Rahmen der kollektiven Fähigkeiten bereitstehenden Soldatinnen und Soldaten eingesetzt werden. Sie können diese Fähigkeiten in der Regel aber auch nicht unilateral unabhängig von anderen beteiligten Staaten zum Einsatz bringen.

Am AWACS-Beispiel lassen sich daher sehr gut deutliche Unterschiede zwischen den drei Staaten festmachen – während sich Deutschland maßgeblich an der Luftraumüberwachungsflotte beteiligt, unterhält Großbritannien eine eigene Flotte mit sieben Flugzeugen. Diese arbeiten zwar mit den 15 anderen NATO-Staaten im Rahmen der „NATO Airborne Early Warning and Control Force" zusammen, werden aber allein von der Royal Air Force gestellt und sind damit auch eigenständig einsetzbar (NATO 2007). Frankreich hingegen setzt auf ein vollständig autonomes Modell und unterhält eine eigene Flotte von vier Boeing E3-SDCA Flugzeugen zur Luftraumüberwachung (Ministère de la Défense 2008c).

Bis dato zeigen sich also alle drei Staaten zurückhaltend, auf multinationaler Ebene Streitkräftestrukturen zu schaffen, die ihre nationale Handlungsfreiheit deutlich einschränken und/oder sie in ein verteidigungspolitisches Abhängigkeitsverhältnis führen. Wie an dem Beispiel der Luftüberwachung erkennbar ist, ist die Bereitschaft in Deutschland noch am stärksten ausgeprägt. Der Blick auf den Entstehungszeitpunkt der multinationalen Streitkräftestrukturen macht aber deutlich, dass diese bei stärker integrierten Einheiten wie der Deutsch-Französischen Brigade (1989) oder dem Deutsch-Niederländischen Korps (1993) länger zurückliegen, während jüngere Projekte im Rahmen der NATO und EU primär auf den Modus der Zusammenlegung setzen.

7.2.2 Gemeinsame Finanzierung von militärischen Operationen

Eine ebenso schwierige Frage wie die Bereitstellung von militärischen Ressourcen sind finanzielle Aufwendungen für das gemeinsame Engagement. Aktuell werden sowohl in der NATO als auch der EU die Kosten militärischer Operationen größtenteils nach dem ‚costs lie where they fall'-Prinzip auf die truppenstellenden Mitglieder umgelegt. Diese müssen damit neben der Bereitstellung der Streitkräfte nicht nur die Hauptrisiken, sondern auch die finanzielle Hauptlast der Einsätze tragen. Angesichts begrenzter nationa-

---

28 Siehe hierzu auch die Forschung des Sozialwissenschaftlichen Institut der Bundeswehr zur multinationalen Zusammenarbeit im deutsch-französischen Rahmen (Leonhard/Gareis 2008) und dem Deutsch-Niederländischen Korps (vom Hagen et al. 2003).

ler Verteidigungshaushalte stellen solche mit Auslandeinsätzen verbundenen Kosten eine zusätzliche finanzielle Belastung dar, die gerade für kleinere Staaten eine Teilnahme an Einsätzen in Frage stellt. Im Gegensatz dazu wird in den Vereinten Nationen ein anderes Finanzierungssystem verwendet, nach dem die an einer Operation teilnehmenden Staaten pro beteiligter Soldatin und beteiligtem Soldat mit einem einheitlichen Satz entschädigt werden. Eine solche gemeinsame Finanzierung auf EU- oder NATO-Ebene würde aber für die größeren Mitgliedstaaten bedeuten, dass sie nach einem festgelegten Schlüssel[29] bei allen Operationen automatisch einen Großteil der Kosten übernehmen müssten.

Zur besseren Lastenverteilung wird dabei aktuell sowohl in der NATO als auch in der EU über eine Ausweitung gemeinsam zu tragender Kosten diskutiert, damit sich kleinere Staaten stärker an militärischen Operationen beteiligen und die bereitgehaltenen Fähigkeiten real eingesetzt werden können. Die drei untersuchten Staaten zeigen sich in dieser Frage jedoch gespalten. Während insbesondere Frankreich wie zuletzt im Rahmen seiner EU-Ratspräsidentschaft darauf drängt, die Liste der gemeinsamen Kosten von ESVP-Operationen erheblich auszuweiten, sperrt sich die deutsche Regierung gegen diese Pläne und lehnt eine substanzielle Ausweitung des Athena Mechanismus ab. Großbritannien hingegen spricht sich im Rahmen der Lastenverteilung in der NATO, insbesondere beim Einsatz der NRF, für eine komplette gemeinsame Finanzierung aus (House of Commons Defence Committee 2008b: 51). Doch diese unterschiedliche Haltung zur Finanzierungsfrage ist unter dem Licht der außenpolitischen Orientierung zu interpretieren – als bisher mit Abstand größter Truppensteller für ESVP-Operationen mussten die Franzosen die größten finanziellen Lasten tragen und würden somit durch eine Verteilung der Kosten nicht nur eine Stärkung der ESVP erreichen, sondern potenziell ihre eigenen Ausgaben reduzieren. Ebenso zielt Großbritannien mit einer gemeinsamen Finanzierung von NRF-Operationen auf eine Stärkung der NATO ab.

7.2.3   *Entscheidungshoheit über die Zulässigkeit des Einsatzes bewaffneter Streitkräfte*

Ein dritter Aspekt im Spannungsfeld zwischen multilateraler Orientierung und eigenstaatlicher Handlungsfreiheit ist die Frage, ob und unter welchen

---

29 Nach dem Athena Mechanismus werden die gemeinsamen Kosten von militärischen EU-Operationen (ca. 10 Prozent der Gesamtkosten) nach einem BNP-Schlüssel unter den Mitgliedstaaten verteilt. Nach diesem Schlüssel müssen Deutschland (20,18 Prozent), Großbritannien (17,01 Prozent) und Frankreich (16,08 Prozent) die Hauptlast der gemeinsamen Kosten tragen (Zahlen von 2007; EU Council Secretariat 2007).

Umständen ein Staat bereit ist, außerhalb der internationalen Strukturen bewaffnete Streitkräfte einzusetzen. Völkerrechtlich haben sich alle drei Staaten als VN-Mitglieder zum allgemeinen Gewaltverbot (Art. 2 Ziff. 4 VN-Charta) bekannt. Nach diesem zentralen Grundsatz des VN-Systems ist der Einsatz militärischer Gewalt auf dem Gebiet eines anderen Staates nur im Rahmen der VN-Friedenssicherung auf Grundlage eines Mandats des VN-Sicherheitsrates nach Kapitel VII VN-Charta oder zur individuellen bzw. kollektiven Selbstverteidigung (Art. 51 VN-Charta) zulässig.[30] In der Folge soll die Entscheidungskompetenz über die *Zulässigkeit* des Einsatzes militärischer Gewalt außer zur Verteidigung nicht bei den Staaten, sondern beim Sicherheitsrat der Vereinten Nationen liegen. In diesem aber verfügen die fünf ständigen Mitglieder über ein Vetorecht und können das Zustandekommen eines Mandats jederzeit blockieren. Damit entscheiden also die 15 Mitglieder des Sicherheitsrates, ob eine militärische Operation zulässig ist oder nicht.[31] Falls ein solches Mandat wie etwa 1999 vor der NATO-Intervention in der damaligen Bundesrepublik Jugoslawien zur Beendigung des Kosovo-Konflikts oder 2003 vor der US-geführten Invasion des Iraks keine Zustimmung im VN-Sicherheitsrat findet, stellt sich für interventionswillige Staaten die Frage, ob sie auch unter völkerrechtlich umstrittenen Umständen militärisch aktiv werden wollen oder von den geplanten militärischen Operationen absehen.

Obgleich dies in jedem Fall eine hochgradig politische Frage ist, schließt wie in Kapitel 4.1 aufgezeigt keiner der drei Staaten eine Beteiligung an einer militärischen Operation ohne VN-Mandat explizit in seinem sicherheits- und verteidigungspolitischen Grundsatzdokument aus. Analysiert man vergleichend die Aussagen der drei Grundsatzdokumente zur Bedeutung eines VN-Sicherheitsratmandats, so werden dennoch spürbare Unterschiede deutlich (siehe Tabelle 7.3). Semantisch weist das deutsche Weißbuch diesem eine „entscheidende" Bedeutung zu, während ein solches Mandat nach dem Livre Blanc „die Regel sein solle" (Ministère de la Défense 2008: 115), so dass im Umkehrschluss also Ausnahmen von dieser Regel denkbar sind. Großbritannien zeigt sich in dieser Frage besonders kritisch, da die Bedeutung eines VN-Mandats für militärische Operationen an sich in der gesamten NSS nicht

---

30 Eine weitere Ausnahme stellen Maßnahmen gegen ‚ehemalige Feindstaaten' gemäß Art. 53 und 107 VN-Charta dar. Als Feindstaaten definiert sind diejenigen Staaten, die während des Zweiten Weltkrieges Feind eines der Unterzeichner der VN-Charta waren, d. h. neben Deutschland, Bulgarien, Finnland, Italien, Japan, Rumänien und Ungarn. In der Praxis ist diese Klausel heute vollständig bedeutungslos und als Ausnahmetatbestand obsolet geworden (Gareis/Varwick 2003: 93–94).

31 Beschlüsse des Sicherheitsrates über militärische Operationen im Rahmen von Kapitel VI oder Kapitel VII der VN-Charta bedürfen der Zustimmung von neun seiner Mitglieder einschließlich sämtlicher ständiger Mitglieder (Art. 27 Abs. 3 VN-Charta).

explizit erwähnt wird. Anstelle dessen wird die Durchführung von multilateralen Einsätzen im Rahmen von VN, NATO und EU gleichrangig als begrüßenswert für die Effektivität und Legitimität gemeinsamer Handlungen aufgeführt. Auch in der Praxis haben alle drei Länder mit der Beteiligung an der NATO-Intervention im Kosovo-Konflikt ihre Bereitschaft demonstriert, unter völkerrechtlich umstrittenen Umständen bewaffnete Streitkräfte zum Konfliktmanagement einzusetzen.

Tabelle 7.3: Legitimation internationaler Operationen durch den VN-Sicherheitsrat

Deutschland	„Denn gerade, wenn es zum Einsatz militärischer Gewalt kommt, ist die völkerrechtliche Legitimation entscheidend." (BMVg 2006: 52)
Frankreich	„Dans un monde où le risque principal est celui du désordre et de l'absence de règles, voire de l'anarchie, l'autorisation du Conseil de sécurité pour le recours à la force doit être la règle." (Ministère de la Défense 2008: 115)[32]
Großbritannien	„However, we need to be realistic about the limitations of the UN and the difficulties of translating broad consensus on gloals into specific actions, particularly where proactive military intervention is concerned." (MoD 2003: 6)[33]
	„And while we believe that a multilateral approach is best, we recognize that sometimes the United Kingdom has to take a lead or deal with problems itself." (Cabinet Office 2008: 9)[34]

Diese stärkere Betonung der eigenen Souveränität und Entscheidungshoheit in Frankreich und Großbritannien spiegelt sich jenseits der Frage nach der Notwendigkeit eines VN-Mandats in ihren Grundsatzdokumenten und ihrer Sicherheits- und Verteidigungspolitik wider. So betonen sowohl das Livre Blanc (Ministère de la Défense 2008: 56, 71–72) als auch die NSS (Cabinet Office 2008: 9) den Willen, im Notfall unilateral militärisch zu intervenieren und hierzu eigenständig die notwendigen militärischen Fähigkeiten aufrechtzuerhalten. Sie demonstrieren damit eine größere Bereitschaft zum Einsatz

---

32 „In einer Welt, in der die größte Gefahr von Unordnung, der Abwesenheit von Regeln und der Anarchie ausgeht, sollte die Autorisation von Gewaltanwendung durch den Sicherheitsrat die Regel sein." (Übersetzung d. A.)

33 „Wir sollten jedoch realistisch sein über die Grenzen der VN und die Schwierigkeiten, allgemeine Übereinstimmungen in konkretes Handeln zu übersetzen, insbesondere in Bezug auf proaktive militärische Interventionen." (Übersetzung d. A.)

34 „Und obwohl wir glauben, dass eine multilaterale Herangehensweise die beste ist, erkennen wir, dass Großbritannien manchmal die Führung übernehmen oder Probleme selbst bewältigen muss." (Übersetzung d. A.)

militärischer Mittel und bekunden gleichsam den Willen, diese gestaltend einsetzen.

Eine besonders deutliche Ausprägung dieses Bestrebens nach einer eigenständigen militärischen Handlungsfähigkeit ist ihre nationale nukleare Abschreckungsfähigkeit, die sowohl in Frankreich als auch in Großbritannien unter bedeutenden finanziellen Anstrengungen behalten oder sogar modernisiert werden soll (siehe Kapitel 6). Darüber hinaus stellt das Livre Blanc für den Wiedereintritt in die militärische Struktur der NATO die Bedingung, dass Frankreichs strategische Autonomie sowie die absolute Unabhängigkeit hinsichtlich seiner Nuklearwaffen und Nuklearstrategie bestehen bleiben müsse. Es werde daher in Friedenszeiten keine französischen Truppen dauerhaft unter NATO-Kommando stellen. Großbritannien stellt seine Nuklearwaffen zwar in den Kontext der kollektiven Verteidigung der NATO, betont aber ebenfalls, dass diese – trotz seiner engen Beziehungen zu den USA – „fully operationally independent of the US" (MoD 2006: 23) seien und bleiben sollten. Bemerkenswert ist, dass auch hinsichtlich der ESVP die französischen Reformvorschläge durchgängig auf eine intergouvernementale Zusammenarbeit abzielen, in der keine Entscheidungskompetenz an die EU abgegeben wird. Die weitreichenden Forderungen nach einem Europa der Verteidigung gehen daher – anders als etwa bei Belgien, einem ähnlich deutlichen Verfechter für eine Stärkung der ESVP – nur begrenzt mit der Bereitschaft einher, seine eigene Souveränität und Handlungsfreiheit in der Sicherheits- und Verteidigungspolitik einzuschränken (Deloche-Gaudez 2002).

Deutschland hingegen hat erst nach der Wiedervereinigung seine volle Souveränität wiedererlangt und ist mit der „Europäischen Integration als Teil der deutschen Staatsraison" (Regelsberger 2002) traditionell im Rahmen der EU und NATO zu einer stärkeren Souveränitätsabgabe und freiwilligen Einschränkung seiner Handlungsfreiheit bereit gewesen, auch um seinen internationalen Partnern zu versichern, dass es nicht erneut einen Sonderweg einschlägt. Das deutsche Weißbuch ist daher von dem Leitbild eines verlässlichen Partners und Verbündeten geprägt (siehe Kapitel 4.3), für den militärisches Handeln mit der Ausnahme von Evakuierungs- und Rettungsoperationen allein innerhalb internationaler Strukturen in Frage kommt. In Verbindung mit den rechtlichen Vorgaben, nach denen der Einsatz bewaffneter deutscher Streitkräfte nur zur Verteidigung oder im Rahmen eines Systems gegenseitiger kollektiver Sicherheit zulässig ist, verwendet das Weißbuch folglich nur im Zusammenhang mit Evakuierungs- und Rettungseinsätzen den Begriff der Eigenständigkeit als Zielvorgabe für die Planung der Bundeswehr.[35]

---

35 „Rettung und Evakuierung von Staatsbürgerinnen und -bürgern liegt grundsätzlich in nationaler Verantwortung. Diese Aufgabe muss weltweit eigenständig, aber auch mit Beteiligung

In der Gesamtschau zeigen sich Deutschland, Frankreich und Großbritannien trotz ihrer multilateralen Orientierung sehr zurückhaltend, ihre nationale Handlungsfreiheit im Bereich der Sicherheits- und Verteidigungspolitik substanziell einzuschränken. Bezüglich des Aufbaus gemeinsamer Fähigkeiten bevorzugen alle drei Staaten heute die Zusammenlegung von Streitkräften, die Methode mit der geringsten Einschränkung der Handlungsfreiheit, aber auch der niedrigsten Integrationstiefe. Bei der gemeinsamen Finanzierung von Einsätzen ist die deutsche Position – als potenziell größter Beitragszahler – ablehnend, während Frankreich und Großbritannien entlang ihrer außenpolitischen Orientierung in der ESVP bzw. NATO eine größere Bereitschaft zeigen. Daneben betonen aber das Livre Blanc und die NSS die Bereitschaft zum unilateralen militärischen Handeln – notfalls auch ohne VN-Mandat; die deutsche Sicherheits- und Verteidigungspolitik hingegen ist auf den internationalen Rahmen ausgerichtet. Insgesamt hat sich Deutschland, das sich in den 1990er-Jahren stärker für eine substanzielle Integration in der Sicherheits- und Verteidigungspolitik einsetzte (Jachtenfuchs 2002: 91; Regelsberger 2002), Frankreich und Großbritannien in dem Bestreben nach einem Erhalt der nationalen Handlungsfreiheit in der Sicherheits- und Verteidigungspolitik in Teilen angenähert.

7.3   Schlussfolgerungen

Deutschland, Frankreich und Großbritannien sehen sich selbst als Verfechter eines wirksamen Multilateralismus und konzeptionalisieren ihre Sicherheits- und Verteidigungspolitik primär – wenn auch weiterhin mit Ausnahmen – im Rahmen internationaler Organisationen wie den VN, der EU und der NATO sowie in enger Kooperation mit ihren bilateralen Partnern. Die regelmäßige institutionalisierte Zusammenarbeit in den Gremien dieser Organisationen ist ebenso Ausdruck der multilateralen Orientierung wie die führende Teilnahme an multinationalen Streitkräftestrukturen und weltweiten gemeinsamen Operationen. In den zwei untersuchten Aspekten zeigt sich, dass sich mit den Erfolgen und Problemen der gemeinsamen Zusammenarbeit auch die Grundsätze ihrer Sicherheits- und Verteidigungspolitik wandeln und in langfristigen, aber spürbaren Schritten einander angenähert haben.

Als Mitglieder mehrerer internationaler Organisationen mit überlappendem Aufgabenspektrum stehen den drei Staaten für die Umsetzung ihrer Sicherheits- und Verteidigungspolitik, aber auch für die Investition ihrer Res-

---

von Partnern und Verbündeten durchgeführt werden können und erfordert besonders schnell verfügbare und verlegbare Spezialkräfte und Spezialisierte Kräfte der Bundeswehr." (BMVg 2006: 65)

sourcen, verschiedene Handlungsrahmen zur Verfügung. In dieser Hinsicht ist zunächst die weitgehend übereinstimmende Einstufung der Vereinten Nationen bemerkenswert, in der Frankreich und Großbritannien als ständige Mitglieder des VN-Sicherheitsrates zwar über bedeutendere Einflussmöglichkeiten als Deutschland verfügen. Dennoch werden die VN auch in London und Paris vornehmlich als Handlungsrahmen für diplomatischen Austausch, zur Durchführung nicht-militärischer Maßnahmen und für die Legitimation von militärischen Maßnahmen angesehen. Gleichzeitig zeigt Deutschland mit dem Streben nach einem eigenen ständigen Sitz im VN-Sicherheitsrat einen deutlichen Gestaltungswillen auf internationaler Ebene.

Deutlich komplexer ist das Spannungsfeld in der außenpolitischen Orientierung zwischen Europäischer Union und transatlantischer Allianz. Der historische Kompromiss von St. Malo zwischen Frankreich und Großbritannien, welcher die Entwicklung einer Sicherheits- und Verteidigungspolitik im EU-Rahmen erst ermöglichte, hat sich als belastbar erwiesen. Neben der dynamischen Entwicklung der ESVP zeugt davon auch die Tatsache, dass alle drei Länder beide Handlungsrahmen komplementär in ihren sicherheits- und verteidigungspolitischen Grundsatzdokumenten verankert haben. Gleichzeitig sind die Grenzen dieses Kompromisses deutlich geworden, da insbesondere die Konzeptionalisierung der EU als sicherheitspolitischer Akteur in London auf der einen und Paris auf der anderen Seite weiterhin spürbar voneinander abweichen. Deklaratorisch haben sich daher alle drei Staaten in beiden Organisationen bereiterklärt, potenziell Planungs- und Führungskapazitäten sowie größere Truppenteile für die jeweiligen Streitkräftestrukturen zur Verfügung zu stellen. In der Praxis aber hat Frankreich mit Abstand die größten Ressourcen für die ESVP gestellt, während Großbritannien seine Streitkräfte vornehmlich im NATO-Rahmen oder im Verbund mit den USA eingesetzt hat.

Ebenfalls kritisch für die multilaterale Zusammenarbeit ist die Frage der Bereitschaft zur Einschränkung oder sogar Abgabe von nationalem Handlungsspielraum. So zeigen alle drei Staaten trotz ihrer multilateralen Ausrichtung im Bereich der Sicherheits- und Verteidigungspolitik eine Präferenz für intergouvernementale Zusammenarbeit, in der möglichst wenig eigenständige Handlungsfähigkeit abgegeben wird. Obgleich sich Deutschland hinsichtlich der Betonung seiner Eigenständigkeit zurückhaltender zeigt als die Partner in London und Paris und weiterhin unilaterale militärische Einsätze ausschließt, lässt sich eine andersartige Dynamik als in der ersten Dimension erkennen – dem Zuwachs an tatsächlicher Zusammenarbeit auf europäischer, transatlantischer und internationaler Ebene steht auch ein betontes Festhalten an nationaler Handlungsfreiheit entgegen. Die gemeinsam geschaffenen militärischen Fähigkeiten in EU und NATO beruhen ebenso auf dem intergouvernementalen Prinzip wie ihre Entscheidungsverfahren. So haben sich mit der schrittweisen Entwicklung und Realisierung der Europäischen Sicherheits- und Verteidigungspolitik auch die deutschen Forderungen, die in Amsterdam noch bis hin zu Mehrheitsentscheidungen im Bereich der Außen- und Sicherheitspolitik reichten, eher dem britischen und französischen Ziel des Erhaltes der eigenen Eigenständigkeit angenähert. Diese Annäherung stellt also eher ein Hindernis denn eine Chance für die europäische Streitkräfteintegration dar.

8   Eine Frage des Willens? Konzepte vernetzter Sicherheit und deren Umsetzung

Alexandra Jonas

> *„Die Bewältigung dieser neuen Herausforderungen erfordert den Einsatz eines breiten außen-, sicherheits-, verteidigungs- und entwicklungspolitischen Instrumentariums zur frühzeitigen Konflikterkennung, Prävention und Konfliktlösung."*
>
> BMVg 2006: 8

Der Begriff „vernetzte Sicherheit" erlangte in der Bundesrepublik vor allem durch das Weißbuch zur Sicherheitspolitik Deutschlands und zur Zukunft der Bundeswehr 2006, in dem er sich als Schlagwort durch das Dokument zieht, einen hohen Bekanntheitsgrad: Die Umsetzung der vernetzten Sicherheit wird wiederholt als *conditio sine qua non* für eine effektive deutsche Sicherheits- und Verteidigungspolitik genannt und stellt somit einen ausschlaggebenden Teilbereich eben dieser dar. Gemeint ist das kohärente und koordinierte Handeln in der Außen-, Sicherheits- und Verteidigungspolitik, welches im Rahmen eines ganzheitlichen, ressortübergreifenden Ansatzes zivile und militärische Mittel vereint.

Die Erkenntnis, dass die mit den heutigen sicherheitspolitischen Herausforderungen und Gefahren einhergehenden komplexen Konflikte und Krisen eine umfassende Herangehensweise erfordern, gehört aber auch außerhalb Deutschlands längst zu den Grundfesten der Sicherheits- und Verteidigungspolitik: So findet sich im französischen Livre Blanc die Aussage, die Regierung müsse zu koordinierten Herangehensweisen fähig sein, einschließlich diplomatischer, militärischer, polizeilicher und ziviler Mittel.[1] Ähnlich verpflichten sich auch die sicherheits- und verteidigungspolitischen Entscheidungsträger in Großbritannien im Rahmen der National Security Strategy zu der Entwicklung einer ressortübergreifenden, „more integrated approach" (Cabinet Office 2008: 8). Darüber hinaus hat sich auch auf internationaler Ebene das Streben nach umfassenden Ansätzen in der Krisenprävention, Konfliktbewältigung und Friedenskonsolidierung durchgesetzt, so z. B. im

---

1   „Le gouvernement doit disposer d'une vision globale et définir les approches coordonnées, en particulier entre les moyens diplomatiques, les armées, la police et la gendarmerie nationale, la sécurité civile et les autres acteurs civiles de la sécurité." (Ministère de la Défense 2008: 156)

141

Rahmen der „comprehensive approach" (NATO)[2], einer „more coherent approach" (EU)[3] bzw. der „Delivering as One"-Initiative der VN-Familie[4].

Auf konzeptioneller Ebene sind vor allem zwei Dimensionen für eine vernetzte Außen-, Sicherheits- und Verteidigungspolitik relevant: Die interministerielle Kooperation und Koordination („whole-of-government approach"), einschließlich der Verzahnung von Instrumenten innerer und äußerer Sicherheit einerseits sowie die Zusammenarbeit auf internationaler Ebene andererseits, z. B. im Rahmen bzw. zwischen internationalen Organisationen sowie mit der Zivilgesellschaft oder der Wirtschaft („whole-of-system approach").[5] In Anbetracht der Zielsetzung der vorliegenden Studie soll sich im Folgenden auf erstere, die nationale Dimension der interministeriellen Kooperation und Koordination konzentriert werden, die sich auf zwei zu betrachtende Ebenen auswirkt: Auf konzeptionell-strategischer Ebene, d. h. in der jeweiligen Hauptstadt[6] sowie auf operationeller Ebene, d. h. im Einsatzgebiet.

Das Konzept der umfassenden Sicherheitspolitik, das im deutschen Sprachgebrauch zumeist mit dem Begriff „vernetzte Sicherheit" umschrieben wird, ist Ausdruck eines erweiterten Sicherheitsbegriffs, der den heutigen komplexen Bedrohungen und Gefahren Rechnung trägt und anerkennt, dass Sicherheit wesentlich mehr Dimensionen als nur die militärische hat. So können Sicherheitsbedrohungen heutzutage nicht mehr nur militärischer, sondern u. a. auch ökonomischer, ökologischer oder sozialer Natur sein (vgl. Masala 2007: 10). In diesem Sinne soll die Kombination der verschiedenen Perspektiven und Instrumente aus Außen-, Verteidigungs-, Entwicklungs-, Wirtschafts-, Justiz- und Innenpolitik eine umfassende Planung und Durchführung von Konfliktbewältigung ermöglichen und somit eine wirksame Antwort auf die heutigen Anforderungen komplexer Konflikt- bzw. Krisenszenarien bieten (vgl. Thiele 2008: 302). Dabei kann die höchstmögliche Wirkung

---

2 Vgl. de Hoop Scheffer 2008. Das während des NATO-Gipfels in Riga im Jahr 2006 formulierte Bekenntnis zu einer umfassenden Herangehensweise unter Einbeziehung weiterer internationaler – ziviler sowie militärischer – Akteure, wurde auf dem Gipfel von Bukarest im Jahr 2008 durch einen entsprechenden Aktionsplan bekräftigt (UK Delegation to NATO 2008).

3 So ist der umfassende, kohärente Sicherheitsbegriff ein Schlüsselkonzept der Europäischen Sicherheitsstrategie (Europäischer Rat 2003: 13) und gleichermaßen Ausdruck der normativen Herangehensweise der EU an die ESVP (Howorth 2007: 200).

4 Ziel der Initiative ist eine besser koordinierte, kohärente Herangehensweise der verschiedenen VN-Agenturen im Einsatzland (UN 2008).

5 Der vor allem durch den OECD-Entwicklungsausschuss geprägte Begriff „whole-of-government approach" (siehe z. B. OECD 2006) wird von eben diesem von der „whole-of-system approach" unterschieden.

6 Im Fall Deutschlands handelt es sich hier neben der Hauptstadt Berlin um Bonn, dem Dienstsitz verschiedener Ressorts.

sicherheitspolitischer Maßnahmen nur durch die kohärente, koordinierte und komplementäre Bündelung aller verfügbaren Instrumente erreicht werden. Die Kooperation militärischer, polizeilicher und ziviler Akteure im Rahmen von Konfliktprävention, Krisenbewältigung und Friedenskonsolidierung basiert somit auf der allgemeinen Wahrnehmung, dass Sicherheit heutzutage jenseits der klassischen Unterscheidung zwischen Krieg und Frieden, innerer und äußerer Sicherheit, nationaler und internationaler Sicherheitspolitik, ziviler und militärischer Sicherheitsvorsorge sowie nach Ressorts getrennten Operationsführungen hergestellt bzw. gewährleistet werden muss (ebd.: 299). Vor dem Hintergrund der internationalen Bemühungen um Staatsaufbau in Afghanistan rückt dabei insbesondere der Nexus, d. h. die faktisch enge Verzahnung zwischen Sicherheitspolitik und Entwicklungszusammenarbeit zunehmend in den internationalen Fokus: Ziviler Wiederaufbau setzt nicht nur ein Mindestmaß an Sicherheit voraus, auch stellt ein Mangel an guter Regierungsführung, Prosperität und Bildung ein zentrales Hindernis für die Herstellung von nachhaltiger Sicherheit dar.[7] In diesem Zusammenhang ist eine konkrete Aufgabe im Rahmen von Konfliktprävention, Krisenbewältigung und Friedenskonsolidierung, die eine vernetzte Herangehensweise unter Einbeziehung ziviler, militärischer und polizeilicher Mittel unmittelbar erforderlich macht, beispielsweise die Unterstützung von Sicherheitssektorreformen (SSR)[8]. Insgesamt bleibt vor allem festzuhalten, dass für nationale Streitkräfte, die sich mit immer komplexeren, vielschichtigeren Konfliktszenarien konfrontiert sehen, die Einbindung in einen umfassenden, ganzheitlichen Rahmen hinsichtlich der Effektivität ihrer Arbeit essenziell ist.

Im Hinblick auf die Zielsetzung der vorliegenden Studie besitzt der in diesem Kapitel untersuchte Teilbereich nationaler Sicherheits- und Verteidigungspolitik insbesondere Aussagekraft über die Positionierung Deutschlands, Frankreichs und Großbritanniens in den Spektren „Handlungsspielraum der Exekutive" und „Sicherheitspolitischer Gestaltungswille": Denn obgleich in allen drei aktuellen sicherheits- und verteidigungspolitischen Grundsatzdokumenten einstimmig das Konzept der vernetzten Sicherheit als

---

7 So auch im Bericht „Eine sicherere Welt – unsere gemeinsame Verantwortung" der „Hochrangigen Gruppe für Bedrohungen, Herausforderungen und Wandel" der Vereinten Nationen aus dem Jahr 2004: „Keine Entwicklung ohne Sicherheit. Keine Sicherheit ohne Entwicklung" (UN 2004).

8 Bei der Unterstützung von Sicherheitssektorreformen handelt es sich um eine nichttraditionelle Sicherheitsunterstützung: So deckt SSR alle Komponenten von Sicherheit ab, insbesondere die Streitkräfte, Polizei, Justiz, Vollzugsbehörden, nachrichtendienstliche Stellen, Grenzkontrollen, Zoll, Legislative, Exekutive, zivilgesellschaftliche Gruppen, Finanzwesen etc. Eng mit SSR verbunden sind auch Aufgaben des „Disarmament, Demobilisation and Reintegration" (DDR): Die Entwaffnung, Demobilisierung ehemaliger Kombattanten sowie ihre Reintegration in ein ziviles Leben.

zentrales Ziel postuliert wird, spiegeln die Unterschiede in der Art und Weise der Implementierung des Konzepts sowie die sich bei der jeweiligen Umsetzung ergebenden Hindernisse, Gefälle hinsichtlich der Flexibilität der verschiedenen politischen Systeme sowie des spezifischen Maßes an sicherheitspolitischem Gestaltungswillen wider. Mit der Zielsetzung, im Rahmen dieses Kapitels einer Positionsbestimmung Deutschlands, Frankreichs und Großbritanniens in den Spektren „Handlungsspielraum der Exekutive" und „Sicherheitspolitischer Gestaltungswille" näherzukommen, wird im Folgenden zunächst untersucht, welchen Stellenwert das Konzept vernetzter Sicherheit sowie dessen Umsetzung in der jeweiligen Sicherheits- und Verteidigungspolitik tatsächlich einnimmt, um daraufhin die Umsetzung des Konzepts in Deutschland, Frankreich und Großbritannien vergleichend zu analysieren. Schließlich gilt: Der „(...) Übergang vom traditionellen zum vernetzten Ansatz erfolgt (...) nicht automatisch, sondern muss (...) aktiv gestaltet werden" (Borchert 2004: 6). Hinsichtlich der Umsetzung des Konzepts vernetzter Sicherheit sollen dabei die multiplen Ebenen, auf denen eine effektive und strukturierte Vernetzung ziviler und militärischer Akteure im Rahmen von internationaler Konfliktverhütung, Krisenbewältigung und Friedenskonsolidierung stattfinden können, berücksichtigt werden: Die gemeinsame Analyse, Ziel- und Gesamtkonzeptformulierung in interministeriellen Gremien, die ressortübergreifende Formulierung von länder- oder themenspezifischen Strategien sowie die Einrichtung von Instrumenten zur ressortübergreifenden Zusammenarbeit.[9]

In der Zusammenschau lässt die vergleichende Analyse des sicherheits- und verteidigungspolitischen Teilbereichs „Konzepte vernetzter Sicherheit" darauf schließen, dass sich die Positionierungen Deutschlands, Frankreichs und Großbritanniens sowohl im Spektrum „Handlungsspielraum der Exekutive" als auch im Spektrum „Sicherheitspolitischer Gestaltungswille" deutlich unterscheiden, wobei im Spektrum „Sicherheitspolitischer Gestaltungswille" innerhalb der vergangenen Jahre eine Annäherung zwischen den drei Staaten stattfand.

---

9   Da eine abschließende Untersuchung, im Sinne einer erschöpfenden Analyse aller existierenden und vorgesehenen Gremien, Konzepte, Strategien sowie Instrumente, den Rahmen der vorliegenden Studie sprengen würde, liegt der Fokus im Folgenden exemplarisch auf einigen zentralen Elementen auf den verschiedenen Umsetzungsebenen des Konzepts vernetzter Sicherheit.

8.1 Stellenwert des Konzepts vernetzter Sicherheit

Der Stellenwert, der dem Konzept vernetzter Sicherheit durch die deutsche, französische und britische sicherheits- und verteidigungspolitische Elite *de facto* zugemessen wird, spiegelt den (geht man von dem übereinstimmenden Bekenntnis zum umfassenden Ansatz als Vorbedingung für effektive Sicherheits- und Verteidigungspolitik aus) jeweiligen Gestaltungswillen als sicherheitspolitischer Akteur wider.

Dabei besitzt bereits die Tatsache, ob ein oder mehrere Ressorts an der Entwicklung des sicherheits- und verteidigungspolitischen Grundsatzdokuments beteiligt waren, eine hohe Aussagekraft über den Stellenwert, welcher der vernetzten Sicherheit zugemessen wird. Während in Deutschland vor allem der Planungsstab des BMVg – also lediglich ein Teil eines einzigen Ministeriums – das Weißbuch entwickelte,[10] wurde das französische Livre Blanc im Rahmen eines konsultativen Prozesses, unter Einbeziehung verschiedener Ressorts[11], der Armee, des Parlaments sowie von Akademikern, unabhängigen Experten und Vertretern der Wirtschaft formuliert. Schließlich liegt der Entwicklungsprozess des britischen sicherheits- und verteidigungspolitischen Grundsatzdokuments nah am ressortübergreifenden Ansatz Frankreichs und belegt – gemeinsam mit eben diesem – den britischen bzw. französischen Gestaltungswillen als umfassend agierende sicherheitspolitische Akteure. Auch steht dieser dem auf das Verteidigungsressort zentrierten Ansatz Deutschlands entgegen: Die NSS wurde vom Cabinet Office entworfen,[12] einem inhärent interministeriellen Gremium, das neben dem britischen Premierminister auch das Kabinett unterstützt und dessen zentrale Aufgabe es ist, für eine durch alle Ministerien hinweg kohärente Regierungspolitik zu sorgen.

Darüber hinaus kann eine inhaltliche Analyse der nationalen sicherheits- und verteidigungspolitischen Grundsatzdokumente Aufschluss über den jeweiligen Stellenwert geben, der dem Konzept vernetzter Sicherheit zugemessen wird. Dabei wird deutlich, dass sowohl Deutschland als auch Frankreich

---

10 Lennart Souchon präzisiert den Entstehungsprozess des Weißbuchs aus dem Jahr 2006 folgendermaßen: „Das Weißbuch wird traditionell vom BMVg federführend erarbeitet und dann vom AA und anderen Ressorts mitgezeichnet. Der erste Entwurf wurde im Planungsstab des BMVg erarbeitet, wobei auf eine Beteiligung des Führungsstabs der Streitkräfte und anderer Stäbe und Dienststellen bis zur Weitergabe an die anderen Ressorts verzichtet wurde. (...) Im Verlauf der Mitzeichnung wurde – wie zu erwarten – nicht substantiell Neues eingebracht, sondern lediglich ‚abgeschliffen' und ‚weichgespült'." (Souchon 2007: 63)

11 Beteiligt waren Vertreter des französischen Außen-, Verteidigungs-, Innen-, Wirtschafts-, Forschungs- und Finanzministeriums.

12 International Herald Tribune vom 8. August 2008: British report identifies flu, not terrorism, as primary threat.

und Großbritannien dem Konzept vernetzter Sicherheit auf deklaratorischer Ebene einen vergleichbar hohen Stellenwert zuschreiben, der umfassende Sicherheitsbegriff in allen drei Fällen im Laufe der vergangenen Jahre an Bedeutung gewonnen hat und daher alle drei Staaten – zumindest auf deklaratorischer Ebene – einen zunehmend großen Willen zeigen, sich als umfassend agierende sicherheitspolitische Akteure zu bewähren: So stellt der Begriff „vernetzte Sicherheit" im aktuellen deutschen Weißbuch einen Schlüsselbegriff dar, welcher nicht nur innerhalb des Dokuments – sowohl im Wortlaut als auch sinngemäß – wiederholt aufgeführt wird, sondern auch in den Reden des Bundesverteidigungsministers regelmäßig einen prominenten Platz einnimmt.[13] Im Einzelnen betont das Weißbuch, dass in Zukunft eine noch engere Integration politischer, militärischer, entwicklungspolitischer, humanitärer, polizeilicher und nachrichtendienstlicher Instrumente im Rahmen von Konfliktverhütung und Krisenbewältigung notwendig ist (BMVg 2006: 158). Ausdrückliche Erwähnung findet auch, dass die Verflechtungen zwischen innerer und äußerer Sicherheit stetig zunehmen (ebd.: 12). Im Vergleich zu den Verteidigungspolitischen Richtlinien von 2003 wird dem Konzept vernetzter Sicherheit heute, sowohl im Rahmen des Grundsatzdokuments als auch in der öffentlichen Debatte, insgesamt merklich mehr Gewicht zugemessen, obgleich sich bereits in den Verteidigungspolitischen Richtlinien von 2003 vereinzelt Andeutungen bezüglich eines gesamtheitlichen Ansatzes und einer umfassend angelegten Sicherheits- und Verteidigungspolitik finden.[14] In Fortführung dieses Ansatzes bezog sich auch die neu gewählte Bundesregierung zwei Jahre später auf die Wichtigkeit des vernetzten Sicherheitsbegriffs als sie in den Koalitionsvereinbarungen vom November 2005 die Krisenprävention und -reaktion als „Prioritäre Querschnittsaufgabe" definierte, die einen gesamtheitlichen Ansatz „quer" durch alle Ressorts voraussetzt.

Im Falle Frankreichs fand zwar die Notwendigkeit einer holistischen Sicherheitspolitik, um den Gefahren nach Ende des Kalten Krieges zu begegnen, bereits im Livre Blanc von 1994 kurze Erwähnung, war aber zu dem Zeitpunkt noch kein thematischer Schwerpunkt.[15] Das aktuelle Livre Blanc

---

13 So z. B. im Interview mit dem Bundesminister der Verteidigung im ZDF Heute Journal vom 20. Oktober 2008.

14 Demnach, so die Verteidigungspolitischen Richtlinien 2003, könne Sicherheitspolitik weder vorrangig, noch allein durch militärische Maßnahmen gewährleistet werden. Präventive Sicherheitspolitik umfasse politische, diplomatische, wirtschaftliche, entwicklungspolitische, rechtsstaatliche, humanitäre und soziale Maßnahmen. Auch sei die Bundeswehr ein Instrument einer umfassend angelegten, vorausschauenden Sicherheits- und Verteidigungspolitik (BMVg 2003: 8, 10, 22, 27).

15 „Une conception globale de défense, associe la défense militaire une dimension civile et économique, mais aussi sociale ou s'appuyant sur les moyens civils et militaires coordonnés, cette approche est la seule réponse adaptée à la diversité des menaces pesant sur nos

hingegen spricht sehr deutlich von der Notwendigkeit einer koordinierten, umfassenden Herangehensweise, insbesondere zwischen den diplomatischen, militärischen, polizeilichen und zivilen Mitteln, einschließlich der Gendarmerie.[16] So sei die Planung einer militärischen Operation ohne begleitende zivile Maßnahmen nicht mehr vorstellbar.[17] Explizit erwähnt wird außerdem, dass die traditionelle Unterscheidung zwischen innerer und äußerer Sicherheit in Anbetracht der heutigen Sicherheitsbedrohungen nicht mehr haltbar sei und dass gesamtheitliche Strategien alle Dimensionen von Sicherheit im Sinne einer einheitlichen Herangehensweise umfassen müssten (Ministère de la Défense 2008: 57).[18] Auch werden im französischen Weißbuch, über den im deutschen Weißbuch formulierten Gestaltungswillen hinaus, die mit Frankreichs umfassender Sicherheitskonzeption einhergehenden Konsequenzen gezogen – u. a. durch die Forderung, Frankreich müsse im Namen einer koordinierten, kohärenten und komplementären Sicherheitspolitik die gegenwärtig zu fragmentierte Staatsverwaltung umstrukturieren.[19/20] In diesem Sinne sei es ebenso Frankreichs Ziel, die notwendigen finanziellen Mittel und juristischen Rahmenbedingungen zu entwickeln, um die Kohärenz und Effizienz der französischen Auslandseinsätze sicherzustellen (ebd.: 131).

Im Falle Großbritanniens ist der Gestaltungswille als vernetzt agierender sicherheitspolitischer Akteur im Vergleich zu Deutschland und Frankreich bereits zu einem auffallend frühen Zeitpunkt sehr deutlich in den sicherheits- und verteidigungspolitischen Grundsatzdokumenten artikuliert. So beinhaltete bereits die britische Strategic Defence Review von 1998 ein explizites Bekenntnis zu einem ressortübergreifenden Ansatz: „Military actions is one of those means but will seldom be sufficient on its own. We require armed forces which can operate in support of diplomacy alongside economic, trade

---

sociétés. Les volets de cette défense non-militaire sont aussi divers qu'essentiels." (Ministère de la Défense 1994: 27f.)

16 „Le gouvernement doit disposer d'une vision globale et définir les approches coordonnées, en particulier entre les moyens diplomatiques, les armées, la police et la gendarmerie nationale, la sécurité civile et les autres acteurs civiles de la sécurité." (Ministère de la Défense 2008: 156)

17 „(...) il n'est plus guère possible de concevoir une opération militaire qui ne serait pas accompagnée d'une action civile" (Ministère de la Défense 2008: 131).

18 Ebenso betont das Livre Blanc, dass die wesentlich engere Verzahnung von innerer und äußerer Sicherheit auch auf EU-Ebene effektiv umgesetzt werden muss und die institutionellen Hürden durch die Säulenstruktur überwunden werden müssen (Ministère de la Défense 2008: 93).

19 „(...) refonder son organisation nationale, qui est aujourd'hui trop compartimentée" (Ministère de la Défense 2008: 155).

20 So betont das Weißbuch zwar stets die Bedeutung der vernetzten Sicherheit, jedoch wird an keiner Stelle ausgeführt, wie die ressortübergreifende Sicherheitspolitik realisiert werden soll (vgl. Souchon 2007: 62).

and developmental levers (...).“[21] (MoD 1998: para. 43) In konsequenter Logik wurde, vier Jahre später, zum Zwecke der Entwicklung des auf Terrorismusbekämpfung ausgerichteten Grundsatzdokuments Strategic Defence Review vom britischen Verteidigungsministerium (MoD) auch das Außenministerium (FCO), das Ministerium für Entwicklungszusammenarbeit (DfID), das Innenministerium, das Cabinet Office, die Schatzkammer, das Transportministerium sowie die Nachrichtendienste eingebunden (MoD 2002: 4). In der aktuellen NSS findet sich das bislang expliziteste Bekenntnis zu dem vernetzten Sicherheitsbegriff: Notwendig sei eine „(...) integrated response that cuts across departmental lines and traditional policy boundaries“[22] (Cabinet Office 2008: 8). In der Konsequenz wird in der NSS die Forderung formuliert, die britische Regierung müsse im Rahmen ihrer Sicherheits- und Verteidigungspolitik ihre Fähigkeit zu umfassenden Herangehensweisen stärken, über die Grenzen zwischen Innen- und Außenpolitik sowie Verteidigung, Sicherheit, Aufklärung und Diplomatie hinweg (Cabinet Office 2008: 58). Auch im Fall Großbritanniens wird somit ein Reformwille bezüglich der interministeriellen Zusammenarbeit angezeigt, für den im deutschen Weißbuch kein Pendant existiert. Weiterhin, so die NSS, sei sowohl die rigorose Unterscheidung zwischen innerer und äußerer Sicherheit, als auch die Trennung ziviler und militärischer Mittel veraltet und nicht mehr haltbar (Cabinet Office 2008: 8).

8.2   Implementierung des Konzepts vernetzter Sicherheit

Für den im Rahmen der vorliegenden Studie durchgeführten Vergleich der deutschen, französischen und britischen Konzeptionen vernetzter Sicherheit ist vor allem die unmittelbare Implementierung dieses umfassenden Ansatzes von Relevanz. So besitzt die jeweilige Implementierung des Konzept nicht nur Aussagekraft über den tatsächlichen sicherheitspolitischen Gestaltungswillen der drei Staaten, sondern auch über die Besonderheiten und Auswirkungen der verschiedenen politischen Systeme.

8.2.1   *Ressortübergreifende Strukturen*

Die erste zu vergleichende Implementierungsebene ist die Ebene der interministeriellen Strukturen, die zum Zweck internationaler Konfliktverhütung,

---

21 „Militärisches Eingreifen ist eines dieser Mittel, aber ist selten allein ausreichend. Wir benötigen Streitkräfte welche die diplomatischen Instrumente unterstützen und im Einklang mit den Zielen auf wirtschaftlicher, handels- und entwicklungspolitischer Ebene einhergehen (...).“ (Übersetzung d. A.)

22 „(...) ganzheitliche Antwort, welche die Ressortgrenzen und traditionellen Linien zwischen den Politikfeldern überkommt“ (Übersetzung d. A.).

Krisenbewältigung und Friedenskonsolidierung für die gemeinsame Analyse, Ziel- und Gesamtkonzeptformulierung zuständig sind. Im Folgenden werden daher exemplarisch die zentralen existierenden bzw. vorgesehenen Gremien und dazugehörigen Gesamtkonzepte untersucht. Dabei sollen im Rahmen dieses Vergleichs auch Rückschlüsse auf die Effektivität der ressortübergreifenden Strukturen gezogen werden, d. h. auf den Beitrag, den diese *de facto* zur Umsetzung des Konzepts vernetzter Sicherheit leisten. Gute Anhaltspunkte hierfür ergeben sich u. a. daraus, auf welcher politischen Ebene das Gremium zusammentrifft oder welche Kompetenzen ihm im Sinne einer politisch-operativen Steuerung obliegen.

Im Falle Deutschlands ist hinsichtlich der Implementierung des Konzepts vernetzter Sicherheit vor allem der übergreifende Aktionsplan „Zivile Krisenprävention, Konfliktlösung und Friedenskonsolidierung"[23] der Bundesregierung von Relevanz, der bereits im Jahr 2004, also zwei Jahre vor dem Weißbuch 2006, erschien (Bundesregierung 2004).[24] Dieser dient dazu, die deutschen Beiträge zu Frieden, Sicherheit und Entwicklung effektiver zu machen und präventiver auszurichten.[25] Als Schlüsselelement dafür gibt der im aktuellen deutschen Weißbuch erwähnte Aktionsplan einen ressortübergreifenden, umfassenden Ansatz an, also das „Prinzip des alle Ressorts umfassenden, kohärenten Vorgehens unter Verzahnung aller vorhandenen Instrumente" (BMVg 2006: 26) und zeigt durch konkrete Aktionsempfehlungen operative Handlungsfelder für die Regierung auf, die in den nächsten fünf bis zehn Jahren umgesetzt werden sollen.[26] Mit der Umsetzung des Aktionsplans beauftragt ist der sogenannte Ressortkreis Zivile Krisenprävention, der als interministerielles Gremium aus Vertretern aller Ministerien besteht und von einem Vertreter des Auswärtigen Amtes (AA) geleitet wird. Dabei ist der Ressortkreis als Informations- und Koordinierungsgremium konzipiert und ausdrücklich kein politisch-operatives Steuerungsorgan, was seine Durchsetzungsfähigkeit und Gestaltungsmöglichkeiten naturgemäß stark limitiert.[27]

---

23 Im Folgenden: „Aktionsplan" bzw. „Aktionsplan Zivile Krisenprävention".

24 Der auf die Initiative von Bündnisgrünen zurückgehende Aktionsplan wurde von zehn Ressorts und unter Einbeziehung der Zivilgesellschaft entworfen (Nachtwei 2004).

25 Dabei ist weder der Begriff „zivile Krisenprävention" noch die starke präventive Ausrichtung des Aktionsplans als eine Abkehr von militärischen Beiträgen zu Krisenprävention, Konfliktlösung und Friedenskonsolidierung zu verstehen (Bundesregierung 2004: 7, 60), auch wenn Kritiker militärischer Interventionen diesen zum Teil so auslegen.

26 Die Bundesregierung legt alle zwei Jahre einen Umsetzungsbericht zum Aktionsplan Zivile Krisenprävention vor – der erste wurde im Jahr 2006, der zweite im Jahr 2008 veröffentlicht.

27 Der interministeriell zusammengesetzte Bundessicherheitsrat, ein Kabinettsausschuss, der die deutsche Sicherheitspolitik koordinieren soll, kann in diesem Zusammenhang außer Acht gelassen werden: Er tritt nur gelegentlich zusammen und konzentriert sich *de facto* lediglich auf Exportgenehmigungen für Waffen und Rüstungserzeugnisse (so auch Sommer 2008).

Im Einzelnen obliegt dem Ressortkreis ebenso die Aufgabe, die Voraussetzungen für effizientere ressortübergreifende Zusammenarbeit zu untersuchen, dementsprechende Empfehlungen zu formulieren und dabei auf Erfahrungen aus dem bisherigen deutschen Engagement für Konfliktverhütung, Krisenbewältigung und Friedenskonsolidierung zurückzugreifen.[28] Dem Ressortkreis beigeordnet ist der sogenannte Beirat Zivile Krisenprävention, der sich aus Mitgliedern aus der Zivilgesellschaft, z. B. aus Wissenschaft und Politikberatung, zusammensetzt und den Ressortkreis beraten soll. Obwohl das Verhältnis von Weißbuch und Aktionsplan nicht abschließend geklärt ist, kann der Aktionsplan als Baustein des gesamtstaatlichen Sicherheitsverständnisses (BMVg 2006: 25) und als Instrument zur Herstellung bzw. Verbesserung der interministeriellen Zusammenarbeit in Deutschland gewertet werden. Zu den prioritären Aufgaben, die im Aktionsplan festgehalten sind, gehören u. a. die Einrichtung von ressortübergreifenden Ländergesprächskreisen, die Entwicklung eines Rahmenkonzepts für deutsche Beiträge zu Sicherheitssektorreformen und die Prüfung innovativer Finanzierungsmechanismen. Für das Jahr 2009 ist im Rahmen der Umsetzung des Aktionsplans ein nationales Planspiel unter Einbeziehung aller Ressorts vorgesehen. Das Planspiel, welches von einer Arbeitsgruppe unter Federführung des BMVg konzipiert wird, soll einen Beitrag leisten zur Entwicklung eines gemeinsamen Verständnisses ressortübergreifender Zusammenarbeit sowie zur Identifizierung ausschlaggebender Elemente bei der Zusammenarbeit auf der Ebene der politischen Konzeption, auf der politisch-strategischen Führungsebene und der operativen Durchführungsebene sowie bei der Ausbildung von Personal.

Betrachtet man Aktionsplan und Ressortkreis unter dem Gesichtspunkt der Effektivität genauer, also dem Beitrag, den diese *de facto* zur Umsetzung des Konzepts vernetzter Sicherheit leisten, eröffnen sich jedoch verschiedene Problematiken: So sticht im 2. Umsetzungsbericht zum Aktionsplan, der im Jahr 2008 erschien, vor allem der mehrfach (sinngemäß) wiederholte Satz „Kohärenz fängt in den Köpfen der Akteure an" hervor (Bundesregierung 2008: 10). Dieser beschreibt das Problem bei der Umsetzung des Konzepts vernetzter Sicherheit in Deutschland – trotz Aktionsplan ist der umfassende Sicherheitsbegriff noch nicht bei der Mehrheit der relevanten Akteure auf konzeptionell-strategischer Ebene angekommen: „Da mag noch so oft von den Anforderungen einer vernetzten Sicherheitspolitik geredet werden, auf zwischenministerieller Ebene ist die Zusammenarbeit unterentwickelt." (Naumann 2008: 12) So können sich zwischen den Ressorts bestehende, deutlich unterschiedliche Kulturen beim Handlungsansatz u. a. durch Duplizierungen, Überlappungen, Kompetenzstreitigkeiten und lange Abstim-

---

28 Zuständig hierfür ist die seit Mai 2007 existierende Ressortkreis-Arbeitsgruppe „Vernetzung in der Krisenprävention".

mungsprozesse ausdrücken – ein Phänomen, das schon von Clausewitz als „bürokratische Friktionen" beschrieben wurde (vgl. Souchon 2007: 52). Deren Ursprung kann maßgeblich in Spezifika des politischen Systems Deutschlands verortet werden – in Betracht gezogen werden sollten hier insbesondere Ressortprinzip, Föderalismus und die mit der aktuellen großen Koalition einhergehenden unterschiedlichen parteipolitischen Positionen innerhalb der Regierung. Obwohl also der Informationsaustausch im Ressortkreis, u. a. zu den Zielen, Erfolgskriterien, oder verschiedenen Beiträgen zu Konfliktprävention, Krisenbewältigung und Friedenskonsolidierung gut funktioniere, gestalte sich – so ein Mitglied des Ressortkreises – die Übertragung an die Akteure in den jeweiligen Ressorts äußerst schwierig bzw. finde kaum statt. Ein Prozess des Umdenkens zugunsten eines wirksamen Ansatzes vernetzter Sicherheit hat somit in der deutschen Bürokratie offenbar noch nicht stattgefunden, weder im Sinne des notwendigen „Wandel in den Köpfen" (so auch Thiele 2008: 308), noch durch die Herausbildung einer Kultur der interministeriellen Kooperation. Verständlich ist daher der Ursprung der überspitzten Kritik, die Umsetzung des Konzepts vernetzter Sicherheit in Deutschland sei „blutleer" und halte keine „grand strategy" für die Umsetzung bereit (so Sommer 2008), insbesondere im Hinblick darauf, dass ohne einen strukturellen Wandel auch kein Wandel in den Denk- und Handlungsweisen der relevanten Akteure zu erwarten ist.

Diese kognitiv-kulturelle Problematik, die mit den strukturellen Gegebenheiten des deutschen politischen Systems einhergeht, wird ergänzt durch eine politisch-strategische Zurückhaltung, die sich in einem eher geringen Gestaltungswillen bzw. -interesse manifestiert: So scheint insbesondere eine Neuordnung von Verfahren und Praktiken, eine Neudefinition des Ressortprinzips oder ein Neuzuschnitt der Ressorts jenseits des politisch Machbaren.[29] Insbesondere ist eine ressortübergreifende Führungsfähigkeit und Steuerungskompetenz des Ressortkreises bzw. eines anderen interministeriellen Gremiums, im Rahmen der deutschen Aktivitäten für Konfliktprävention, Krisenbewältigung und Friedenskonsolidierung, aufgrund des Ressortprinzips und den gegenwärtigen deutschen politischen Machtverhältnissen nicht durchsetzbar. Ebenfalls in dieser Logik wurde bisher weder die viel diskutierte Stärkung des Bundessicherheitsrates noch der Vorschlag zur Einrichtung eines nationalen Sicherheitsrates umgesetzt.[30] Während in der sicherheits-

---

29 In weiten Teilen sind sich Wissenschaft und Praxis jedoch einig, dass „[a]ngesichts der komplexen Wirkzusammenhänge zwischen Konfliktverhütung, Krisenbewältigung und Konfliktnachsorge/Wiederaufbau (...) nur eine kontinuierliche zivile Führung aus einer Hand auf Dauer erfolgreich sein [kann]" (Thiele 2008: 308).

30 Der von der CDU/CSU-Fraktion stammende Vorschlag für einen nationalen Sicherheitsrat würde eine dem Kanzleramt beigeordnete Institution schaffen, die durch vorausschauende

und verteidigungspolitischen Elite in diesem Zusammenhang zum Teil argumentiert wird, dass die Führung aus einer Hand, z. B. durch übergeordnete, weisungsbefugte Koordinierungsstäbe oder einen Koordinator für Konfliktprävention, Krisenbewältigung und Friedenskonsolidierung, dem deutschen System der individuellen Ressortverantwortung – aus historisch nachvollziehbaren Gründen – heutzutage einfach fremd sei, deuten Kritiker die starke Orientierung an rechtlich-politischen Gegebenheiten und Gepflogenheiten als Indiz, dass die deutsche Politik den Übergang von der Landesverteidigung zur Sicherheitsvorsorge bisher einfach noch nicht geschafft hat (Naumann 2008: 89). Für eine solche Kultur der strategischen Zurückhaltung, die einen schwach ausgeprägten Gestaltungswillen nach sich zieht und in engem Zusammenhang mit stark eingegrenzten Handlungsspielräumen aufgrund politisch-rechtlicher Gegebenheiten des deutschen politischen Systems steht, spricht auch, dass das nationale Planspiel – letztendlich nicht mehr als eine Testphase für die weitere Umsetzung des Konzepts vernetzter Sicherheit – bereits mehrfach verschoben wurde.[31]

Im Falle Frankreichs wurde im Rahmen der mit dem Livre Blanc von 2008 eingeleiteten „stratégie nouvelle" die Schaffung einer Reihe neuer interministerieller Gremien initiiert, welche per se von einem französischen Gestaltungswillen hinsichtlich der Umsetzung des Konzepts vernetzter Sicherheit zeugen. Somit wird bereits der Forderung aus dem Livre Blanc, im Namen einer koordinierten, kohärenten und komplementären Sicherheitspolitik müsse die gegenwärtig zu fragmentierte Staatsverwaltung umstrukturiert werden, Rechnung getragen (Ministère de la Défense 2008: 155). Das bemerkenswerteste neue Gremium, welches im Rahmen dieser Umstrukturierung entsteht und einen Baustein zur Umsetzung der vernetzten Sicherheit darstellt, ist der Nationale Verteidigungs- und Sicherheitsrat, in dessen Verantwortungsbereich alle Fragen der Verteidigung und nationalen Sicherheit fallen (ebd.: 252). Mitglieder sind der Staatspräsident, der Premierminister sowie die Minister für Außen- und Europaangelegenheiten, Innen-, Verteidigungs-, Wirtschafts- sowie Finanzpolitik.[32] Andere Ministerien, wie z. B. das Justizministerium, können je nach Bedarf hinzugezogen werden. Dabei wird im Verteidigungs- und Sicherheitsrat nicht nur, entsprechend der heutigen

---

Krisen- und Konfliktanalyse Vorschläge für koordinierte, ressortübergreifende Maßnahmen erarbeitet (vgl. z. B. Sommer 2008; FAZ 2008).

31 Ein Konzept für dieses Planspiel wurde Ende des Jahres 2008 dem Ressortkreis vorgelegt. Die Durchführung dieses ist, so der Stand zum Zeitpunkt der Entstehung der vorliegenden Studie, für das Jahr 2009 vorgesehen.

32 Anm.: Die für die französische Entwicklungszusammenarbeit zuständige Durchführungsagentur Agence Française de Développement untersteht dem Ministerium für Auswärtige und Europäische Angelegenheiten sowie dem Ministerium für Wirtschaft und Finanzen und wird dementsprechend durch diese vertreten (Bagayoko/Kovacs 2007: 114).

sicherheitspolitischen Bedrohungen, über alle für die Sicherheits- und Verteidigungspolitik relevanten Fragen debattiert, sondern es werden auch dementsprechende ressortübergreifende Strategien formuliert und Beschlüsse getroffen (ebd.: 253).[33] Dies macht den Rat zu einem politisch-operativen Steuerungsorgan, das über die Koordinations- und Informationsfunktion des deutschen Ressortkreises Zivile Konfliktprävention hinausgeht und – entsprechend der wesentlich höherrangigen interministeriellen Besetzung – zusätzlich Führungskompetenz in die verschiedenen Ministerien hinein besitzt.[34] Unter der Ägide des französischen Staatspräsidenten wird der Rat von David Levitte, einem früheren Botschafter in den USA und diplomatischen Berater Sarkozys geleitet. Das Generalsekretariat für Verteidigung und Sicherheit (Sécrétariat Géneral de la Défense et de la Sécurité Nationale) unterstützt den Verteidigungs- und Sicherheitsrat, indem es die Entscheidungen des Rates vorbereitet, deren Umsetzung überwacht und einen fortdauernden interministeriellen Dialog sowie die ressortübergreifende Koordination garantieren soll (ebd.: 253).[35] Weiterhin soll ein Beirat aus unabhängigen, vom Präsidenten nominierten Experten, den Rat beraten (ebd.: 253).

Als zentrale Institution für die Analyse, Debatte und Definition der französischen Sicherheits- und Verteidigungspolitik wird sich der Rat dabei mit einer breiten Palette an sicherheitspolitischen Themen beschäftigen sowie implizit die Rolle des Präsidenten stärken und die Rolle der verschiedenen Ministerien schwächen (Major/Mölling 2007: 5). Dies steht in der französischen Tradition eines starken Präsidenten, der die Sicherheits- und Verteidigungspolitik als seine „domaine reservée" versteht und einen hierarchischen Politikstil pflegt (Bagayoko/Kovacs 2007: 57f.). Das sich im Verteidigungs- und Sicherheitsrat widerspiegelnde flexible, um den Willen des Staatsoberhaupts zentrierte politische System stellt somit das Gegenmodell zu dem in Deutschland gepflegten Ressortprinzip dar. Der Verteidigungs- und Sicherheitsrat könnte jedoch – ungeachtet aller Bedenken hinsichtlich Transparenz und Rechenschaftspflicht (vgl. Mölling/Major 2007: 6) – aufgrund seiner Steuerungskompetenzen einen veritablen Qualitätssprung hinsichtlich der interministeriellen Koordination, Kohärenz und Komplementarität in Frank-

---

33 Dabei vereint der Nationale Verteidigungs- und Sicherheitsrat die Funktionen der bereits existierenden Räte für Verteidigung und Innere Sicherheit.
34 Neben dem Rat, der für die strategischen Grundüberlegungen in der Sicherheits- und Verteidigungspolitik verantwortlich ist, soll allerdings das Ministerium für Auswärtige und Europäische Angelegenheiten für die tagtägliche Koordinierung zwischen den sicherheitspolitischen Akteuren in den verschiedenen Ressorts zuständig sein (Ministère de la Défense 2008: 156).
35 Das Secrétariat Général de la Défense et de la Sécurité Nationale folgt dabei dem bereits existierenden Secrétariat Général de la Défense Nationale und untersteht dem Premierminister.

reich darstellen. Schließlich könnte es durch die („aufgezwungene") gemeinsame Politikformulierung im Verteidigungs- und Sicherheitsrat gelingen,[36] die vorherrschenden, sehr unterschiedlichen Kulturen in den verschiedenen Ressorts sowie das Konkurrenzverhalten zwischen diesen zumindest ansatzweise zu überwinden (so ein Mitarbeiter des französischen Forschungsinstituts FRS, Paris, November 2008). Bereits anhand der durch das aktuelle französische sicherheits- und verteidigungspolitische Grundsatzdokument geschaffenen neuen Strukturen wird also deutlich, dass in Frankreich der Gestaltungswille zu bestehen scheint, das Konzept einer umfassenden Sicherheitspolitik zumindest auf Ebene ressortübergreifender Strukturen in die Tat umzusetzen. Hinzu kommt das flexible, traditionell stark um den Staatspräsidenten zentrierte politische System, welches die dafür notwendigen großen politisch-rechtlichen Handlungsspielräume lässt.

Im Falle Großbritanniens sticht die vergleichsweise hohe Anzahl an bereits existierenden interministeriellen Gremien und Gesamtkonzepten, die im Zusammenhang mit der britischen Sicherheits- und Verteidigungspolitik stehen, ins Auge. So ist in erster Linie das 2007 eingerichtete Cabinet Committee on National Security, International Relations and Development (NSID) zu erwähnen, in dessen Rahmen der Premierminister und alle im weitesten Sinne mit sicherheitspolitischen Fragen befassten Minister regelmäßig zusammentreffen, um ressortübergreifende Politiken zu formulieren und die entsprechenden Entscheidungen zu treffen (Cabinet Office 2008: 5; Evans 2008). Der britische Chef des Generalstabs (Chief of Defence Staff) sowie die Leiter der Nachrichtendienste und britischen Polizei können, je nach Bedarf, hinzugezogen werden. Parallel zu Frankreichs Verteidigungs- und Sicherheitsrat existiert in Großbritannien somit auch ein ressortübergreifendes, politisch-operatives Steuerungsorgan, das auf der höchsten politischen Ebene, einschließlich des Premierministers, zusammentrifft. Das durch die NSS ins Leben gerufene National Security Forum soll das Cabinet Committee darüber hinaus in sicherheitspolitischen Fragen beraten. Es besteht aus zwölf Experten, die u. a. aus der Regierung, Wissenschaft und Wirtschaft stammen und die ganze Bandbreite der in der NSS behandelten sicherheitspolitischen Themen reflektieren sollen. Im Einzelnen setzt sich das National Security Forum mit der Implementierung der NSS auseinander und berät das britische Kabinett hinsichtlich einer zukünftigen Aktualisierung der NSS (Cabinet Office 2008: 60). Weiterhin stellt vor allem die Stabilisation Unit ein Schlüsselelement und äußerst innovatives Konzept zur Umsetzung der vernetzten Sicherheit dar (Cabinet Office 2008: 59). Diese sowohl dem MoD als auch

---

36 Die Mitglieder des Verteidigungs- und Sicherheitsrates seien bereits – unter Ausschluss der Öffentlichkeit – zusammengekommen (so ein Mitglied der französischen Weißbuchkommission, Paris, November 2008).

FCO und DfID unterstehende Einheit wurde im Jahr 2007 – damals hieß sie noch Post Conflict Reconstruction Unit – umbenannt und soll die Stabilisierung von Post-Konflikt Staaten unterstützen. Im Einzelnen unterstützt die Stabilisation Unit die verschiedenen Ministerien bei der Analyse, Strategieformulierung und Identifizierung von best practice und trägt somit maßgeblich zu einer integrierten Planung und einem vernetzten Ansatz hinsichtlich Konfliktprävention, Krisenmanagement und Friedenskonsolidierung bei. Des Weiteren arbeitet das MoD für die Streitkräfteplanung grundsätzlich mit anderen Ministerien, insbesondere FCO und DfID, zusammen, um einer ressortübergreifenden strategischen Planung hinsichtlich Krisenprävention und -bewältigung Rechnung zu tragen (MoD 2003: 8). Insgesamt zeugt die britische Umsetzung der „comprehensive approach" auf der Ebene der interministeriellen Gremien und Konzepte somit von einem großen Gestaltungswillen hinsichtlich der Umsetzung der vernetzten Sicherheit,[37] in Verbindung mit einem hinreichend großen politisch-rechtlichen Spielraum zur Realisierung dieses Willens.

Ressortübergreifende Strukturen für die Aufklärung und Terrorismusbekämpfung

Die Gemeinsamkeiten und Unterschiede hinsichtlich der auf Konfliktprävention, Krisenbewältigung und Friedenskonsolidierung ausgerichteten interministeriellen Strukturen bzw. die in diesen ausgedrückte jeweilige Herangehensweise bei der Umsetzung des Konzepts vernetzter Sicherheit spiegelt sich größtenteils in den für die Aufklärung und Terrorismusbekämpfung geschaffenen Gremien in Deutschland, Frankreich und Großbritannien wider. So existiert in Deutschland mit dem 2004 eingerichteten Gemeinsamen Terrorismusabwehrzentrum (GTAZ) ein Lage- und Analysezentrum, das zwar nicht alle Ressorts, aber dennoch Vertreter insgesamt 40 polizeilicher, nachrichtendienstlicher und militärischer Landes- und Bundesbehörden in Berlin vereint. Das GTAZ dient dem Informationsaustausch sowie der gemeinsamen Analyse, verfügt allerdings über keine Steuerungskompetenz – genauso wenig wie der zu Abstimmungszwecken eingerichtete, wöchentlich stattfinden-

---

37 Exemplarisch für das politische Interesse an ressortübergreifender Zusammenarbeit ist das folgende Statement auf der Internetseite des britischen Außenministeriums. Dieses scheint bereits durch seine Konkretheit über ein bloßes Lippenbekenntnis zu übergreifenden Ansätzen hinauszugehen: „But in particular we have forged a unique partnership with the DfID and MoD and are working together to tackle conflict, its causes and effects. Each department brings a wealth of knowledge, skills and experiences and their own perspectives and, by working together, we can deliver a more effective response to complex problems than we could by working separately." (vgl. FCO 2008)

de Austausch über die nationale Sicherheitslage im Bundeskanzleramt (Nachrichtendienstliche Lage).[38]

Im Falle Frankreichs wurde durch das aktuelle Livre Blanc dem Verteidigungs- und Sicherheitsrat der Nationale Aufklärungsrat beigeordnet. Diesem obliegt die Koordination der Aufklärungsdienste der verschiedenen Ministerien. Dabei ist der Aufklärungsrat dem Präsidenten direkt unterstellt und verfügt somit – ähnlich wie der Verteidigungs- und Sicherheitsrat – bereits über eine implizite Steuerungskompetenz. In der höchstrangigen Zusammensetzung umfasst der Aufklärungsrat neben dem Präsidenten und dem Premierminister die Minister des Innern, der Verteidigung, der Auswärtigen- und Europaangelegenheiten, der Wirtschaft und der Finanzen. In weiteren regelmäßigen Sitzungen treffen Vertreter der Ministerien aufeinander und ein nationaler Koordinator für die Aufklärung erstattet dem Präsidenten Bericht (Ministère de la Défense 2008: 137, 149).

In Großbritannien weisen die vor allem zur Terrorismusbekämpfung geschaffenen interministeriellen Gremien wiederum nicht nur die höchste Dichte, sondern auch die im Vergleich meisten Kompetenzen auf. So haben die vor allem innenpolitischen, polizeilichen und nachrichtendienstlichen Akteure die Aufgabe zusammenzuarbeiten, um den ressortübergreifenden Kampf gegen den Terrorismus zu lenken: „(...) to manage the cross-government counter-terrorism effort" (Cabinet Office 2008: 5). Das 2007 geschaffene Office for Security and Counter Terrorism ist für die Umsetzung des Gesamtkonzepts CONTEST (cross-government counter-terrorism strategy) der britischen Regierung zuständig, welches auf einem vernetzten Ansatz basiert (Cabinet Office 2008: 25).[39] *Darüber hinaus und auf analytischer Ebene vereint das 2003 geschaffene Joint Terrorism Analysis Centre u. a. Vertreter des Verteidigungsministeriums, des Ministeriums für Auswärtiges, des Innenministeriums, der Polizei und der Nachrichtendienste (Cabinet Office 2008: 4).*

Eine Gesamtschau der existierenden und geplanten ressortübergreifenden Strukturen in Deutschland, Frankreich und Großbritannien, einschließlich der Gremien für die Aufklärung und Terrorismusabwehr, lässt deutliche Unterschiede in der Umsetzung des Konzepts vernetzter Sicherheit auf konzeptionell-strategischer Ebene erkennen: Im Einzelnen existieren Unterschiede nicht nur hinsichtlich der Quantität, sondern vor allem hinsichtlich der Kompetenzen der Gremien. Im Fall Deutschlands spiegelt sich dabei eine strategi-

---

38 Die Nachrichtendienstliche Lage wird geleitet vom Chef des Bundeskanzleramts. Teilnehmer sind die Präsidenten der deutschen Nachrichtendienste, der Präsident des Bundesamtes für Verfassungsschutz, der Geheimdienstkoordinator sowie das BKA, BMI, AA, BMJ und – je nach Bedarf – auch andere Ministerien.

39 So sind die verschiedenen britischen Ministerien als „stakeholder" von CONTEST in dessen Umsetzung involviert (vgl. Office for Security and Counter Terrorism 2008).

sche Kultur der Zurückhaltung in Verbindung mit einer strikten Bindung an die engen politisch-rechtlichen Gegebenheiten des politischen Systems wider, während Frankreichs Gestaltungswille hinsichtlich der Umsetzung der vernetzten Sicherheit auf strategisch-konzeptioneller Ebene mit einem flexiblen – wenn auch faktisch stark hierarchisch ausgeprägtem – politischen System Hand in Hand geht. Ähnlich zeugen die in Großbritannien etablierten ressortübergreifenden Strukturen und Konzepte von deutlichem Gestaltungswillen sowie von den politisch-rechtlichen Rahmenbedingungen, diesen auch umzusetzen.

8.2.2   Ressortübergreifende Strategien

Neben der Ebene der interministeriellen Gremien und Gesamtkonzepte ist die Existenz und Umsetzung von ressortübergreifenden länder- und themenspezifischen Strategien ein aussagekräftiger Indikator für die jeweilige nationale Umsetzung des Konzepts vernetzter Sicherheit. Solche Strategien kommen vor allem auf operativer Ebene, also im Einsatzgebiet, zum Tragen und ergänzen im Idealfall somit die Strukturen und Konzepte auf konzeptionell-strategischer (Hauptstadt-)Ebene. Im Folgenden werden exemplarisch zentrale Elemente der jeweiligen Strategie für Afghanistan[40] sowie der Strategien hinsichtlich der Unterstützung von Sicherheitssektorreformen – als konkrete sicherheits- und verteidigungspolitische Aufgabe, die einen vernetzten Ansatz erfordert – betrachtet.

Das aktualisierte Afghanistan-Konzept der Bundesregierung vom September 2008 erweckt den Eindruck eines Musterbeispiels ressortübergreifender Zusammenarbeit: Es wurde gemeinsam vom AA, BMVg, BMZ und BMI ausgearbeitet und betont, dass der Wiederaufbau sowie eine dauerhafte Stabilisierung Afghanistans nur gelingen können, wenn im Rahmen eines vernetzten Ansatzes zivile und militärische Maßnahmen abgestimmt werden (AA/BMI/BMVg/BMZ 2008). Konsequenterweise findet hinsichtlich des deutschen Afghanistan-Engagements auch eine regelmäßige interministerielle Abstimmung und Koordination statt, u. a. durch Treffen der Staatssekretäre aus den beteiligten Ministerien sowie einem Vertreter aus dem Bundeskanzleramt (Bundesregierung 2008: 11). Im Afghanistan-Konzept der Bundesregierung wird darüber hinaus darauf hingewiesen, dass sich der vernetzte Ansatz vor allem in den interministeriell besetzten deutschen Provincial Re-

---

40 Sowohl Deutschland als auch Frankreich und Großbritannien sind im Rahmen von ISAF in Afghanistan militärisch engagiert (mehr dazu in Kapitel 7: Internationale Ebene). Afghanistan stellt einen internationalen Testfall für die Wiederherstellung von Stabilität und die Unterstützung des Staatsaufbaus durch eine koordinierte, kohärente und komplementäre Herangehensweise militärischer, polizeilicher und ziviler Akteure dar.

construction Teams (PRTs) vor Ort widerspiegele.[41] Obwohl eine umfassende Analyse der Effektivität deutscher PRTs in Afghanistan aussteht (so auch
Möckli 2008: 3), ist in der Tat bereits die Tatsache, dass AA, BMVg, BMZ
und BMI unter einem Dach zusammenarbeiten, ein guter Indikator für den
Willen zu einer glaubhaften Umsetzung des Konzepts vernetzter Sicherheit
auf operativer Ebene.[42] In diesem Sinne sei auch die Arbeit des PRT Kunduz
so breit und integriert angelegt wie bei keinem anderen PRT (Paul 2008:
19).[43] Dabei scheint eine gute Zusammenarbeit zwischen AA, BMVg, BMZ
und BMI allerdings maßgeblich auf engen informellen Beziehungsgeflechten
sowie dem Kooperationsinteresse der beteiligten Akteure zu beruhen und ist
damit stark personenabhängig (vgl. auch Thiele 2008: 302). Schließlich sei
eines der größeren Probleme für den vernetzten Ansatz vor Ort der turnusmä-
ßige Personalwechsel auf Seiten der Bundeswehr, der alle vier Monate stattfindet. Im Gegenzug würden aber insbesondere die Offiziere, die zum wie-
derholten Male vor Ort seien, über fundierte entwicklungspolitische Experti-
se verfügen und maßgeblich zur allgemein gut funktionierenden zivil-
militärischen Zusammenarbeit in den deutschen PRTs beitragen (Nachtwei
2008). Insgesamt zeugt die deutsche Kooperation und Koordination auf operationeller Ebene somit von dem Willen, sich jenseits der Hauptstadt-Ebene
als vernetzt agierender sicherheitspolitischer Akteur zu profilieren und steht
im Gegensatz zu der fragmentierten Herangehensweise auf strategisch-konzeptioneller Ebene.[44]

Im Falle Großbritanniens erarbeiten MoD, FCO und DfID zunehmend
gemeinsame Länderstrategien und erkennen somit die Notwendigkeit eines
vernetzten Ansatzes auch auf operationeller Ebene an. Im konkreten Fall des
britischen Afghanistan-Engagements betonte Premierminister Gordon Brown
im Dezember 2007, die Strategie Großbritanniens für Afghanistan sei ein
„(...) long-term and ‚comprehensive' framework for security, political, social

---

41 Die PRTs unterstehen einer Doppelspitze aus einem Vertreter des AA und einem Vertreter
   des BMVg.
42 So wohnen mittlerweile alle beteiligten Ressortvertreter in einem gemeinsamen Lager, während ehemals das entwicklungspolitische Personal der PRT räumlich getrennt lebte und ar-
   beitete, was nicht nur die tagtägliche enge Zusammenarbeit erschwerte, sondern auch den
   Eindruck einer getrennten Politik erweckte (vgl. Gauster 2006: 121; Paul 2008: 19).
43 Ob die verschiedenen, in den PRTs vertretenen Ressorts über einen unterschiedlich großen
   Einfluss verfügen (so z. B. Preuß 2008: 32), sei im Rahmen des Umfangs dieser Studie da-
   hingestellt.
44 Andere, im Zusammenhang mit dem deutschen Engagement in Afghanistan stehende Aspekte, wie z. B. die Bewertung der Rolle Deutschlands als „lead nation" für die Polizeiaus-
   bildung, sollen im Rahmen der vorliegenden Studie außer Acht gelassen werden, da sie für
   eine Analyse der Implementierung des Konzepts vernetzte Sicherheit in Deutschland von
   nachgeordneter Bedeutung sind.

and economic development for Afghanistan"[45] (Brown 2007). Dieses deklaratorische Bekenntnis zum vernetzten Ansatz spiegelt sich allerdings auch in
der Realität wider: In der britischen Botschaft in Afghanistan wird auf eine
integrierte, ressortübergreifende Weise gearbeitet. So arbeiten nicht nur Vertreter einer Reihe von Ressorts, einschließlich Auswärtiges, Verteidigung,
Entwicklungszusammenarbeit und Wirtschaft zur Umsetzung gemeinsamer
Ziele zusammen (Cabinet Office 2008: 39), sondern Großbritannien stellt
auch ein ressortübergreifend besetztes PRT in der Provinz Helmand, dessen
Aufgaben übergreifend konzipiert und aus einem einheitlichen Topf finanziert werden (vgl. Preuß 2008: 30). So handelt es sich bei der Führung des
britischen PRT konsequenterweise auch um ein Triumvirat aus MoD, FCO
und DfID, die eng und gut zusammenarbeiten (Gauster 2006: 57; Mitarbeiter
des britischen Forschungsinstituts DEMOS, London, November 2008). Darüber hinaus besitzt vor allem die Tatsache, dass die interministerielle Stabilisation Unit ein zentrales Instrument des britischen Engagements in Afghanistan ist und durch ihre Empfehlungen maßgeblich zur britischen Herangehensweise beiträgt, Aussagekraft über den Gestaltungswillen, den die britischen sicherheits- und verteidigungspolitischen Entscheidungsträger in Afghanistan an den Tag legen. Der koordinierte Ansatz Großbritanniens auf
operativer Ebene steht somit im Einklang mit dem von großem sicherheitspolitischen Gestaltungswillen zeugenden Ansatz Großbritanniens auf konzeptionell-strategischer Ebene.

Frankreichs Herangehensweise an die operationelle Umsetzung des Konzepts vernetzter Sicherheit in Afghanistan steht jedoch im Gegensatz zu der
Deutschlands und Großbritanniens: Im Grundsatz soll ein kohärenter, über-
greifender Ansatz im Einsatzland – also auch in Afghanistan – vom jeweiligen Botschafter koordiniert und gesichert werden (Ministère de la Défense
2008: 156). Jedoch stellt Frankreich weder ein PRT noch existiert eine interministerielle, schriftliche oder zumindest mündlich durch die Regierung
kommunizierte Afghanistan-Strategie.[46] Darüber hinaus bestünde ein eklatan-
ter Unterschied zwischen der hohen Priorität, welche dem Land in si-
cherheits- und verteidigungspolitischer Hinsicht zugemessen wird[47] und der
vergleichsweise sehr geringen Bedeutung, welche die für die französische
Entwicklungszusammenarbeit zuständige Durchführungsagentur Agence
Française de Développement (AFD) Afghanistan zumisst (Mitglied der fran-

---

45 „(...) langfristiger und umfassender Rahmen für Sicherheit sowie politische, soziale und
   ökonomische Entwicklung in Afghanistan" (Übersetzung d. A.).
46 Zum Teil wird angeführt, dass Frankreich kein PRT stelle, da es zu ressortübergreifender
   Arbeit vor Ort nicht in der Lage sei (so Bagayoko/Kovacs 2007: 191).
47 So wurden erst im Jahr 2008 die französischen Truppen für ISAF um über 800 Soldaten
   aufgestockt.

zösischen Weißbuchkommission, Paris, November 2008). Im Falle Afghanistans funktioniert somit, so Bagayoko und Kovacs (2007), die zivil-militärische Koordination überhaupt nicht, was maßgeblich darauf zurückzuführen sei, dass die vor Ort engagierten Ressorts jeweils keinerlei Kompetenzen bei der Planung, Koordinierung und Durchführung des französischen Afghanistan-Engagements abgeben wollen (Bagayoko/Kovacs 2007: 52). Insgesamt spiegelt sich also der auf konzeptionell-strategischer Ebene bestehende französische Gestaltungswille auf operativer Ebene – auf welcher die Gräben zwischen den Ressorts durch eine strikte Lenkung des Staatspräsidenten nicht unmittelbar überbrückt werden können – derzeit nicht wider.

Ähnlich verhält es sich im Falle von Frankreichs Herangehensweise an die Unterstützung von Sicherheitssektorreformen: Während SSR-Themen grundsätzlich im Verantwortungsbereich der Direction Generale de la Coopération Internationale et du Développement (DGCID) des französischen Ministeriums für Auswärtige und Europäische Angelegenheiten (MAE) liegen, ist eine weitere Abteilung desselben Ministeriums, die Direction de la coopération militaire et de défense (DCMD) für die Unterstützung von Verteidigungsreformen – einem essenziellen Teil jedes umfassenden Sicherheitssektorreformkonzepts – zuständig. Dabei existiert ein Austausch zwischen den beiden Abteilungen quasi nicht (Bagayoko/Kovacs 2007: 77, 80). Hand in Hand mit der Tatsache, dass es kein ressortübergreifendes französisches Afghanistan-Konzept gibt, kann somit festgehalten werden, dass auch keine interministerielle Strategie zur Unterstützung von Sicherheitssektorreformen vorliegt und sich somit der französische Gestaltungswille auf dieser operativen Umsetzungsebene des Konzepts vernetzter Sicherheit stark in Grenzen hält.

In Deutschland existiert hingegen seit Oktober 2006 ein interministerielles Rahmenkonzept zur Unterstützung von Reformen des Sicherheitssektors in Entwicklungs- und Transformationsländern, welches Verfahren ressortübergreifender Zusammenarbeit verbessern soll (Interministerielles Rahmenkonzept [...] 2006). Dieses deutsche SSR-Konzept findet vor allem in den betroffenen Arbeitseinheiten des AA, BMVg, BMZ und BMI Anwendung und dient einer besseren Effektivität, Kohärenz und Koordinierung zwischen den Ressorts bezüglich deren jeweiliger SSR-Maßnahmen. Des Weiteren wurde als Teil des Ressortkreises Zivile Krisenprävention ein Arbeitskreis SSR institutionalisiert, welcher Vertreter der zuvor genannten Ministerien, einschließlich des BMJ vereint, als Forum zum Informationsaustausch dient und Pilotprojekte zur Verbesserung ressortübergreifender Zusammenarbeit durchführt. So existiert zurzeit mit dem Pilotprojekt für die Unterstützung der SSR in Indonesien ein mehrjährig angelegtes Programm, welches Instrumente und Ressourcen der verschiedenen Ressorts bündelt, von der Arbeitsgemeinschaft

(AG) des Ressortkreises konzipiert und implementiert wurde und von den verschiedenen an der AG beteiligten Ressorts evaluiert wird. Hinsichtlich der Unterstützung von SSR liegt somit in Deutschland der politische Wille zu einer umfassenden Herangehensweise – im Sinne eines vernetzten Ansatzes – vor.

Darüber hinaus ist es jedoch Großbritannien, das im Vergleich zu Frankreich und Deutschland die am breitesten gefächerte Initiative hinsichtlich der Unterstützung von Sicherheitssektorreformen aufweist: Zum einen trägt das Security Sector Development Advisory Team (SSDAT), das aus Vertretern verschiedener Ministerien besteht und durch MoD, FCO und DfID finanziert wird, durch Beratung zur Unterstützung einer umfassenden SSR vor Ort bei. Des Weiteren verdient das Global Facilitation Network for Security Sector Reform (GFN-SSR) Erwähnung, ein durch MoD, FCO und DfID finanziertes Programm,[48] welches eine Expertengruppe institutionalisiert hat, die der britischen Regierung als Beratungsgremium in SSR-Fragen dient[49] (Mc Fate 2008: 12). Aus der Feder von GFN-SSR stammt auch das im Dezember 2007 veröffentlichte Handbuch zur Unterstützung von SSR – „A Beginner's Guide to Security Sector Reform" (GFN-SSR 2007) – das auf die von FCO, MoD und DfID im Jahr 2004 veröffentlichte Security Sector Reform Strategy folgt (MoD/FCO/DfID 2004). Dem Konsens in der relevanten Forschung – „The UK has created a systematic SSR capacity."[50] – ist somit nichts hinzuzufügen (so Mc Fate 2008: 5).

Hinsichtlich der thematischen und länderspezifischen ressortübergreifenden Strategien, bietet lediglich Großbritannien – im Gegensatz zu Deutschland und Frankreich – ein mit der strategisch-konzeptionellen Ebene konsistentes Bild: Dieses spiegelt einen großen Gestaltungswillen. Frankreich hingegen setzt seinen ressortübergreifenden Ansatz derzeit nicht von der strategisch-konzeptionellen auf die operative Ebene um und zeigt somit kein Vermögen, den Gestaltungswillen auch jenseits der Sphäre des Staatschefs beizubehalten. Gegenteilig verhält es sich in Deutschland, wo sich auf der konkreten, thematischen und länderspezifischen Ebene eine wesentlich weniger von Zurückhaltung und Vorsicht geprägte Sicherheits- und Verteidigungspolitik als auf strategisch-konzeptioneller Ebene zeigt, sondern vielmehr politischer Gestaltungswille zu Tage tritt.

---

48 Dieses wird finanziert durch den Conflict Prevention Pool – siehe Paragraph 3.3.
49 Das Programm wird von der University of Birmingham verwaltet und ermöglicht vor allem den Internet-basierten Austausch von Ideen und Studien durch Experten aus verschiedenen Fachrichtungen.
50 „Großbritannien hat eine systematische SSR Kapazität geschaffen." (Übersetzung d. A.)

8.2.3   Instrumente für ressortübergreifende Zusammenarbeit

Als dritte Implementierungsebene für das Konzept vernetzter Sicherheit soll im Folgenden exemplarisch das Instrument interministerieller Budgets, welche von den beteiligten Ressorts gemeinsam verwaltet werden und für ressortübergreifend konzipierte Projekte zur Verfügung stehen, untersucht und verglichen werden.[51] Interministerielle Budgets gelten als Mittel zur Umsetzung des vernetzten Sicherheitskonzepts, da sie über ressortübergreifende Gremien, Konzepte und Strategien hinaus eine erhebliche – auf finanziellen Gegebenheiten basierende – Initiative zur ressortübergreifenden Zusammenarbeit darstellen, somit eine Kultur der Zusammenarbeit fördern und Ressortdenken reduzieren können.

Insgesamt sind die Ansätze Deutschlands, Frankreichs und Großbritanniens hinsichtlich der Einführung und Nutzung interministerieller Budgets eher heterogen: In der Bundesrepublik standen dem Ressortkreis Zivile Krisenprävention für die Periode 2006–08 insgesamt 10 Mio. Euro aus dem Haushalt des BMVg für ressortübergreifend konzipierte und implementierte Projekte zur Verfügung. Jedoch fand in der Nutzung der Projektmittel *de facto* keine gemeinsame Mittelverwaltung im Sinne eines „Ressortpooling", also kein gemeinsames Verwalten durch die verschiedenen Ressorts statt, was u. a. der Tatsache geschuldet war, dass die Mittel ausschließlich aus dem BMVg stammten (Bundesregierung 2008: 82). Ebenso erfolgte eine ressortgemeinschaftliche Projektkonzipierung und -umsetzung nur in äußerst begrenztem Umfang (ebd.). Eine diese Phänomene vermeidende Zusammenfassung von Haushaltmitteln für Krisenpräventions-, Konfliktbewältigungs- und Friedenskonsolidierungsmaßnahmen in veritablen ressortübergreifenden Fonds ist in Deutschland jedoch aufgrund haushaltsrechtlicher, politischer und finanzieller Voraussetzungen derzeit nicht denkbar (vgl. Souchon 2007: 76) – wiederum eine Spiegelung des engen politisch-rechtlichen Handlungsspielraums innerhalb des deutschen politischen Systems. Im Gegensatz dazu steht die Herangehensweise Großbritanniens: Um einen vernetzten Ansatz bei Präventions- oder Stabilisierungsmissionen zu ermöglichen, hat die Regierung finanzielle Instrumente, die sogenannten „cross-departmental budgets" geschaffen (Ministry of Defence 2002: 10). Der Conflict Prevention Pool aus dem Jahr 2001 wird gemeinsam durch MoD, FCO und DfID ver-

---

51 Andere, ebenfalls elementare Mechanismen und Instrumente zur ressortübergreifenden Zusammenarbeit, z. B. personelle Mechanismen wie Personalaustausch und interministerielle Personalaus- und Weiterbildung bzw. die einheitliche Ausstattung verschiedener Ministerien mit kompatiblen IT- und Kommunikationssystemen, können im Rahmen des Umfangs der vorliegenden Studie nicht untersucht werden. Exemplarisch für die dritte Umsetzungsebene wird daher das Instrument ressortübergreifender Budgets betrachtet.

waltet und verfügt über Mittel in Höhe von 327 Mio. GBP für die kommenden drei Jahre (Cabinet Office 2008: 40). Dabei dient er der erhöhten Effektivität von Großbritanniens Beiträgen zu Konfliktprävention und soll die Zusammenarbeit zwischen MoD, FCO und DfID verbessern (Cabinet Office 2008: 4). Im Einzelnen werden unter der Regie der drei Ministerien im Rahmen thematischer und regionaler Programme z. B. gemeinsame Konfliktanalysen erstellt. Dabei wird u. a. das Global Facilitation Network for Security Sector Reform (GFN-SSR) durch den Conflict Prevention Pool finanziert (Mc Fate 2008: 11). Darüber hinaus verfügt auch die interministerielle Stabilisation Unit über finanzielle Mittel – den Stabilisation Aid Fund mit einem Volumen von zurzeit 269 Mio. GBP (Cabinet Office 2008: 39). Der britische Ansatz zur Umsetzung des Konzepts vernetzter Sicherheit durch ressortübergreifende finanzielle Instrumente zeugt somit erneut von bemerkenswertem Gestaltungswillen, ist aber vor vereinzelter Kritik dennoch nicht geschützt: „In the early stages of set up, pooled funding instruments can easily be perceived (and used) as pots of additional money. They can be tapped into for re-packaging or dealing with ‚regular' projects that would have received funding from either of the ministries, but would now be funded through these new financial instruments. This practice can for instance be found in the case of the UK's Conflict Prevention Pools.“[52] (OECD 2006: 27)

Im Falle Frankreichs existieren derzeit keinerlei interministerielle Finanzinstrumente für Krisenpräventions-, Konfliktbewältigungs- und Friedenskonsolidierungsmaßnahmen – der Deklarierung aus dem Livre Blanc, dass die notwendigen finanziellen Mittel zu entwickeln seien, um die Kohärenz und Effizienz der französischen Auslandseinsätze sicherzustellen, sind also bislang noch keine Taten gefolgt (Ministère de la Défense 2008: 131; Mitarbeiter des französischen Forschungsinstituts FRS, Paris, November 2008).

Großbritannien weist somit – parallel zur Ebene der ressortübergreifenden Strategien – auch hinsichtlich der exemplarisch untersuchten ressortübergreifenden Instrumente den größten Gestaltungswillen, Hand in Hand mit einem politischen System, welches für die pragmatische Umsetzung des umfassenden Ansatzes hinreichend flexibel ist, auf. Frankreich hingegen hat keine effektiven ressortübergreifenden finanziellen Instrumente geschaffen und bleibt somit auch auf dieser Ebene hinter dem auf strategisch-kon-

---

52 „In den frühen Phasen der Einrichtung können zusammengelegte finanzielle Instrumente leicht als Töpfe zusätzlichen Geldes wahrgenommen (und genutzt) werden. Sie können angezapft werden um ‚reguläre' Projekte, die normalerweise von einem der Ministerien finanziert werden sollten nun durch das neue finanzielle Instrument umzusetzen. Diese Praxis findet zum Beispiel im Fall des britischen Conflict Prevention Pools statt.“ (Übersetzung d. A.)

zeptioneller Ebene offenbarten Gestaltungswillen zurück. Währenddessen zeigt sich im Falle Deutschlands eine den bestehenden politischen Gestaltungswillen gewissermaßen kontra karikierende Kultur der Zurückhaltung, die in enger Verbindung mit den existierenden strukturell-rechtlichen Gegebenheiten steht.

8.3 Schlussfolgerungen: Drei Länder, drei Umsetzungen des Konzepts vernetzter Sicherheit?

Der Vergleich der Konzepte vernetzter Sicherheit in Deutschland, Frankreich und Großbritannien, einschließlich deren Umsetzung auf den drei untersuchten Ebenen, ergibt trotz des länderübergreifenden Bekenntnisses zu dem umfassenden Ansatz ein heterogenes Bild:[53] Sowohl hinsichtlich des dem Konzept jeweils beigemessenen Stellenwerts als auch in Bezug auf die verschiedenen Umsetzungen des Konzepts – durch interministerielle Strukturen, Strategien und Instrumente für Konfliktprävention, Krisenbewältigung und Friedenskonsolidierung – sind deutliche Unterschiede festzustellen.

Im Hinblick auf die Positionierung der drei untersuchten Staaten im Spektrum „Sicherheitspolitischer Gestaltungswille" weist der Vergleich der Konzepte vernetzter Sicherheit und deren Umsetzung darauf hin, dass Großbritannien den größten Gestaltungswillen als international agierender sicherheitspolitischer Akteur vorzeigt, während Frankreich, gefolgt von Deutschland, insgesamt eher in der Mitte des Spektrums steht. Hinsichtlich des deklaratorischen, in offiziellen Dokumenten geäußerten Gestaltungswillens im Teilbereich vernetzte Sicherheit – einschließlich des Bekenntnisses, dass die traditionelle Unterscheidung zwischen innerer und äußerer Sicherheit nicht mehr haltbar ist, – ist allerdings innerhalb der letzten Jahre eine deutliche Annäherung zu konstatieren. Im Zusammenhang mit den festgestellten Unterschieden fällt eine Reihe von Erkenntnissen aus dem vorangegangenen Vergleich besonders ins Auge: So setzten Frankreich und Großbritannien – im Gegensatz zu Deutschland – den vernetzten Ansatz bereits während des Entstehungsprozesses ihrer aktuellen Grundsatzdokumente um und verfügen des Weiteren – ebenfalls anders als Deutschland – für ihre Aktivitäten im Rahmen von Krisenprävention, Konfliktbewältigung und Friedenskonsolidierung über politisch-operative, interministerielle Steuerungsorgane auf höchster politischer Ebene. Während Großbritannien auf allen Umsetzungsebenen

---

53 Vgl. auch das Fazit von Daniel Möckli, der betont, dass die Umsetzung umfassender Ansätze mit großen Herausforderungen verbunden sei und dass in den vergangenen Jahren eine Vielzahl unterschiedlicher, bisweilen sogar widersprüchlicher Konzepte entwickelt wurden (Möckli 2008: 1).

des Konzepts vernetzter Sicherheit sicherheitspolitischen Gestaltungswillen unter Beweis stellt, ist dieser jedoch im Fall Frankreichs auf operativer Ebene – z. B. im Einsatzland – quasi nicht mehr nachvollziehbar. Im Falle Deutschlands hingegen spiegelt sich die auf der Hauptstadtebene vorgefundene Kultur der strategischen Zurückhaltung, die als schwach ausgeprägter sicherheitspolitischer Gestaltungswille bzw. als „Politik der Zurückhaltung" (so z. B. Naumann 2008b) interpretiert werden könnte, „im Feld" keineswegs mehr wider – vielmehr tritt auf der konkreten, thematischen und länderspezifischen Ebene sehr wohl politischer Gestaltungswille zu Tage. Insgesamt verdeutlicht der Vergleich nationaler Konzepte vernetzter Sicherheit den generischen Zusammenhang zwischen sicherheitspolitischem Gestaltungswillen und dem jeweiligen politischen System – weshalb die durch die Ergebnisse des vorliegenden Kapitels suggerierten Positionierungen Deutschlands, Frankreichs und Großbritanniens in den Spektren „Sicherheitspolitischer Gestaltungswille" und „Handlungsspielraum der Exekutive" in der Zusammenschau zu betrachten sind.

Hinsichtlich der Positionierung der drei untersuchten Staaten im Spektrum „Handlungsspielraum der Exekutive" zeugt der Vergleich der Konzepte vernetzter Sicherheit und deren Umsetzung somit von einem sehr engen politisch-rechtlichen Handlungsspielraum im Fall Deutschlands und wesentlich flexibleren politischen Systemen in Frankreich und Großbritannien. So stellt das deutsche politische System per se eine Herausforderung für die effektive Umsetzung des Konzepts vernetzter Sicherheit dar und lässt den politischen Entscheidungsträgern – insbesondere durch das Prinzip der individuellen Ressortverantwortung und die föderalistischen Strukturen – nur sehr enge politisch-rechtliche Handlungsspielräume. Das französische System hingegen weist – anders als das britische politische System, das von einer pragmatischen Flexibilität geprägt ist – eine starke Hierarchisierung der Außen-, Sicherheits- und Verteidigungspolitik auf sowie einen Staatspräsidenten, der diese strikt lenkt. Daher ist es im Falle Frankreichs auch nicht verwunderlich, dass sich der auf höchster politischer Ebene offensichtlich bestehende Gestaltungswille zur Umsetzung des Konzepts vernetzter Sicherheit aufzulösen scheint und Gräben zwischen den Ressorts zu Tage treten, sobald die Sphäre des Staatsoberhaupts verlassen wird. Es zeigte sich, dass neben einer notwendigen Vernetzung auf höchster politischer Ebene die Umsetzung der vernetzten Sicherheit auf operativer Ebene – durch übergreifende Strategien oder Instrumente – nicht vernachlässigt werden darf, um eine Kultur der Zusammenarbeit zwischen den verschiedenen Ressorts zu institutionalisieren und den für eine effektive, umfassende Außen-, Sicherheits- und Verteidigungspolitik unumgänglichen „Wandel in den Köpfen" herbeizuführen.

Insgesamt ergibt der vorangegangene Vergleich vor allem auffallende Unterschiede zwischen den jeweiligen Umsetzungen des Konzepts vernetzter Sicherheit und den – im Gegensatz dazu stehenden – wiederholt bekundeten deklaratorischen Bekenntnissen zu einem umfassenden sicherheitspolitischen Ansatz. Es wäre daher zu wünschen, dass in Zukunft gemäß der Leitidee „form follows function" die engen strukturellen Gegebenheiten des deutschen politischen Systems stärker überwunden werden können, damit die Diskrepanz zwischen deklaratorischer Betonung des umfassenden Sicherheitsverständnisses und der kohärenten und mutigen Umsetzung auf allen Ebenen verringert werden kann.

9 Schlussfolgerungen und Empfehlungen

Alexandra Jonas & Nicolai von Ondarza

> *„How can a proud European nation, which has forged its historical path by differentiating itself from its predatory (or subservient) neighbours, simply abandon centuries of glorious national endeavour and accept that the EU in (...) 2025 will be faced with an external environment which ignores the niceties (however bloody) of European national difference?"*[1]
>
> Howorth 2007: 205

Von Beginn an war die Entwicklung der Europäischen Sicherheits- und Verteidigungspolitik in ihrer Umsetzung und weiteren Vertiefung von der Unterstützung und den Ressourcen, also dem politischen Willen der EU-Mitgliedstaaten abhängig. Schon bei ihrer Entstehung nahmen Deutschland, unter dessen Ratspräsidentschaft die ESVP ins Leben gerufen wurde, sowie Frankreich und Großbritannien, deren historischer Kompromiss von St. Malo diese Entwicklung erst möglich machte, eine herausragende Stellung ein. Auch eine weitere Vertiefung der Zusammenarbeit im Bereich der Sicherheits- und Verteidigungspolitik ist auf europäischer Ebene nur mit der Unterstützung sowie den politischen und militärischen Ressourcen dieser drei Staaten möglich. Aufbauend auf der Annahme, dass Gemeinsamkeiten in den grundlegenden Aspekten der Sicherheits- und Verteidigungspolitik die Chancen für eine europäische Streitkräfteintegration erhöhen, wurden diese in Deutschland, Frankreich und Großbritannien vergleichend untersucht.

Die Untersuchung hat gezeigt, dass sich die drei Staaten auch nach zehn Jahren ESVP in einem komplexen Verhältnis zueinander befinden. Im Fokus standen sechs Teilbereiche ihrer Sicherheits- und Verteidigungspolitik – (I) die sicherheitspolitischen Bedrohungsanalysen, (II) die allgemeinen Leitlinien der Sicherheits- und Verteidigungspolitik, (III) die rechtlichen Rahmenbedingungen für den Streitkräfteeinsatz, (IV) die militärischen Fähigkeiten, (V) das Engagement auf internationaler Ebene sowie (VI) die verschiedenen Konzepte vernetzter Sicherheit und ihre Umsetzung – welche vor allem durch einen Vergleich ihrer sicherheits- und verteidigungspolitischen Grundsatzdokumente, dem deutschen Weißbuch (2006), dem französischen

---

1 „Wie kann eine stolze europäische Nation, welche ihren historischen Weg geprägt hat indem sie sich von ihren aggressiven (oder unterwürfigen) Nachbarn abgesetzt hat, einfach Jahrhunderte glorreicher nationaler Bestrebungen aufgeben und akzeptieren, dass die EU (...) 2025 mit einem Umfeld konfrontiert sein wird, welches die Feinheiten (wie blutig auch immer) europäischer nationaler Unterschiede ignoriert." (Übersetzung d. A.)

Livre Blanc (2008) und der britischen National Security Strategy (2008) analysiert wurden.

In der Gesamtschau dieser sechs Teilbereiche wurde deutlich, dass Übereinstimmungen und sich abzeichnende Annäherungen weiterhin eine Fülle von nationalen Eigenarten gegenüberstehen, mit denen sich die drei Staaten vor allem in der Umsetzung, zum Teil aber auch auf deklaratorischer Ebene konträr gegenüberstehen. Teilbereichübergreifend haben sich dabei vier Spektren herauskristallisiert, auf die sich die Unterschiede zurückführen lassen und in welchen sich das nationale Selbstverständnis sowie historisch-kulturelle Spezifika widerspiegeln – der sicherheitspolitische Gestaltungswille, das politische System und der sich daraus ergebende Handlungsspielraum, die außenpolitische Orientierung und das Verhältnis zum Einsatz militärischer Gewalt. Zur Systematisierung dieser nationalen Eigenarten werden daher im Folgenden aus der Zusammenschau aller Kapitel die Gemeinsamkeiten und Unterschiede der untersuchten Staaten in den vier Spektren analysiert:

Spektrum 1: Sicherheitspolitischer Gestaltungswille

Eine engere Zusammenarbeit im Bereich der Streitkräfte bedarf in erster Linie Übereinstimmungen darüber, mit welchem Gestaltungsanspruch und mit welchen Zielen die gemeinsamen Instrumente auf internationaler Ebene genutzt werden sollen. Als führende Industriestaaten mit erheblichen außen- und sicherheitspolitischen Handlungsressourcen verfügen alle drei Staaten im Vergleich zu den anderen EU-Mitgliedern über ein hohes Gestaltungspotenzial. Übereinstimmend drückt sich in ihren jeweiligen sicherheits- und verteidigungspolitischen Grundsatzdokumenten ein Gestaltungswille in kritischen internationalen Fragen aus. Sie sehen sich jeweils selbst in der Verantwortung, führend an internationalen Krisenmanagementoperationen teilzunehmen und im Rahmen einer wertebasierten Außen- und Sicherheitspolitik notfalls auch militärische Mittel einzusetzen. Dieser Führungsanspruch ist in Frankreich und Großbritannien eng mit ihrem internationalen Status als ständige Mitglieder im VN-Sicherheitsrat verknüpft – ein Status, den Deutschland mit Verweis auf sein internationales Engagement ebenfalls für sich fordert. Darüber hinaus richten alle drei Staaten – wenn auch von unterschiedlichen Ausgangspositionen – ihre Streitkräfte auf Flexibilität und schnelle Verlegbarkeit im internationalen Rahmen aus. Vor allem im Hinblick auf Deutschlands noch junge Rolle als Teilnehmer an Krisenmanagementoperationen hat hier eindeutig eine Annäherung stattgefunden.

Im Vergleich dennoch ausgeprägter zeigt sich dieser Gestaltungswille in Frankreich und Großbritannien, die jeweils für sich in ihren sicherheits- und verteidigungspolitischen Grundsatzdokumenten reklamieren, als letztes Mittel auch außerhalb internationaler Strukturen ihre Interessen militärisch durchzusetzen. Ein vergleichbares Offenhalten unilateraler Optionen findet sich im deutschen Weißbuch nicht wieder und das Durchführen solcher Einsätze wäre nach den Vorgaben des Grundgesetzes nicht zulässig. Unterstützt wird der britische und französische Führungsanspruch jeweils durch militärische Prestigeprojekte wie eigene Nuklearwaffen und Flugzeugträger, die als Symbole für eine führende Rolle in der internationalen Sicherheitspolitik geltend gemacht werden. Auch im Rahmen der Bedrohungsanalysen zeigt sich ein hervorgehobener Führungsanspruch Frankreichs und Großbritanniens, die anders als Deutschland die aufstrebenden Mächte als potenzielle Bedrohungen identifizieren. Frankreich sticht im Vergleich mit Großbritannien dabei durch seinen Anspruch als Führungsmacht ,in und für Europa' besonders deutlich hervor. Statt in einer vollen Führungsrolle sieht sich Deutschland hingegen mehr als mitverantwortlicher, verlässlicher Partner und Verbündeter.

Annäherungen kristallisierten sich allerdings in der Frage heraus, inwieweit die drei untersuchten Staaten bereit sind, im Rahmen multinationaler Zusammenarbeit auf bi- oder multilateraler Ebene Einschränkungen in ihrer eigenstaatlichen Handlungs- und Gestaltungsfreiheit in Kauf zu nehmen. Unabhängig, ob im EU- oder NATO-Rahmen demonstrieren sowohl Frankreich und Großbritannien als auch Deutschland eine klare Präferenz für intergouvernementale, die nationale Eigenständigkeit erhaltende Kooperationsformen, insbesondere bei der Aufstellung von Streitkräften und anderen militärischen Fähigkeiten. Vertikal integrierte Streitkräftestrukturen hingegen werden bisher nur auf zwischenstaatlicher Basis wie etwa in Form der deutsch-französischen Brigade verwirklicht. Jüngere Initiativen im Rahmen der EU oder der NATO setzen hingegen nahezu ausschließlich auf die horizontale Zusammenlegung von Fähigkeiten, was auf eine gewachsene Zurückhaltung bei der Abgabe von eigenstaatlicher Gestaltungsfreiheit hindeutet.

Abbildung 9.1: Sicherheitspolitischer Gestaltungswille

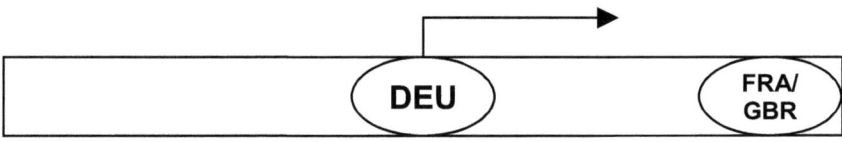

Strategische Zurückhaltung   *Strategischer Führungsanspruch*

Die Sicherheits- und Verteidigungspolitik ist ein sensibles Politikfeld, in dem auf der einen Seite kritische Situationen schnelle und flexible Entscheidungen erfordern können. Auf der anderen Seite gehört der Einsatz militärischer Mittel zu den schwierigsten Entscheidungen für demokratische Staaten, so dass er gerade in Gesellschaften mit kritischem Verhältnis zum Einsatz militärischer Gewalt besonderen rechtlichen Vorbehalten und Beschränkungen unterworfen ist. Da für die multinationale Zusammenarbeit in der Regel einstimmige Entscheidungen der beteiligten Staaten zur Unterstützung und Teilnahme mit nationalen Ressourcen notwendig sind, wirken sich Unterschiede in der Handlungsfreiheit der Exekutive auch auf multinationale Strukturen und Operationen aus. Die vergleichende Analyse hat hier deutliche Unterschiede zwischen Deutschland auf der einen sowie Frankreich und Großbritannien auf der anderen Seite offenbart. So enthält das deutsche Grundgesetz sehr konkrete Beschränkungen für den Einsatz bewaffneter Streitkräfte und schließt unilaterale Interventionen jenseits von Rettungseinsätzen aus. Mit der weitreichenden Parlamentsbeteiligung ist die deutsche Regierung auch bei multinationalen Einsätzen auf die Zustimmung und regelmäßige Einbindung des Bundestages angewiesen. In Frankreich und Großbritannien hingegen entscheidet weitgehend die Exekutive über Einsätze der Streitkräfte und ist dabei nur begrenzt eingeschränkt.

Die Unterschiede im Spektrum „Handlungsspielraum der Exekutive" wurden in der Analyse der Umsetzung der Konzepte vernetzter Sicherheit noch einmal verdeutlicht, da in Deutschland die Vernetzung verschiedener Ministerien mit größeren strukturellen Hürden konfrontiert wird. In Frankreich hingegen ist zwar eine Vernetzung über den Staatspräsidenten als zentrale Instanz auch jenseits der Sicherheits- und Verteidigungspolitik möglich, diese lässt sich aber nur begrenzt auf die unteren Ebenen übertragen. Im politisch-rechtlich am flexibelsten gestalteten britischen System konnten vernetzte Ansätze, bis hin zu interministeriellen Budgets, am pragmatischsten umgesetzt werden.

Die bislang substanziellste Annäherung zwischen den drei Staaten im Bereich des Handlungsspielraums hat sich schon vor Beginn der ESVP mit dem Urteil des Bundesverfassungsgerichts von 1994 ereignet, nach dem sich Deutschland heute ohne verfassungsrechtliche Beschränkungen an multinationalen Einsätzen im Rahmen von Systemen gegenseitiger Sicherheit beteiligen kann. Rechtlich gesehen steht Deutschland also ebenso wie Frankreich oder Großbritannien eine Teilnahme an Einsätzen der VN, der EU oder der NATO in ihrem gesamten Aufgabenspektrum offen. Jüngst hat zudem eine weitere Annäherung im Hinblick auf die Parlamentsbeteiligung bei Einsatzentscheidungen stattgefunden, die seit Juli 2008 in der französischen Verfassung verankert ist. Diese ist zwar mit der nachträglichen Zustimmung und der Beschränkung auf längerfristige Einsätze schwächer ausgeprägt als die Vorschriften des deutschen Parlamentsbeteiligungsgesetzes, verpflichtet die französische Exekutive aber fortan zur regelmäßigen Abstimmung mit dem Parlament. Gleichzeitig wird auch in Großbritannien über die Einführung einer Parlamentsbeteiligung vor Entscheidungen zur Beteiligung an größeren Einsätzen diskutiert. Sollte diese wie geplant umgesetzt werden, wären in Zukunft alle drei Regierungen verpflichtet, multinationale Einsätze in ihren jeweiligen Parlamenten zu rechtfertigen und zur Abstimmung vorzulegen.

Insgesamt ist damit ein Korridor für gemeinsames Handeln im Rahmen von VN, EU und NATO vorhanden, der auf nationaler Ebene durch die parlamentarische Beteiligung an Einsatzentscheidungen in unterschiedlichem Maße einer demokratischen Kontrollinstanz unterworfen ist. Für die Kooperations- und Integrationsprojekte im Bereich der Sicherheits- und Verteidigungspolitik besteht also heute schon ein Rahmen, in dem potenzielle Kräfte gemeinsam eingesetzt werden können.

Abbildung 9.2: Handlungsspielraum der Exekutive

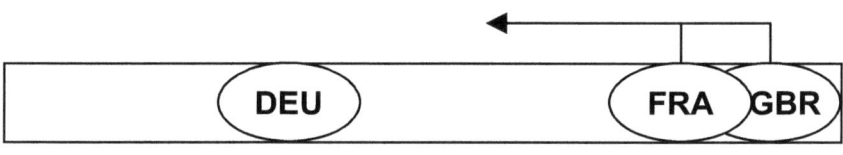

Enge Handlungsspielräume   *Flexibilität*

Spektrum 3: Außenpolitische Orientierung

Auch nach zehn Jahren Europäischer Sicherheits- und Verteidigungspolitik stellen die Divergenzen über die außenpolitische Orientierung zwischen transatlantischem und europäischem Fokus eine der zentralen Konfliktlinien der Sicherheits- und Verteidigungspolitiken der drei untersuchten Staaten dar. Die traditionelle Spaltung hat sich hier in der detaillierten Analyse bestätigt – während Großbritannien seine Sicherheits- und Verteidigungspolitik vornehmlich entlang dem „special relationship" mit den USA und in der NATO organisiert, strebt Frankreich eine stärkere autonome Rolle der EU an.

Dennoch fahren beide Staaten heute eine Doppelstrategie – sowohl London als auch Paris bekennen sich politisch vollständig zur Beteiligung in beiden Organisationen, wie die Aufnahme der ESVP in die britische NSS und zuletzt die angekündigte Rückkehr Frankreichs in die militärische Struktur der NATO illustrieren. Blickt man aber auf die Umsetzung in Form von potenziell bereitgestellten militärischen Fähigkeiten und tatsächlichen Operationsbeteiligungen, investiert Frankreich mit Abstand am meisten Ressourcen in die ESVP, während Großbritanniens Streitkräfte vornehmlich im NATO-Rahmen oder in der Koalition mit den USA eingesetzt werden. Deutschland hingegen zielt mit seiner gleichrangigen Unterstützung von ESVP und NATO auf eine Mittlerrolle ab und hat sich in der Vergangenheit in beiden Organisationen substanziell engagiert. Ein ähnliches Bild bietet sich bei den Vorhaben zur Verbesserung der militärischen Fähigkeiten, wie etwa den Projekten im Rahmen der Europäischen Verteidigungsagentur oder zum Aufbau von satellitengestützten Aufklärungssystemen, in denen Frankreich, aber auch Deutschland auf europäische Lösungen setzen, während Großbritannien sich weniger beteiligt und stattdessen Kooperationen mit den USA präferiert: „For the British military, the US is the Premier League – and every opportunity to train or play with them is to be seized. It is American good opinion which counts above all – and a sense of losing it that has precipitated the latest round of self-doubt." (Witney 2009)[2]

Problematisch für die sicherheits- und verteidigungspolitische Zusammenarbeit bleibt dabei, dass Frankreich und Großbritannien die beiden Organisationen weiterhin unterschiedlich konzeptionalisieren: Von einem Führungsanspruch für Europa auf gleicher Ebene mit den USA (Frankreich) bis hin zu einer ESVP für kleinere und zivile Operationen (Großbritannien). In diesem Sinne sind auch die Annäherungen zu interpretieren: Frankreichs Wiedereintritt in die militärische Struktur zielt primär darauf ab, langfristig die europäische Dimension in der Sicherheits- und Verteidigungspolitik und Frankreichs Führungspotenzial bei der Entwicklung dieser zu stärken. Auf der anderen Seite ist das erklärte ratio hinter dem britischen Engagement in der ESVP eine Verbesserung der europäischen militärischen Fähigkeiten, um die Balance in der transatlantischen Allianz zu halten. Damit liegt diesen Annäherungen immerhin die Einsicht zugrunde, dass eine allein auf die EU bzw. NATO ausgerichtete Strategie am Widerstand der anderen Seite scheitern würde, so dass sich die weiterhin divergierenden außenpolitischen Orientierungen in der Praxis zu einer (begrenzten) Konvergenz und der Zusammenarbeit in beiden Organisationen gewandelt haben.

---

2   „Für die britischen Streitkräfte sind die USA die Premier League [oberste englische Fußballliga, Anm. d. A.] – und jede Möglichkeit, mit ihr zu trainieren oder zu spielen, sollte genutzt werden. Eine vorteilhafte amerikanische Meinung ist für sie das Wichtigste – und es ist das Gefühl, sie verloren zu haben, das den letzten Zweifel an sich selbst vorausgegangen ist." (Übersetzung d. A.)

Abbildung 9.3: Außenpolitische Orientierung

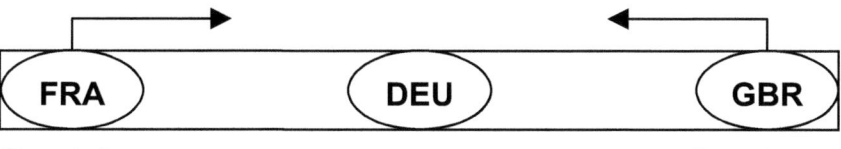

Europäisch   Transatlantisch

Spektrum 4: Verhältnis zum Einsatz militärischer Gewalt

Die Europäische Sicherheitsstrategie konstatiert, ähnlich wie die nationalen sicherheits- und verteidigungspolitischen Grundsatzdokumente, dass die analysierten Bedrohungen nicht rein militärischer Natur sind und „(...) auch nicht mit rein militärischen Mitteln bewältigt werden [können]" (Europäischer Rat 2003: 7). In der Folge haben sich alle drei Staaten der Kombination von militärischen und zivilen Mitteln verschrieben. Der Einsatz militärischer Gewalt wird demnach – zumindest auf deklaratorischer Ebene – als ultima ratio gesehen und sollte mit diplomatischen und zivilen Mitteln ergänzt und verknüpft werden. Grundsätzlich sehen also Deutschland, Frankreich und Großbritannien für ihre Streitkräfte und Streitkräftebeteiligungen ein vergleichbares Aufgabenspektrum, das von der klassischen Verteidigung über friedenserhaltende bis zu friedensschaffenden Maßnahmen mit Kampfeinsätzen reicht, während die Territorialverteidigung in allen drei Staaten in den Hintergrund gerückt ist. In diesem Zusammenhang erklären alle drei Staaten in ihren Grundsatzdokumenten, ihren Haushalt für Verteidigung in den kommenden Jahren real erhöhen zu wollen.

Trotz dieser Parallelen bleiben maßgebliche Unterschiede hinsichtlich des Gesamtumfangs der Verteidigungsausgaben bestehen, so dass Frankreich und Großbritannien weiterhin, gemessen an ihrer Wirtschaftskraft, deutlich mehr finanzielle Mittel in ihre Streitkräfte investieren als Deutschland. Vergleicht man darüber hinaus die sicherheits- und verteidigungspolitischen Grundsatzdokumente, wird im deutschen Weißbuch semantisch eine stärkere Zurückhaltung gegenüber friedensschaffenden Operationen und Kampfeinsätzen und damit gegenüber dem Einsatz militärischer Gewalt mit Zwangscharakter geübt. Diese Unterschiede werden, betrachtet man die Vorgaben für den Einsatz militärischer Mittel im Innern, noch einmal unterstrichen: Während sich Deutschland auf internationaler Ebene im Kosovo, in der Demokratischen Republik Kongo und Afghanistan *de facto* auch an Einsätzen mit kritischerem Charakter, einschließlich Kampfeinsätzen, beteiligt, unterscheiden sich die Vorgaben für den Einsatz bewaffneter Streitkräfte im Inland maßgeblich von denen in Frankreich und Großbritannien. So wird der Einsatz der

Bundeswehr in Deutschland äußerst kontrovers diskutiert und ist im Grundgesetz sowie der Rechtssprechung des Bundesverfassungsgerichts engen Schranken unterworfen. In Frankreich und Großbritannien hingegen ist die Möglichkeit eines solchen Einsatzes politisch akzeptiert – wie auch schon die Existenz einer über 100 000 Mann umfassenden Gendarmerie in Frankreich oder die britische Operation Banner in Nordirland demonstrieren.

Abbildung 9.4: Verhältnis zum Einsatz militärischer Gewalt

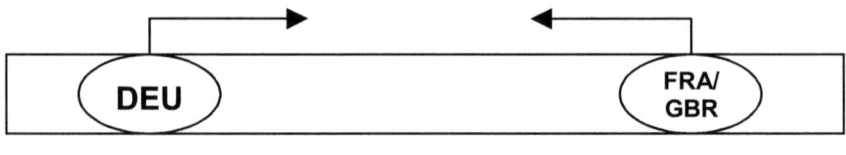

„Soft Power"   *„Hard Power"*

9.1   Die europäische Streitkräfteintegration – eine gemeinsame Perspektive?

In der Gesamtschau der sicherheits- und verteidigungspolitischen Grundlagen Deutschlands, Frankreichs und Großbritanniens lassen sich zwei nur auf den ersten Blick widersprüchliche Trends ausmachen – ein Fortbestehen nationaler Besonderheiten bei gleichzeitigen graduellen Annäherungen. Der übereinstimmende Handlungskorridor, der sich den drei Staaten auf europäischer und transatlantischer Ebene bietet, kann nur bei gemeinsamem politischen Willen beschritten werden. Dabei stehen Berlin, London und Paris, nimmt man die vier Spektren zusammen, wie im Dreieck gegenüber – während Frankreich und Großbritannien auch weiterhin im Spektrum zwischen europäischer und transatlantischer Orientierung aufgrund ihrer unterschiedlichen Konzeptionalisierung der EU immer wieder in Konflikte geraten, ist es Deutschland, das sich vor allem in Fragen des Einsatzes militärischer Gewalt von seinen britischen und französischen Partnern abhebt. In den Spektren Sicherheitspolitischer Gestaltungswille und Handlungsspielraum der Exekutive hat es zwar Annäherungen gegeben, aber auch hier setzt sich Deutschland von den stärker übereinstimmenden Positionierungen Frankreichs und Großbritanniens ab.

    Den Schlüssel zum Verständnis dieser nationalen Besonderheiten, die trotz übereinstimmender Bedrohungsanalyse, gemeinsamen Interessen und der Einbettung in den internationalen Rahmen von EU und transatlantischer Allianz geblieben sind, liegt in kulturellen und normativen Einflüssen auf die jeweilige nationale Sicherheits- und Verteidigungspolitik. Aufbauend auf individuellen historischen Erfahrungen unterscheiden sich die Staaten weiterhin hinsichtlich ihrer „(...) particular sets of normative and cognitive beliefs evolved from the experiences held by a collective (usually a nation) about the use of force in international politics"[3] (Longhurst 2000: 3001). So sind beispielsweise die größeren Handlungsbeschränkungen und die stärkere sicherheitspolitische Zurückhaltung in Deutschland auf seine Erfahrungen aus dem Zweiten Weltkrieg zurückzuführen („Nie wieder Krieg"). Auf der anderen Seite ist die hohe Bereitschaft Frankreichs, sich mit bewaffneten Streitkräften an Auslandseinsätzen zu beteiligen, eng mit seiner kolonialen Vergangenheit verknüpft. Dieser Aspekt der strategischen Kultur Frankreichs wirkt sich aber gleichzeitig auch in der Gestaltung seiner rechtlichen Rahmenbedingungen (wie z. B. der alleinigen Entscheidungsbefugnis der Exekutive) oder den im Vergleich zu Deutschland höheren Ausgaben für Verteidigung aus (vgl. Giegerich 2006: 116–120). Das Vereinigte Königreich hingegen hat sich nach dem Verlust des britischen Empire eng an den USA orientiert und darauf abgezielt, als „force for good" weltpolitischen Einfluss geltend zu machen – „But for reasons mainly of history and pride, Britain has wanted to sit at the top table, to be a ‚force for good' in the world. It has seen its best chance of doing so in being America's closest friend, ready to take on a hard fight; and this role has won it not just diplomatic cloud but also preferential access to intelligence and technology."[4] („Britain's armed forces. Overstretched, overwhelmed and over there"; Economist, 31. Januar 2009: 10)

Gleichzeitig lehrt die strategische Kulturen-Forschung, dass diese kulturelle Komponente nationaler Sicherheits- und Verteidigungspolitik zwar zeitlich gesehen relativ stabil ist und in der Regel die Ära ihrer Begründung überdauert, aber unter dem Einfluss externer Faktoren und neuer Erfahrungen durchaus wandelbar ist (Hyde-Price 2004: 326). In der Analyse der grundlegenden Aspekte der britischen, deutschen und französischen Sicherheits- und Verteidigungspolitiken haben sich in diesem Sinn in allen vier untersuchten Spektren – unterschiedlich stark ausgeprägte – partielle Annäherungen gezeigt, welche zumindest graduell auf eine Konvergenz hin zu einer europäischen strategischen Kultur deuten. Obgleich im Ergebnis das in der Europäischen Sicherheitsstrategie postulierte Ziel einer „gemeinsamen europäischen

---

3   „(...) eine bestimmte Menge an normativen und kognitiven Überzeugungen, die ein Kollektiv (üblicherweise eine Nation) aus ihren Erfahrungen heraus über die Anwendung militärischer Gewalt in der internationalen Politik entwickelt hat." (Übersetzung d. A.)

4   „Aber Großbritannien wollte vor allem aus historischen Gründen und aus nationalem Stolz mit am Tisch sitzen, eine ‚Kraft für das Gute' in der Welt sein. Der engste Freund Amerikas zu sein, erschien der beste Weg dahin zu sein, bereit die harten Kämpfe anzunehmen; und die Rolle hat Großbritannien nicht nur diplomatischen Einfluss verschafft, sondern auch bevorzugten Zugang zu Nachrichtengewinnung und technologischem Fortschritt." (Übersetzung d. A.)

Strategiekultur" (Europäischer Rat 2003: 11), also selbst im Vergleich dreier Staaten noch in weiter Ferne liegt, gehören beispielsweise der Raum Afghanistan/Pakistan und der westliche Balkan heute sowohl in den Grundsatzdokumenten Deutschlands, Frankreichs und Großbritanniens als auch in Bezug auf ihre Truppenentsendungen zu ihren geografischen Schwerpunkten. Die gemeinsame Forderung nach einer wertebasierten Sicherheits- und Verteidigungspolitik, die parallelen Fähigkeitsentwicklungen, die stärkere parlamentarische Einbindung in Frankreich und Großbritannien, das Bekenntnis zur vernetzten Sicherheit und die multilaterale Orientierung bilden Grundpfeiler, auf denen auch die bisherige Entwicklung der ESVP aufbaut. Kurzum: Die Sicherheits- und Verteidigungspolitik in allen drei Staaten hat heute eine fest verankerte europäische Dimension.

Eine Streitkräfteintegration, wie sie etwa mit der Deutsch-Französischen Brigade oder dem Deutsch-Niederländischen Korps verwirklicht wurde, ist aber auf EU-Ebene bisher ausgeblieben. Die EU-Streitkräftestrukturen, einschließlich der EU-Battlegroups, beruhen weiterhin ausschließlich auf dem temporären Zusammenlegen von nationalen Einheiten auf einer Fall-zu-Fall Basis. Selbst auf den Aufbau substanzieller Planungs- und Führungsfähigkeiten für gemeinsame militärische EU-Operationen konnten sich die EU-Mitgliedstaaten bis heute nicht einigen. Doch welche Chancen und Hindernisse ergeben sich aus dieser Analyse für eine zukünftige europäische Streitkräfteintegration, die maßgeblich von einer Unterstützung der EU-3 abhängt?

Einen ersten Anknüpfungspunkt für eine gemeinsame Sicherheits- und Verteidigungspolitik bietet die Konvergenz im sicherheitspolitischen Gestaltungswillen der drei Staaten. Die sowohl von Paris und London als auch von Berlin in ihren Grundsatzdokumenten eingeforderte international gestaltende Rolle ist angesichts der schwindenden Bedeutung individueller europäischer Staaten heute wirtschaftlich, politisch und militärisch nur gemeinsam zu realisieren. Selbst in Großbritannien wird in Bezug auf das „special relationship" mit den USA seit den Erfahrungen des Irak-Krieges diskutiert,[5] ob die Ressourcen der überforderten britischen Armee noch ausreichen, um über einen substanziellen Beitrag zur US-amerikanischen Sicherheits- und Verteidigungspolitik als Juniorpartner in Washington Einfluss zu erlangen oder ob der realistischere Weg nicht heute über die EU laufe. So provozierte etwa der aus dem britischen Verteidigungsministerium stammende ehemalige Vorsitzende der Europäischen Verteidigungsagentur Nick Witney im Januar 2009

---

5   Obwohl Großbritannien sich mit 45 000 Soldaten, also einem Großteil seiner Streitkräfte, an der US-geführten Invasion des Iraks beteiligt hat, wurde dieser Beitrag von der Bush-Regierung nicht als essenziell für die Durchführung der Operation gesehen und gleichzeitig wird im Vereinigten Königreich bemängelt, man habe nicht genügend Einfluss auf die Einsatzentscheidung und den Verlauf der Operation gehabt (Wither 2006: 49).

mit folgender Aussage: „Meanwhile, President Sarkozy has been giving master-classes in how to advance the national interest through the medium of Europe. It is past time for the British to take a realistic view of their interests in the world, what sort of an international actor we can afford to be, and which partners we should work with. Like it or not, the route to real influence in Washington (or Moscow, or Beijing) now increasingly lies through leadership in Europe."[6] (Witney 2009) In den Atom-Verhandlungen mit dem Iran haben die drei Staaten bereits die Einsicht übernommen, dass sie erheblichen internationalen Einfluss, wenn überhaupt, nur noch gemeinsam entfalten können. Übertragen auf die ESVP könnte also gerade der nationale Gestaltungswille der drei großen Staaten als Katalysator für eine europäische Streitkräfteintegration wirken.

Als Kehrseite erweist sich allerdings die wachsende Übereinstimmung im sicherheitspolitischen Gestaltungswillen als nationaler Akteur, der auch im europäischen Rahmen auf möglichst großem eigenstaatlichen Handlungsspielraum besteht. Dieses Bestreben steht mit allen Formen (europäischer) Streitkräfteintegration im Widerspruch, die über das temporäre Zusammenlegen nationaler Fähigkeiten hinausgehen und die Aufgabe unilateraler Gedankenspiele erfordern. Solange die drei wichtigsten sicherheits- und verteidigungspolitischen Akteure in der EU nicht bereit sind, zumindest in einzelnen Fähigkeitsbereichen auf Teile ihrer unilateralen Handlungsfähigkeit zu verzichten, werden unnötig Fähigkeiten dupliziert und folglich benötigte Mittel für die Fähigkeitsentwicklung und/oder gemeinsame Operationen fehlen.

Im Bereich des Handlungsspielraums ist zunächst die Bestimmung des gemeinsamen Aufgabenspektrums, auch für potenziell stärker integrierte europäische Streitkräfte, weitgehend unstrittig. So ist bereits im aktuellen EU-Vertrag und der Europäischen Sicherheitsstrategie der gesamte Bereich des militärischen Krisenmanagements verankert (vgl. von Ondarza 2008: 12–13, 19) und könnte auf gemeinsame Fähigkeiten ohne Probleme übertragen werden. Die in Deutschland und Frankreich verfassungsrechtlich ausgeschlossene Beteiligung an einem Angriffskrieg sollte auch in Großbritannien und der gesamten EU-27 konsensfähig sein. Als kritischer Punkt hat sich in der Analyse die Frage danach herausgestellt, ob der Einsatz gemeinsamer Fähigkeiten rechtlich verbindlich ein Mandat des VN-Sicherheitsrates voraussetzen sollte. Möglicherweise bietet der Vertrag von Lissabon hier bereits eine Lö-

---

6 „In der Zwischenzeit hat der französische Präsident Sarkozy ein Hauptseminar darin gegeben, wie man die nationalen Interessen durch das Medium Europa durchsetzt. Es ist höchste Zeit, dass Großbritannien einen realistischen Blick darauf wirft, was seine Interessen in der Welt sind, welche Art von internationaler Akteur zu sein es sich leisten kann und mit welchen Partnern wir zusammenarbeiten sollen. Ob es gefällt oder nicht, der Weg zu wirklichem Einfluss in Washington (oder Moskau, oder Peking) führt mehr und mehr über eine Führungsposition in Europa." (Übersetzung d. A.)

sungsformel an, indem er das Krisenmanagement der EU unter den Vorbehalt stellt, dass es „(...) in Übereinstimmung mit den Grundsätzen der Charta der Vereinten Nationen" (Art. 42 Abs. 1 EUV/Lissabon) sein solle.

Mit einer Reihe von Problemen verbunden ist jedoch in dieser Hinsicht der Aspekt, inwieweit europäische Streitkräftestrukturen jenseits des Krisenmanagements auch für den originären Bereich der Sicherheits- und Verteidigungspolitik eingesetzt werden können, der territorialen Verteidigung gegen bewaffnete Angriffe von außen. Eine solche Aufgabenzuweisung würde direkt in den Kernbereich der NATO hineinreichen und damit den Konflikt zwischen transatlantischer oder europäischer Orientierung verstärkt aufwerfen. Gleichzeitig liegt die gemeinsame Verteidigung bislang außerhalb des Kompetenzbereiches der EU[7] und würde bei einer Einführung nicht nur auf den Widerstand derjenigen Staaten treffen, die eine kollektive Verteidigung in der NATO organisieren, sondern auch der bündnisfreien Staaten wie Irland oder Österreich, für die die Beteiligung an einem militärischen Beistandsbündnis eine rote Linie darstellt.[8] Um angesichts dieser mannigfaltigen Probleme ein Scheitern zu verhindern, sollte die Streitkräfteintegration zumindest im europäischen Rahmen von der Ausweitung auf Verteidigung Abstand nehmen und sich auf das militärische Krisenmanagement konzentrieren.

Ein substanzielleres Hindernis im Spektrum Handlungsspielräume der Exekutive stellen die unterschiedlichen Entscheidungsverfahren auf nationaler Ebene dar, denn auch bei stärker integrierten Streitkräftestrukturen wie der Deutsch-Französischen Brigade erfordert jeder individuelle Einsatz die Zustimmung aller beteiligten Staaten. Dies beinhaltet in Deutschland, aber auch in elf anderen EU-Mitgliedstaaten, die vorherige Einbindung des Parlaments, so dass deren Regierungen auf europäischer Ebene Beteiligungszusagen nur unter dem Vorbehalt parlamentarischer Zustimmung geben können (von Ondarza 2008a: 14). Trotz der möglichen Verzögerungen, die mit den dafür erforderlichen innenpolitischen Abstimmungsprozessen einhergehen, sollte dieses notwendige Element demokratischer Kontrolle nicht durch europäische Streitkräftestrukturen ausgehebelt werden, über deren Einsatz bislang

---

7   In Abgrenzung zur Europäischen Sicherheits- und Verteidigungspolitik liegt die gemeinsame Verteidigung gemäß Art. 17 EUV (bzw. Art. 42 EUV/Lissabon) außerhalb des Kompetenzbereichs der Union (vgl. von Ondarza 2008: 12–13).

8   Mit Finnland, Irland, Malta, Österreich und Schweden gehören aktuell fünf Staaten der EU an, die sich entweder politisch (Finnland, Schweden) oder rechtlich (Irland, Malta, Österreich) zu einer militärischen Neutralität verpflichtet haben. Insbesondere in der zweiten Gruppe würde die Einrichtung einer militärischen Beistandsverpflichtung im EU-Rahmen eine Verfassungsänderung erfordern (von Ondarza 2005). Zuletzt hat das negative Referendum zum Vertrag von Lissabon in Irland, in dem die Nein-Kampagne maßgeblich auf dem Argument aufgebaut hat, dass der Vertrag die irische Neutralität untergrabe, die politische Brisanz dieser Frage auch jenseits der NATO-EU-Dichtonomie demonstriert (Gastinger/Lieb/Maurer/Ginley 2008).

auf EU- bzw. NATO-Ebene allein die Regierungen entscheiden.[9] Im EU-Rahmen bleibt das Europäische Parlament in allen Entscheidungen über militärische EU-Operationen außen vor und sollte in Zukunft stärker an der Sicherheits- und Verteidigungspolitik beteiligt werden. Solange aber eine ausreichende parlamentarische Kontrolle auf EU-Ebene nicht gewährleistet wird, ist der Parlamentsvorbehalt auf nationaler Ebene rechtlich und politisch in Staaten wie Deutschland ohne Alternative.

Die Frage nach der außenpolitischen Orientierung stellt das eklatanteste Hindernis dar. So steht eine tiefergehende europäische Streitkräfteintegration im Konflikt mit der bisherigen britischen Konzeptionalisierung der EU als Akteur für zivile und kleinere militärische Operationen, während anspruchsvollere Einsätze der NATO bzw. Koalitionen mit den USA vorbehalten sein sollen. Eine Fundamentalopposition Großbritanniens – oder Frankreichs – ist daher nur zu verhindern, wenn die zu schaffenden europäischen Streitkräftestrukturen potenziell der Europäischen Union *und* der transatlantischen Allianz zu Gute kommen. Darin liegt gleichzeitig auch eine Chance für die europäische Streitkräfteintegration – sowohl Frankreich als auch Großbritannien sind daran interessiert, die militärischen Fähigkeiten der EU bzw. der NATO zu verbessern, wobei die Anforderungen beider Organisationen sich überschneiden. Das gemeinsame Schließen von Fähigkeitslücken wie dem strategischen Lufttransport oder von Hubschraubern bietet daher sowohl für London als auch Paris Anreize für eine europäische Streitkräfteintegration. Eine Streitkräfteintegration aber, die entweder allein auf den NATO- oder allein auf den EU-Rahmen ausgerichtet wird, sollte hingegen zwangsläufig am Widerstand aus Paris oder London scheitern.

Einen Anknüpfungspunkt für die Aufstellung gemeinsamer Streitkräftestrukturen aus Perspektive der außenpolitischen Orientierung bieten indes die weitgehend übereinstimmenden geografischen Schwerpunkte. Gerade in Krisengebieten, in denen vornehmlich europäische und nur bedingt US-amerikanische Interessen berührt sind – wie etwa dem Balkan, Nord- sowie Subsahara-Afrika oder der Kaukasusregion – fordern sowohl die Regierungen von Deutschland und Frankreich (Merkel/Sarkozy 2009) als auch Großbritanniens (Cabinet Office 2008: 37), dass die Europäer mehr Verantwortung übernehmen. Auch im Nahen Osten, in dem die USA in Folge ihrer politischen Nähe zu Israel und des Irak-Krieges kaum mehr als Truppensteller für friedenserhaltende Einsätze akzeptiert werden, wird in Krisen wie dem Juli-Krieg von 2006 zwischen Israel und der Hisbollah („Friedenstruppe. Olmert will EU Soldaten"; Süddeutsche Zeitung, 23. Juli 2006) oder – wie bei der Rede des palästinensischen Präsidenten Mahmud Abbas vor dem Europäi-

---

9   So werden die Entscheidungen zur Durchführung einer militärischen Operation in der EU vom Rat der Außenminister und in der NATO vom NATO-Rat getroffen.

schen Parlament zum Gaza-Krieg vom Winter 2008/2009 (Europäisches Parlament 2009) – vermehrt nach europäischen Truppen gerufen. In all diesen Gebieten waren oder sind europäische Streitkräfte bereits im multinationalen Rahmen aktiv. Diese stellen somit auch in Zukunft einen geografischen Bereich dar, in denen gemeinsame europäische Einsätze gefordert sind.

Ein potenzielles Hindernis für eine verstärkte europäische Streitkräfteintegration stellt zuletzt das trotz leichter Annäherungen weiterhin deutlich variierende Verhältnis zum Einsatz militärischer Gewalt dar. Wie aufgezeigt investiert Deutschland weniger in seine militärischen Fähigkeiten, ist bei Kampfeinsätzen zurückhaltender und hat den Einsatz seiner Streitkräfte im Rahmen der ISAF-Operation in Afghanistan sowie 2006 in der EU-Operation EUFOR RD CONGO besonderen Vorbehalten unterstellt. Frankreich und Großbritannien hingegen zeigen sich eher zu Einsätzen bereit, die ein Element von militärischem Zwang enthalten und potenziell mit Opfern unter den eigenen Soldaten und der Zivilbevölkerung verbunden sind. Für die Zusammenarbeit in der Sicherheits- und Verteidigungspolitik können diese Unterschiede dann zum Problem werden, wenn die Notwendigkeit zum Einsatz militärischer Mittel unterschiedlich bewertet werden. Potenziell ebenso problematisch sind multinationale Operationen, in denen die jeweiligen nationalen Kontingente aufgrund eines abweichenden Verhältnisses zum Einsatz militärischer Gewalt unterschiedlichen Mandaten und/oder Einsatzregeln unterworfen sind und in der Folge nur beschränkt gemeinsam eingesetzt werden können. Diese – auch in den jeweiligen Bevölkerungen – tief verankerten Ansichten werden sich allenfalls nur langfristig mit gemeinsamen Erfahrungen annähern.

Insgesamt ist die europäische Streitkräfteintegration damit trotz der bereits erfolgten Annäherungen allein im Rahmen eines Vergleichs von drei Mitgliedstaaten mit strukturellen und politischen Hindernissen konfrontiert, deren Überwindung substanzielle politische Anstrengungen erfordern würden. Zusätzlich ist zu bedenken, dass mit Deutschland, Frankreich und Großbritannien zunächst diejenigen drei Staaten mit den größten Handlungsressourcen in der europäischen Sicherheits- und Verteidigungspolitik und damit einer herausragenden Wichtigkeit für die gemeinsame Aufstellung von Fähigkeiten untersucht wurden. Diese nehmen zwar aufgrund ihrer Größe, ihrer internationalen Bedeutung und Verflechtung mit anderen internationalen Akteuren innerhalb der EU eine Sonderstellung ein. Für eine umfassende und dauerhafte Streitkräfteintegration gilt es aber, die kleinen und mittelgroßen EU-Mitgliedstaaten zu überzeugen und einzubinden. So bringen beispielsweise die mittel- und osteuropäischen Staaten oder die bündnisfreien Staaten weitere nationale Besonderheiten mit, die bei der Entwicklung der europäischen Streitkräfteintegration beachtet werden müssen.

In einem nächsten Schritt des Forschungsschwerpunkts Multinationalität/Europäische Streitkräfte am Sozialwissenschaftlichen Institut der Bundeswehr sollen auf Basis der gewonnenen Erkenntnisse und des Analyserasters die anderen Mitgliedstaaten der EU untersucht werden, um ein umfassenderes Bild der Konfliktlinien und Berührungspunkte zu gewinnen. Parallel wird die Untersuchung der sicherheits- und verteidigungspolitischen Grundlagen Deutschlands, Frankreichs und Großbritanniens mit einer vergleichenden Befragung der Bevölkerungen ausgeweitet, um die gesellschaftlichen Perzeptionen von Sicherheits- und Verteidigungspolitik in den vier Spektren zu analysieren. Zusammengenommen wird dabei gefragt werden, in welchem Verhältnis die Einstellungen der britischen, deutschen und französischen Bevölkerungen zur Umsetzung auf deklaratorischer und tatsächlicher Ebene stehen. In weiteren Schritten soll der Einfluss europäischer Initiativen – wie etwa der Europäischen Verteidigungsagentur auf die Sicherheits- und Verteidigungspolitiken der Mitgliedstaaten und die Weiterentwicklung europäischer Streitkräfteintegration untersucht werden.

9.2   Handlungsempfehlungen

Im Dezember 2008 haben die Staats- und Regierungschefs der EU-Mitgliedstaaten in ihrer „Declaration on Strengthening Capabilities" erneut unterstrichen, dass der Aufbau glaubwürdiger militärischer und ziviler Fähigkeiten der Schlüssel und zugleich der wichtigste nächste Schritt für die Weiterentwicklung der ESVP ist – „Strengthening available capabilities in Europe will therefore be the principal challenge faced in the years ahead."[10] (Europäischer Rat 2008) Angesichts der haushaltspolitischen Situation der meisten EU-Mitgliedstaaten kann dieses Ziel nur mit verstärkter Zusammenarbeit und Integration im Bereich der Streitkräfteentwicklung erreicht werden. Perspektivisch wird dieser Druck auf die nationalen Verteidigungshaushalte weiter zunehmen, da im Zuge der Finanzkrise gerade die größeren EU-Mitgliedstaaten substanziellen finanziellen Mehrbelastungen ausgesetzt sind, die den Spielraum für Investitionen im Bereich der Sicherheits- und Verteidigungspolitik weiter verringern werden („Krise setzt Rüstungsplanung unter Druck"; Handelsblatt, 06. Februar 2009). Um das seit dem Bestehen der ESVP konstatierte „Missverhältnis zwischen politischen Ambitionen und realen Fähigkeiten" (Kempin/Overhaus 2009) langfristig zu beheben, folgert da-

---

10   „Die Verbesserung der verfügbaren [militärischen, Anm. d. A.] Kapazitäten in Europa wird
      daher die Hauptherausforderung in den kommenden Jahren sein." (Übersetzung d. A.)

her auch der Europäische Rat, dass „(...) such a goal can only be achieved through a joint, sustained and shared effort (...)"[11] (Europäischer Rat 2008).

Den erklärten Ambitionen zum Trotz hat die Analyse gezeigt, dass der Aufbau militärischer Fähigkeiten allein zwischen den drei großen EU-Staaten mit erheblichen Hindernissen konfrontiert ist, unter deren Einfluss eine tiefergehende europäische Streitkräfteintegration bis heute ausgeblieben ist. Wenn sie das Ziel von verbesserten europäischen Fähigkeiten erreichen wollen, sollten gerade Deutschland, Frankreich und Großbritannien auf die Überwindung dieser Hindernisse hinarbeiten, da ein glaubwürdiger Aufbau europäischer Fähigkeiten nur mit der Beteiligung und Unterstützung aller drei Staaten zu realisieren ist. Die deutsche Politik sollte darauf achten, sich führend an diesem Aufbau zu beteiligen, um von seinen Verbündeten in London und Paris nicht vor vollendete Tatsachen gestellt zu werden. Deutschland ist gleichzeitig als Mittler zwischen europäischer und transatlantischer Orientierung hier besonders gefragt. Ausgehend von dieser Analyse sollten die drei Staaten dabei vor allem folgende drei Punkte angehen:

Erstens sollte der Austausch mit französischen und britischen Entscheidungsträgern und Experten über Herausforderungen, Inhalte und Ziele der jeweiligen Sicherheits- und Verteidigungspolitik institutionalisiert werden. Denn angesichts komplexer, sich ständig wandelnder Bedrohungen werden die Grundlagen der deutschen Sicherheits- und Verteidigungspolitik kontinuierlich überprüft und weiterentwickelt. Nur vor dem Hintergrund der durch einen engen Austausch gewonnenen Erkenntnisse über die grundlegenden Aspekte der Sicherheits- und Verteidigungspolitiken der europäischen Partner kann innerhalb dieser Weiterentwicklung – perspektivisch auch in einem zukünftigen deutschen Weißbuch – eine bewusste Annäherung, aber auch eine klare Abgrenzung stattfinden. So kann ein kontinuierlicher Diskurs zwischen den drei wichtigsten Staaten in der ESVP zu der Entstehung einer gemeinsamen Strategiedebatte, einschließlich der Bottom-up-Identifizierung gemeinsamer Inhalte und Ziele beitragen und somit einen wichtigen Impuls für die Weiterentwicklung der ESVP darstellen.

Zweitens sollten die europäische und die nationalen Strategiedebatten verknüpft werden und in einem gemeinsamen europäischen Grundsatzdokument die Grundlagen für die Weiterentwicklung der ESVP einschließlich einer europäischen Streitkräfteintegration verankert werden. Blickt man auf die Entstehungsprozesse der untersuchten sicherheits- und verteidigungspolitischen Grundsatzdokumente in Deutschland, Frankreich und Großbritannien, so sind diese mit Ausnahme des Livre Blanc trotz der europäischen Ausrichtung in den analysierten Bedrohungen und deklarierten Zielen nahezu aus-

---

11 „(...) diese Ziele können nur mit gemeinsamen, nachhaltigen und geteilten Anstrengungen erreicht werden (...)" (Übersetzung d. A.).

schließlich im nationalen Kontext eingebettet. Auf die bereits bestehende Europäische Sicherheitsstrategie (ESS) wird nur im deutschen Weißbuch verwiesen; in Frankreich und Großbritannien hingegen galt die ESS bei der Erarbeitung ihrer Grundsatzdokumente nicht als expliziter Orientierungspunkt (Mitglied der Livre Blanc Kommission, Paris, November 2008; Mitarbeiter des britischen Verteidigungsministeriums, London, November 2008). Notwendig wäre aber eine Vernetzung der Strategiedebatten auf europäischer Ebene, die zu leisten die ESS bisher nicht im Stande war. Der im Dezember 2008 verabschiedete „Bericht über die Umsetzung der Europäischen Sicherheitsstrategie" (Europäischer Rat 2008a) hat diese Defizite eher verdeutlicht als entkräftet – erarbeitet vornehmlich im Kabinett des Hohen Vertreters für die GASP, Javier Solana –, mangelt es dem Bericht gerade an strategischen Vorgaben wie konkreten Umsetzungszielen oder Einsatzkriterien für ESVP-Operationen.

Angesichts der tiefgreifenden internationalen Veränderungen, aber auch der eigenen Fortschritte seit der Entwicklung der ESVP, sollte die EU nun einen Schritt weitergehen, hin zu einem substanziellen sicherheits- und verteidigungspolitischen Grundsatzdokument. Eingebettet in eine europäische Strategiedebatte könnte ein solches ‚Weißbuch für die Europäische Sicherheits- und Verteidigungspolitik' zwei entscheidende Aspekte zur Weiterentwicklung der ESVP und zu einer europäischen Streitkräfteintegration beitragen. Zum einen könnte eine Strategiedebatte, die auch die nationalen Regierungen, Ministerialbürokratien und Parlamente sowie ausgewählte Experten umfasst, entscheidend zu weiteren Annäherungen der europaweiten sicherheits- und verteidigungspolitischen Grundsätze beitragen. Zum anderen sollten in einem europäischen Grundsatzdokument deutlich umfangreicher als in der ESS politische Ziele für deren Umsetzung mit der ESVP gesetzt werden, um nicht nur mit erhöhten Anstrengungen im Fähigkeitsbereich, sondern auch mit realistischeren Zielen das Missverhältnis zwischen politischen Ambitionen und realen Fähigkeiten aufzulösen. Hierzu sollte auch eine detailliertere Zielbestimmung der Einsatzszenarien und Einsatzkriterien für ESVP-Operationen gehören. Nicht zuletzt sollte ein europäisches Grundsatzdokument dazu beitragen, die Beweggründe und Ziele hinter einem gemeinsamen europäischen Ansatz in der Sicherheits- und Verteidigungspolitik der Bevölkerung zu kommunizieren. Denn langfristig kann nur die Zustimmung der Bevölkerung den politischen Eliten den notwendigen Handlungsspielraum für gemeinsame sicherheitspolitische Initiativen und Operationen sichern.

Drittens hat sich erneut bestätigt, dass eine europäische Streitkräfteintegration und engere Zusammenarbeit der drei Staaten in der Sicherheits- und Verteidigungspolitik nur erreicht werden kann, wenn das Spannungsfeld zwischen NATO, EU und den USA entschärft wird. Für Deutschland als Mittler bietet sich 2009/10 ein Gelegenheitsfenster, seine Ambitionen zur Verbesserung der NATO-EU-Beziehungen in die Tat umzusetzen – so hat Frankreich mit seiner Rückkehr in die NATO bereits einen wichtigen Schritt getan, der gemeinsam mit der neuen US-amerikanischen Regierung genutzt werden sollte, das Ziel der Komplementarität und Zusammenarbeit auf politischer Ebene und mit konkreten Projekten anzugehen. Gleichwohl bleibt weiterhin Großbritannien – möglicherweise auch unter einer neuen konservativen, deutlich EU-kritischeren Regierung – von einer engeren sicherheits- und verteidigungspolitischen Zusammenarbeit im europäischen Rahmen zu überzeugen. Im Zuge einer Annäherung in diesem kritischen Punkt sollten die drei Staaten darauf hinarbeiten, grundlegende Probleme in den EU-NATO-Beziehungen, z. B. den Zypern-Türkei-Konflikt, gemeinsam zu lösen.

Für die Streitkräfteintegration sollte in diesem Rahmen verstärkt an der Harmonisierung und Synchronisierung der Programme zur Fähigkeitsentwicklung gearbeitet werden, damit bestehende und zukünftige Streitkräftestrukturen jederzeit in Operationen beider Organisationen eingesetzt werden können. So sollten beispielsweise militärische Standards und Rotationsmechanismen für Strukturen wie die NRF und die EU-Battlegroups sowie Programme in der EDA und die Fähigkeitsentwicklungsprogramme der NATO eng untereinander abgestimmt werden. In einem zweiten Schritt sollten langfristig die Voraussetzungen für eine Streitkräfteintegration geschaffen werden, die auf eine potenzielle Verwendung sowohl im europäischen als auch im transatlantischen Rahmen ausgelegt ist. Besonders bei stärker integrierten, rein europäischen Projekten zur Streitkräfteintegration, an denen sich die USA nicht beteiligen wollen, sollte die EU die Federführung übernehmen, aber gleichzeitig die Perspektive aufrechterhalten, dass die zu schaffenden Strukturen jederzeit im Rahmen der NATO eingesetzt werden können. Ein Modell hierfür bietet das Eurokorps, das sowohl für die EU als auch für die NATO bis zu 5 000 Soldaten und ein verlegbares Hauptquartier bereitstellt. So hat das Eurokorps bereits an drei NATO-Operationen auf dem Balkan und in Afghanistan sowie an der bisher umfangreichsten militärischen EU-Übung „Common Effort 08" mit insgesamt 2 000 Soldaten teilgenommen (Eurokorps 2009). Dies impliziert aber auch die Frage, ob eine europäische Streitkräfteintegration primär zwischenstaatlich oder direkt im EU-Rahmen organisiert werden sollte.

Im Vordergrund sollte dabei für die deutsche Politik stehen, auch Staaten wie Großbritannien, das zwar transatlantisch orientiert, aber an stärkeren europäischen Fähigkeiten interessiert ist, zu einer Beteiligung zu bewegen und damit eine tatsächlich europäische Streitkräfteintegration zu erreichen. Aus EU-Perspektive ist zwar ein integrativer Ansatz unter Beteiligung möglichst aller 27 EU-Mitgliedstaaten anzustreben; dies dürfte aber – bei den Differenzen, die sich allein zwischen den drei untersuchten, militärisch relevantesten EU-Staaten gezeigt haben – in der Praxis kaum umzusetzen sein. Erfolgversprechender ist, angesichts der weiterhin divergierenden Positionen in Fragen der außenpolitischen Orientierung und des Verhältnisses zum Einsatz militärischer Gewalt auf flexiblere, zwischenstaatliche Lösungen zu setzen, an denen sich nicht alle EU-Mitgliedstaaten beteiligen. Um eine Duplizierung und/oder zu starke Gruppenbildung in der EU zu verhindern, sollten diese aber im Rahmen der EU-Strukturen koordiniert und auf eine schrittweise Einbindung in die Europäische Sicherheits- und Verteidigungspolitik ausgerichtet werden. Anknüpfungspunkte hierfür bieten die Europäische Verteidigungsagentur und, falls der Vertrag von Lissabon ratifiziert werden sollte, die in ihm vorgesehenen Regelungen zur strukturierten Zusammenarbeit beim Aufbau militärischer Fähigkeiten (von Ondarza 2008: 22–23).

Abschließend bleibt die Perspektive, dass keines der hier identifizierten Hindernisse überwunden werden kann, wenn nicht die Staaten als zentrale Akteure der Europäischen Sicherheits- und Verteidigungspolitik die Bereitschaft entwickeln, ihr politisches Gewicht sowie ihre Ressourcen hinter die gemeinsame Fähigkeitsentwicklung zu stellen. Dies gilt auch und gerade für Deutschland, das in seiner Sicherheits- und Verteidigungspolitik nahezu ausschließlich auf den multilateralen Rahmen von EU und NATO ausgerichtet ist und daher eine Vorreiterrolle einnehmen könnte.

Literaturverzeichnis

Assemblée Nationale (2008): Scrutin public sur l'autorisation de la prolongation de l'intervention des forces armées en Afghanistan (application de l'article 35 de la Constitution). Online: http://www.assemblee-nationale. fr/13/scrutins/jo0195.asp (Letzter Zugriff: 19. Februar 2009).

Auswärtiges Amt/Bundesministerium des Innern/Bundesministerium der Verteidigung/Bundesministerium für wirtschaftliche Zusammenarbeit und Entwicklung (2008): Das Afghanistan-Konzept der Bundesregierung. Online: http://www.bundesregierung.de/Content/DE/_Anlagen/2008/09/ 2008-09-08-afghanistan-konzept,property=publicationFile.pdf (Letzter Zugriff: 13. November 2008).

Bagayoko, Niagalé/Kovacs, Anne (2007): La gestion interministerielle des sorties des conflits. Centre d'Etudes en Sciences Sociales de la Défense. Paris.

BBC (2005): Brown calls for MPs to decide war. Online: http://news. bbc.co.uk/2/hi/uk_news/politics/vote_2005/frontpage/4500295.stm (Letzter Zugriff: 19. Februar 2009).

BBC (2008): Iraq war ‚violated rule of law'. Online: http://news.bbc.co.uk/ 2/hi/uk_news/politics/7734712.stm (Letzter Zugriff: 19. Februar 2009).

BBC (2008a): ‚Extra UK troops' for Afghanistan. Online: http://news. bbc.co.uk/2/hi/uk_news/7728478.stm (Letzter Zugriff: 19. Februar 2009).

Bell, Robert (2006): Sysiphus and the NRF. In: NATO Review, Autumn 2006. Online: http://www.nato.int/docu/review/2006/issue3/english/art4. html (Letzter Zugriff: 19. Februar 2009).

Berger, Thomas U. (1998): Cultures of Antimilitarism: National Security in Germany and Japan. Baltimore/Maryland: John Hopkins University Press.

Biehl, Heiko/Leonhard, Nina (2005): Soldat: Beruf oder Berufung? In: Leonhard/Werkner (Hrsg.) 2005: 242–267.

Borchert; Heiko (2004): Vernetzte Sicherheit. In: Denkwürdigkeiten, Journal der Politisch-Militärischen Gesellschaft, 16. März 2004, 1–7.

Borger, Julian (2008): Sarkozy hopes talks with Brown will cement Anglo-French alliance to steer EU policy. In: The Guardian, 20. April 2008. Online: http://www.guardian.co.uk/world/2008/mar/20/france.eu (Letzter Zugriff: 19. Februar 2009).

Brazier, Rodney (1999): Constitutional practice. The foundations of British government. Oxford et al.: Oxford University Press.

Bredow, Wilfried von (2006): Neue Herausforderungen. In: Bundeszentrale für Politische Bildung, Informationen zur politischen Bildung: Sicherheitspolitik im 21. Jahrhundert, Heft 291. Online: http://www.bpb.de/pu blikationen/JPDP27,0,Sicherheitspolitik_im_21_Jahrhundert.html (Letzter Zugriff: 19. November 2008).

British Chief of the General Staff (2008): Operation Banner. An Analysis of Military Operations in Northern Ireland. Online: http://www.patfinucane centre.org/misc/opbanner.pdf (Letzter Zugriff: 19. Februar 2009).

Brown, Gordon (2007): Statement on Afghanistan (12. September 2007). Online: http://www.number10.gov.uk/Page14050 (Letzter Zugriff: 25. Oktober 2008).

Brustlein, Corentin (2008): La surprise stratégique: de la notion aux implications. In: IFRI Focus stratégique, Oktober 2008.

Bulmahn, Thomas (Hrsg.) (2008): Sicherheits- und Verteidigungspolitisches Meinungsklima in der Bundesrepublik Deutschland. Ergebnisse der Bevölkerungsbefragung 2007 des Sozialwissenschaftlichen Institut der Bundeswehr. Strausberg: Sozialwissenschaftliches Institut der Bundeswehr.

Bundesministerium der Verteidigung (1994): Weißbuch zur Sicherheit der Bundesrepublik Deutschland und zur Lage und Zukunft der Bundeswehr. Bonn.

Bundesministerium der Verteidigung (2003): Verteidigungspolitische Richtlinien für den Geschäftsbereich des Bundesministers der Verteidigung. Online: http://www. bmvg.de/fileserving/PortalFiles/C1256EF40036B05 B/N264XJ5C768MMISDE/VPR_BROSCHUERE.PDF?yw_repository=y ouatweb (Letzter Zugriff: 06. Dezember 2008).

Bundesministerium der Verteidigung (2004): Die Stationierung der Bundeswehr in Deutschland. Online: http://www.bundeswehr.de/fileserving/Por talFiles/C1256EF40036B05B/W2685DZH295INFODE/stationierungskon zept_komplett.pdf?yw_repository=youatweb (Letzter Zugriff: 03. Dezember 2008).

Bundesministerium der Verteidigung (2006): Weißbuch 2006 zur Sicherheitspolitik Deutschlands und zur Zukunft der Bundeswehr. Online: http://www.bmvg.de/portal/PA_1_0_P3/PortalFiles/C1256EF40036B05B /W26UYEPT431INFODE/WB_2006_dt_mB.pdf?yw_repository=youatw eb (Letzter Zugriff: 01. September 2008).

Bundesministerium der Verteidigung/BDI (2007): Gemeinsame Erklärung des Bundesministeriums der Verteidigung und des Ausschusses Verteidigungswirtschaft im Bundesverband der Deutschen Industrie e. V. zu Nationalen Wehrtechnischen Kernfähigkeiten, 20. November 2007. Online: http://www.bmvg.de/fileserving/PortalFiles/C1256EF40036B05B/W2795 HZA433INFODE/gemeinsame_erklaerung.pdf?yw_repository=youatweb (Letzter Zugriff: 10. Dezember 2008).

Bundesministerium der Verteidigung (2008): Bundeswehrplan 2009. Online: http://www.geopowers.com/Machte/Deutschland/Rustung/Rustung_2008/ Bundeswehrplan_2009.pdf (Letzter Zugriff: 25. Januar 2009).

Bundesregierung (2004): Aktionsplan „Zivile Krisenprävention, Konfliktlösung und Friedenskonsolidierung". Online: http://www.auswaertiges-amt. de/diplo/de/Aussenpolitik/Themen/Krisenpraevention/Aktionsplan-Vollte xt.pdf (Letzter Zugriff: 04. November 2008).

Bundesregierung (2008): 2. Bericht der Bundesregierung über die Umsetzung des Aktionsplans „Zivile Krisenprävention, Konfliktlösung und Friedenskonsolidierung". Online: http://www.auswaertiges-amt.de/diplo/de/Ausse npolitik/Themen/Krisenpraevention/Aktionsplan-Bericht2-Download.pdf (Letzter Zugriff: 15. November 2008).

Bundesverfassungsgericht (1994): Urteil des Zweiten Senats des Bundesverfassungsgerichts vom 12. Juli 1994 betreff der Einsätze der Bundeswehr ‚out of area' (BVerfGE 90, 286 – Bundeswehreinsatz).

Bundesverfassungsgericht (2006): Urteil des Ersten Senats des Bundesverfassungsgericht vom 15. Februar 2006 betreff Luftsicherheitsgesetz (BVerfGE 115, 118 – Luftsicherheitsgesetz).

Bundeswehr (2008): NH90: Programm. Online: http://www.bwb.org/01DB 022000000001/CurrentBaseLink/W26FTGZR552INFODE (Letzter Zugriff: 12. Dezember 2008).

Cabinet Office (2008): The National Security Strategy of the United Kingdom. Online: http://interactive.cabinetoffice.gov.uk/documents/security/ national_security_strategy.pdf (Letzter Zugriff: 01. September 2008).

Cienski, Jan/Wagstyl, Stefan (2006): Poland moots EU army tied to NATO. In: Financial Times. Online: http://www.ft.com/cms/s/0/78ac555a-6d3b-11db-9a4d-0000779e2340.html?nclick_check=1 (Letzter Zugriff: 27. August 2008).

Cody, Edward (2008): France boosts spending on military. In: Washington Post, 30. Oktober 2008.

Cornish, Paul (2008): The National Security Strategy of the United Kingdom. How radical can Britain be? Chatham House Experts' Comment, 26. März 2008. Online: http://www.chathamhouse.org.uk/media/comment/ nss/ (Letzter Zugriff: 26. Dezember 2008).

Cornish, Paul/Edwards, Geoffrey (2001): Beyond the EU/NATO dichotomy. The beginnings of a European strategic culture. In: International Affairs, 77: 3, 587–603.

Cornish, Paul/Edwards, Geoffrey (2005): The strategic culture of the European Union: A progress report. In: International Affairs, 81: 4, 801–820.

Darnis, Jean-Pierre/Gasparini, Giovanni/Grams, Christoph/Keohane, Daniel/ Liberti, Fabio/Maulny, Jean-Pierre/Stumbaum, May-Britt (2007): Lessons learned from European defence equipment programmen. In: Occasional Paper, 69, EU Institut für Sicherheitsstudien, Paris.

Dau, Klaus (1998): Die militärische Evakuierungsoperation „Libelle" – ein Paradigma der Verteidigung? In: Neue Zeitschrift für Wehrrecht, 3, 89 – 100.

De Durand, Étienne (2007): Quel format d'armée pour la France? In: Politique étrangère, 4, 729–742.

Defense Security Cooperation Agency (DSCA) (2008): United Kingdom – MQ-9 Unmanned Aerial Vehicle Aircraft.

De Hoop Scheffer, Jaap (2008): NATO: The next decade. Speech by NATO Secretary General, Jaap de Hoop Scheffer, at the Security and Defence Agenda, 03. Juni 2008, Brüssel. Online: http://www.nato.int/docu/speech/ 2008/s080603a.html (Letzter Zugriff: 14. Dezember 2008).

Deloche-Gaudez, Florence (2002): Frankreichs widersprüchliche Positionen in der Gemeinsamen Außen- und Sicherheitspolitik. In: Müller-Brandeck-Bocquet (Hrsg.) 2002: 120–133.

Deutscher Bundestag (2001): Antrag der Bundesregierung Beteiligung bewaffneter deutscher Streitkräfte an dem Einsatz einer Internationalen Sicherheitsunterstützungstruppe in Afghanistan auf Grundlage der Resolutionen 1386 (2001), 1383 (2001) und 1378 (2001) des Sicherheitsrates der Vereinten Nationen. Drucksache 14/7930.

Deutscher Bundestag (2003): Stenographischer Bericht. 70. Sitzung. Plenarprotokoll 15/70. Online: http://dip21.bundestag.de/dip21/btp/15/15070. pdf (Letzter Zugriff: 19. Februar 2009).

Deutscher Bundestag (2006): Antrag der Bundesregierung. Beteiligung bewaffneter deutscher Streitkräfte an der EU-geführten Operation EUFOR RD CONGO zur zeitlich befristeten Unterstützung der Friedensmission MONUC der Vereinten Nationen während des Wahlprozesses in der Demokratischen Republik Kongo auf Grundlage der Resolution 1671 (2006) des Sicherheitsrates der Vereinten Nationen vom 25. April 2006. Drucksache 16/1507.

Deutscher Bundestag (2008): Die EU unter französischem Vorsitz. Wissenschaftliche Dienste Nr. 20/08. Online: http://www.bundestag.de/wissen/analysen/2008/eu_unter_franzoesischem_vorsitz.pdf (Letzter Zugriff: 14. Dezember 2008).

Deutscher Bundestag (2008a): Antrag der Bundesregierung. Fortsetzung der Beteiligung bewaffneter deutscher Streitkräfte an dem Einsatz der Internationalen Sicherheitsunterstützungstruppe in Afghanistan (International Security Assistance Force, ISAF) unter Führung der NATO auf Grundlage der Resolution 1386 (2001) und folgender Resolutionen, zuletzt Resolution 1833 (2008) des Sicherheitsrates der Vereinten Nationen. Drucksache 16/10473.

De Vaucorbeil, Sophie (2008): The changing transatlantic defence market. In: Keohane (Hrsg.) 2008: 89–118.

Dörfler-Dierken, Angelika/Portugall, Gerd (Hrsg.) (2009): Friedensethik und Sicherheitspolitik. BMVg-Weißbuch 2006 und EKD-Friedensdenkschrift 2007 in der Diskussion. Wiesbaden: VS Verlag für Sozialwissenschaften (im Erscheinen).

EADS (2005): Eurocopter-Standort Donauwörth erhält vom BWB den Auftrag zur umfangreichsten Modernisierung der CH-53-Hubschrauberflotte der Bundeswehr. Online: http://www.eads.com/1024/de/pressdb/archiv/2005/2005/de_20050718_CH-53.html (Letzter Zugriff: 12. Dezember 2008).

EU Council Secretariat (2007): Factsheet. Financing of ESDP operations. Online: http://www.consilium.europa.eu/uedocs/cmsUpload/ATHENA_june_2007.pdf (Letzter Zugriff: 19. Februar 2009).

Eurocorps (2009): Eurocorp's History. Online: http://www.eurocorps.org/history/ (Letzter Zugriff: 17. Februar 2009).

Europäischer Rat (2003): Ein sicheres Europa in einer besseren Welt. Europäische Sicherheitsstrategie. Brüssel: Rat der Europäischen Union.

Europäischer Rat (2008): Declaration on Strengthening Capabilities. Brüssel: Rat der Europäischen Union. Online: http://www.consilium.europa.eu/uedocs/cms_data/docs/pressdata/en/esdp/104676.pdf (Letzter Zugriff: 17. Februar 2009).

Europäischer Rat (2008a): Report on the Implementation of the European Security Strategy – Providing Security in a Changing World. Brüssel: Rat der Europäischen Union. Online: http://www.consilium.europa.eu/uedocs/cms_data/docs/pressdata/en/esdp/104631.pdf (Letzter Zugriff: 17. Februar 2009).

Europäisches Parlament (2009): Mahmoud Abbas at the European Parliament. Press Release. Online: http://www.europarl.europa.eu/pdfs/news/expert/infopress/20090203IPR48164/20090203IPR48164_en.pdf (Letzter Zugriff: 17. Februar 2009).

European Defence Agency (2007): 2006 National Breakdowns of European Defence Expenditures. Online: http://www.eda.europa.eu/WebUtils/downloadfile.aspx?fileid=353 (Letzter Zugriff: 27. August 2008).

European Defence Agency (EDA) (2008): Defence Data of EDA participating Member States in 2007. Online: http://www.eda.europa.eu/defencefacts/ (Letzter Zugriff: 15. Dezember 2008).

European Defence Agency (EDA) (2008a): Press Release: European Air Transport Fleet launched. Brüssel, 10. November 2008. Online: http://www.consilium.europa.eu/ueDocs/cms_Data/docs/pressData/en/declarations/103912.pdf (Letzter Zugriff: 16. Dezember 2008).

Evans, Michael (2008): National threat assessment to be made public. In: The Times, 20. März 2008. Online: http://www.timesonline.co.uk/tol/news/politics/article3587101.ece (Letzter Zugriff: 18. Oktober 2008).

FCO (2008): New partnerships across government. Online: http://www.fco.gov.uk/en/departmental-report/part1/new-partnerships (Letzter Zugriff: 28. Oktober 2008).

Fiott, Daniel (2008): The French White Paper on Defence and National Security: Peacebuilding, NATO, Nuclear Weapons and Space. ISIS Europe: European Security Review, 40.

Frankfurter Allgemeine Zeitung (2008): Union will Nationalen Sicherheitsrat. 03. Mai 2008.

Frantzen, Henning-A. (2005): NATO and Peace Support Operations 1999–1999. Policies and Doctrines. London et al.: Cass.

Französische Botschaft (2008): French Armed Forces in Numbers. Online: http://www.ambafrance-nl.org/spip.php?article4740 (Letzter Zugriff: 15. Dezember 2008).

Gareis, Sven Bernhard/Varwick, Johannes (2003): Die Vereinten Nationen. Aufgaben, Instrumente und Reformen. 3., akt. u. erw. Auflage. Opladen: Leske + Budrich.

Gareis, Sven Bernhard/vom Hagen, Ulrich (2004): Militärkulturen und Multinationalität. Das Multinationale Korps Nordost in Stettin. Opladen: Leske + Budrich.

Gaspers, Jan (2008): France's Rapprochement with NATO: Paving the Way for an EU Caucus? In: European Security Review, Issue 40. Online: http://www.isis-europe.org/pdf/2008_artrel_190_esr40-eu-caucus-nato.pdf (Letzter Zugriff: 15. Dezember 2008).

Gauster, Markus (2006): Provincial Reconstruction Teams in Afghanistan. In: Schriftenreihe der Landesverteidigungsakademie 11/2006. Wien.

Geis, Anna/Brock, Lothar/Müller, Harald (Hrsg.) (2006): Democratic Wars. Looking at the Dark Side of Democratic Peace. Basingstoke: Palgrave Macmillan.

General Assembly of the United Nations (2006): Scale of assessments for the apportionment of the expenses of United Nations peacekeeping operations. Implementation of General Assembly resolutions 55/235 and 55/236. Report of the Secretary-General.

Georgelin, Jean Louis (2008): Die französischen Streitkräfte 2008: Ein kontinuierlicher Anpassungsprozess. In: Europäische Sicherheit 9/2008, 30–33.

Gerkrath, Jörg (2003): Military Law in France. In: Nolte (Hrsg.) 2003: 275–336.

Giegerich, Bastian (2006): European Security and Strategic Culture. National Responses to the EU's Security and Defence Policy. Baden-Baden: Nomos Verlagsgesellschaft.

Gilch, Andreas (2005): Das Parlamentsbeteiligungsgesetz: Die Auslandsentsendung der Bundeswehr und deren verfassungsrechtliche Ausgestaltung. Dissertation. Online: http://deposit.d-nb.de/cgi-bin/dokserv?idn=97966103x&dok_var=d1&dok_ext=pdf&filename=97966103x.pdf (Letzter Zugriff: 19. Februar 2009).

Global Facilitation Network for Security Sector Reform (2007): A Beginner's Guide to Security Sector Reform. Online: http://www.ssrnetwork.net/documents/GFN-SSR_A_Beginners_Guide_to_SSR_v2.pdf (Letzter Zugriff: 24. Oktober 2008).

Global Peace Operations (2007): Annual Review of Global Peace Operations 2007. Online: http://www.cic.nyu.edu/internationalsecurity/docs/peacekeeping_BRIEFINGPA PER.pdf (Letzter Zugriff: 19. Februar 2009). New York: Center on International Cooperation.

Global Peace Operations (2008): Annual Review of Global Peace Operations 2008. New York: Center on International Cooperation. Online: http://www.cic.nyu.edu/internationalsecurity/docs/Final2008briefingreport.pdf (Letzter Zugriff: 19. Februar 2009).

Gnesotto, Nicole (2004): EU Security and Defence Policy. The First Five Years (1999–2004). Paris: EU Institute for Security Studies. Online: http://www.iss.europa.eu/uploads/media/5esdpen.pdf (Letzter Zugriff: 19. Februar 2009).

Gowan, Richard (2007): EUFOR RD CONGO, UNIFIL and future European support to the UN. In: Security & Defence Agenda (Hrsg.) 2007: 29–31.

Graw, Ansgar (2009): Streit im Ministerium: Bundeswehr muss auf Drohnen warten. In: Die Welt, 22. Januar 2009.

Gray, Colin S. (1999): Strategic culture as context: The first generation of theory strikes back. In: Review of International Studies, 25, 49–69.

Gray, Colin S. (2007): Out of the Wilderness: Prime Time for Strategic Culture. Comparative Strategy, 26: 1, 1–20.

Grevi, Giovanni (2008): Institute Report. The EU and global governance: rules, power and priorities. EUISS Project on European Interests and Strategic Options, 25. Juni 2008.

Grice, Andrew (2007): MPs should be awarded Queen's historic powers, says Campbell. In: The Independent, 11. Juli 2007. Online: http://findarticles. com/p/articles/mi_qn4158/is_20070611/ai_n19292165 (Letzter Zugriff: 19. Februar 2009).

Hagen, Ulrich vom/Klein, Paul/Moelker, René/Soeters, Joseph (2003): True love. A Study in Integrated Multinationality within 1 (German/Netherlands) Corps. Strausberg: Sozialwissenschaftliches Institut der Bundeswehr.

Haine, Jean-Yves (2008): Battle groups: out of necessity, still a virtue? In: European Security Review (ISIS Europe), 39, 1–6.

Hartley, Keith (2003): The future of European Defence Policy: An economic perspective. In: Defence and Peace Economics, 14: 2, 107–115.

Heise, Volker (2005): Militärische Integration in Europa. Erfahrungen und neue Ansätze. Berlin: Stiftung Wissenschaft und Politik.

Hill, Christopher (1997): Closing the Capability-Expectations Gap? Paper for the fifth biennial international conference of the European Community Studies Association of the United States, 29. Mai – 01. Juni 1997, Seattle, Washington. Online: http://aei.pitt.edu/2616/01/002811_1.PDF (Letzter Zugriff: 13. Februar 2009).

Hilz, Wolfram (2005): Europas verhindertes Führungstrio. Die Sicherheitspolitik Deutschlands, Frankreichs und Großbritanniens in den Neunzigern. Paderborn et al.: Ferdinand Schöningh.

Hoffmann, Arthur/Longhurst, Kelly (1999): German Strategic Culture and the Changing Role of the *Bundeswehr*. In: Weltrends, 22, Frühjahr 1999, 145–162.

Hofmann, Stephanie C./Reynolds, Christopher (2007): Die EU-Nato-Beziehungen. Zeit für „Tauwetter". SWP-Aktuell 2007/A 37. Berlin: Stiftung Wissenschaft und Politik.

Home Office (2009): Current Threat Level. Online: http://www.homeoffice.gov.uk/security/current-threat-level/ (Letzter Zugriff: 19. Februar 2009).

House of Commons (2003): Ballistic Missile Defence. Research Paper 03/28. Online: http://www.parliament.uk/commons/lib/research/rp2003/rp03-028 .pdf (Letzter Zugriff: 17. Februar 2009).

House of Commons Defence Committee (2008): Operational Costs in Afghanistan and Iraq: Spring Supplementary Estimate 2007–08. Eigth Report of Session 2007–08. Online: http://www.publications.parliament.uk/ pa/cm200708/cmselect/cmdfence/400/400.pdf (Letzter Zugriff: 19. Februar 2009).

House of Commons Defence Committee (2008a): The Future of NATO and European Defence. Ninth Report of Session 2007–08. Online: http://www.publications.parliament.uk/pa/cm200708/cmselect/cmdfence/ 111/111.pdf (Letzter Zugriff: 19. Februar 2009).

House of Commons Foreign Affairs Committee (2002): Foreign Policy Aspects of the War against Terrorism. Seventh Report of Session 2001–02. Online: http://www.publications.parliament.uk/pa/cm200102/cmselect/cm faff/384/384.pdf (Letzter Zugriff: 19. Februar 2009).

House of Commons Hansard (2008): Nuclear Weapons: Finance, Written Answers for 3 June 2008, Column 812W. Online: http://www.publicati ons.parliament.uk/pa/cm200708/cmhansrd/cm080603/text/80603w0003.h tm#08060377000036 (Letzter Zugriff: 14. Dezember 2008).

Howorth, Jolyon (2007): Security and Defence Policy in the European Union. New York: Palgrave Macmillan.

Hyde-Price, Adrian (2004): European Security, Strategic Culture and the Use of Force. In: European Security, 13: 4, 323–343.

Interministerielles Rahmenkonzept zur Unterstützung von Reformen des Sicherheitssektors in Entwicklungs- und Transformationsländern (2006) (o. Hrsg.). Online: http://www.bmz.de/de/zentrales_downloadarchiv/themen_ und_schwerpunkte/frieden/rahmenkonzept_SSR_deu_Final_1.pdf (Letzter Zugriff: 19. Januar 2009).

International Commission on Intervention and State Sovereignty (2001): The Responsibility to Protect. Report of the International Commission on Intervention and State Sovereignty. Online: http://www.iciss.ca/report2-en.asp (Letzter Zugriff: 17. Februar 2009).

International Crisis Group (2003): Côte d'ivoire: The War Is Not Yet Over. Africa Report No. 72. Online: http://www.crisisgroup.org/library/docu ments/africa/072__cote_d_ivoire_war_not_yet_over.pdf (Letzter Zugriff: 17. Februar 2009).

International Institute for Strategic Studies (IISS) (2008): The Military Balance 2008. London: Routledge.

Jachtenfuchs, Markus (2002): Deutschland, Frankreich und die Zukunft der Europäischen Union. In: Meimeth/Schild (Hrsg.) 2002: 279–294.

Johnston, Alastair Iain (1995): Thinking about Strategic Culture. In: International Security, 19: 4, 32–64.

Johnston, Alastair Iain (1995a): Cultural Realism: Strategic Culture and Grand Strategy in Chinese History. Princeton: Princeton University Press.

Jonas, Alexandra (2008): Massiver Umbau. Die französische Regierung veröffentlicht ihr neues Weißbuch. In: Bundeswehr aktuell, 27, 5.

Jonas, Alexandra (2008): Sicherheits- und verteidigungspolitische Einstellungen im Vergleich: Deutschland, Frankreich, Großbritannien, USA. In: Bulmahn (Hrsg.) 2008: 157–170.

Kaim, Markus (2007): Deutsche Auslandseinsätze in der Multilateralismusfalle? In: Mair (Hrsg.) 2007: 43–49.

Kempin, Ronja (2005): Französisch-britische Zusammenarbeit in der Sicherheitspolitik. SWP-Studie. Berlin: Stiftung Wissenschaft und Politik.

Kempin, Ronja (2009): Frankreichs neuer NATO-Kurs. Sinneswandel, Pragmatismus, Politik für Europa? SWP-Studie. Berlin: Stiftung Wissenschaft und Politik.

Kempin, Ronja/Overhaus, Marko (2009): Kein großer Sprung in der Entwicklung der ESVP. Lehren aus der französischen EU-Ratspräsidentschaft. SWP-Aktuell. Berlin: Stiftung Wissenschaft und Politik.

Keohane, Daniel (2008): Defensive Realignment. In: ISS Opinion, September 2008, EU Institut für Sicherheitsstudien.

Keohane, Daniel (Hrsg.) (2008): Towards a European Defence Market. Chaillot Paper, 113, EU Institut für Sicherheitsstudien.

Keohane, Daniel/Valasek, Tomas (2008): Willing and able? EU defense in 2020. Cenrte for European Reform, London. Online: http://www.cer.org.uk/pdf/e_2020_844.pdf (Letzter Zugriff: 08. Januar 2009).

Kielmansegg, Sebastian Graf von (2005): Die Verteidigungspolitik der Europäischen Union. Eine rechtliche Analyse. Schriften zum öffentlichen, europäischen und internationalen Recht. Band 16. Stuttgart: Richard Boorberg.

Kielmansegg, Sebastian Graf von (2006): Die verteidigungspolitischen Kompetenzen der Europäischen Union. In: EuropaRecht, 41: 2, 182–200.

King, Anthony (2005): The Future of the European Security and Defence Policy. In: Contemporary Security Policy, 26: 1, 44–61.

Kläsgen, Michael (2008): Französischer Einsatz in Afghanistan. Debatte nach den Todesfällen. In: Süddeutsche Zeitung, 22. September 2008.

Klein, Bradley S. (1988): Hegemony and Strategic Culture: American Power Projection and Alliance Defence Politics. In: Review of International Studies, 14: 2, 133–148.

Koydl, Wolfgang (2009): „Atomwaffen sind irrelevant". Britische Generäle fordern, Arsenal zu verschrotten. In: Süddeutsche Zeitung, 17./18. Januar 2009.

Kümmel, Gerhard/Prüfert, Andreas D. (Hrsg.) (2000): Military Sociology. Baden-Baden: Nomos Verlagsgesellschaft.

Lantis, Jeffrey S. (2002): The Moral Imperative of Force: The Evolution of German Strategic Culture in Kosovo. In: Comparative Strategy, 21, 21–46.

Latham, Neil (2004): Defence Industry in a Global Context. Policy implications for the United Kingdom. RUSI Whitehall Paper, 57.

Leonhard, Nina/Gareis, Sven Bernhard (Hrsg.) (2008): Vereint marschieren – Marcher uni. Die deutsch-französische Streitkräftekooperation als Paradigma. Wiesbaden: VS Verlag für Sozialwissenschaften.

Leonhard, Nina/Werkner, Ines-Jacqueline (Hrsg.) (2005): Militärsoziologie – Eine Einführung. Wiesbaden: VS Verlag für Sozialwissenschaften.

Lieb, Julia/Maurer, Andreas/Ondarza, Nicolai von (2008): Der Vertrag von Lissabon. Hintergrundanalysen zu den Ratifikationsverfahren. SWP-Diskussionspapier. Berlin: Stiftung Wissenschaft und Politik. Online: http://swp-berlin.org/common/get_document.php?asset_id=5198 (Letzter Zugriff: 19. Februar 2009).

Lijphart, Arend (1999): Patterns of Democracy. Government Forms and Performance in Thirty-Six Countries. New Haven/London: Yale University Press.

Lindberg, Erik (2006): Evaluation and Certification of the Nordic Battlegroup. Stockholm: FOI Swedish Defence Research Academy. Online: http://www2.foi.se/rapp/foir1909.pdf (Letzter Zugriff: 19. Februar 2009).

Longhurst, Kerry (2000): The Concept of Strategic Culture. In: Kümmel/ Prüfert (Hrsg.) 2000: 301–310.

Lutz, Dieter S. (2002): Sicherheit/Internationale Sicherheitspolitik. In: Nohlen (Hrsg.) 2002: 445–449.

Mair, Stephan (Hrsg.) (2007): Auslandseinsätze der Bundeswehr. Leitfragen, Entscheidungsspielräume und Lehren. SWP-Studie. Berlin: Stiftung Wissenschaft und Politik.

Major, Claudia/Mölling, Christian (2007): Sarkozy's brave new world: France's foreign security and defence policy. In: European Security Review, 35, ISIS Europe.

Martens, Stephan (2007): Französische Außenpolitik unter Nicolas Sarkozy. In: Aus Politik und Zeitgeschichte, Nr. 38, 17. September 2007.

Masala, Carlo (2007): Vernetzte Sicherheitspolitik im heutigen Europa. In: Bayernkurier, 11. August 2007.

Maull, Hanns W. (1990/1991): Germany and Japan: The new Civilian Powers. In: Foreign Affairs, 65: 5, 91–106.

Maull, Hanns W. (Hrsg.) (2006): Germany's uncertain power: foreign policy of the Berlin republic. Basingstoke: Palgrave Macmillan.

Mazière, Thomas de (2008): Vernetzt wozu? Krisenvorbeugung, Krisenbewältigung und Krisennachsorge im 21. Jahrhundert. Bericht über das Berliner Colloquium 2008 der Clausewitz-Gesellschaft und der Bundesakademie für Sicherheitspolitik. In: Europäische Sicherheit 6/2008, 82–86.

McFate, Sean (2008): Securing the Future. A primer on Security Sector Reform in Conflict Countries. United States Institute of Peace Special Report 2009.

Meier, Ernst-Christoph (2009): Vom Verteidigungsauftrag des Grundgesetzes zum Begriff Vernetzter Sicherheit – Zur politischen Einordnung des Weißbuchs 2006. In: Dörfler-Dierken/Portugall (Hrsg.) 2009: 53–69.

Meiers, Franz-Josef (2006): Zu neuen Ufern? Die deutsche Sicherheits- und Verteidigungspolitik in einer Welt des Wandels 1990–2000. Paderborn et al.: Schöningh.

Meimeth, Michael/Schild, Joachim (Hrsg.) (2002): Die Zukunft von Nationalstaaten in der europäischen Integration. Deutsche und französische Perspektiven. Opladen: Leske + Budrich.

Menon, Anand (2004): From crisis to catharsis. ESDP after Iraq. In: International Affairs, 80: 4, 631–648.

Merkel, Angela (2008): Rede von Angela Merkel angesichts der Frühjahrstagung der parlamentarischen Versammlung der NATO. Online: http://www.bundeskanzlerin.de/nn_4922/Content/DE/Rede/2008/05/2008 -05-26-merkel-parlamentarische-versammlung-nato.html (Letzter Zugriff: 19. Februar 2009).

Merkel, Angela/Sarkozy, Nicolas (2009): Wir Europäer müssen mit einer Stimme sprechen. In: Süddeutsche Zeitung, 03. Februar 2009, Sonderheft zur Münchener Sicherheitskonferenz.

Meyer, Christoph O. (2005): Convergence towards a European Strategic Culture? A Constructivist Framework for Explaining Changing Norms. In: European Journal of International Relations, 11: 4, 523–549.

Ministère de la Défense (2008): Le livre blanc sur la défense et la sécurité nationale. Online: http://www.defense.gouv.fr/livre_blanc (Letzter Zugriff: 01. September 2008).

Ministère de la Défense (2008a): Projet de loi de finances 2009. Budget de la défense. Online: http://www.defense.gouv.fr/defense/content/download/ 129788/1135476/file/PLF%202009%20-%20Budget%20MINDEF.pdf (Letzter Zugriff: 06. Dezember 2008).

Ministère de la Défense (2008b): Modernisation de la Défense: Présentation. Online: http://www.defense.gouv.fr/content/download/124179/1090618/ version/1/file/Dossier+modernisation+de+la+d%C3%A9fense.pdf (Letzter Zugriff: 02. Dezember 2008).

Ministère de la Défense (2008c): E3-SDCA – Détection et commandement aéroportés. Online: http://www.defense.gouv.fr/air/au_coeur_de_la_defen se/aeronefs/speciaux_projets/e_3f_sdca (Letzter Zugriff: 19. Februar 2009).

Ministère des Affaires Étrangères (2007): Bouclier Anti-Missiles: Declarations du porte-parole du ministère des affaires étrangeres (11.05.2007). Online: http://www.ambafrance-ua.org/spip.php?article783 (Letzter Zugriff: 17. Februar 2009).

Ministry of Defence (1998): The Strategic Defence Review. Online: http:// www.mod.uk/NR/rdonlyres/65F3D7AC-4340-4119-93A2-20825848E50 E/0/sdr1998_complete.pdf (Letzter Zugriff: 24. November 2008).

Ministry of Defence (2002): The Strategic Defence Review: A New Chapter. Online: http://www.mod.uk/NR/rdonlyres/79542E9C-1104-4AFA-9A4D-8520F35C5C93/0/sdr_a_new_chapter_cm5566_vol1.pdf (Letzter Zugriff: 23. November 2008).

Ministry of Defence (2003): Delivering Security in a Changing World. Defence White Paper. Online: http://www.mod.uk/NR/rdonlyres/147C7A19-8554-4DAE-9F88-6FBAD2D973F9/0/cm6269_future_capabilities.pdf (Letzter Zugriff: 13. Dezember 2008).

Ministry of Defence (2007): More battlefield helicopters for UK Armed Forces. Online: http://www.mod.uk/DefenceInternet/DefenceNews/Equip mentAndLogistics/MoreBattlefieldHelicoptersForUkArmedForcesvideo. htm (Letzter Zugriff: 05. Dezember 2008).

Ministry of Defence (2008): Defence Plan including the Government's Expenditure Plans 2008–2012, Juni 2008. Online: http://www.official-documents.gov.uk/docu ment/cm73/7385/7385.pdf (Letzter Zugriff: 14. Dezember 2008).

Ministry of Defence/Foreign and Commonwealth Office (2006): The Future of the United Kingdom's Nuclear Deterrent, Dezember 2006. Online: http://www.mod.uk/NR/rdonlyres/AC00DD79-76D6-4FE3-91A1-6A56B 03C092F/0/DefenceWhitePaper2006_Cm6994.pdf (Letzter Zugriff: 16. Dezember 2008).

Ministry of Defence/Foreign and Commonwealth Office/Department for International Development (2004): GCPP SSR Strategy 2004–2005. Security Sector Reform Strategy. Online: http://www.gsdrc.org/docs/open/ CON10.pdf (Letzter Zugriff: 10. Oktober 2008).

Ministry of Justice (2007): The Governance of Britain. War powers and treaties: Limiting Executive Power. Consultation Paper CP26/07. Online: http://www.justice.gov.uk/docs/cp2607a.pdf (Letzter Zugriff: 19. Februar 2009).

Mittag, Jürgen (Hrsg.) (2002): The Parliamentary Dimension of CFSP/ESDP. Options for the European Convention. Online: http://www.ruhr-uni-bochum.de/sbr/kontakte/mitarbeiter/mittag/studie-mittag.pdf (Letzter Zugriff: 19. Februar 2009).

Möckli, Daniel (2008): Comprehensive Approach: Umfassende Ansätze im internationalen Krisenmanagement. In: CSS Analysen zur Sicherheitspolitik, 42: 3, ETH Zürich.

Moniac, Rüdiger (2008): Bundeswehrplan 2009: Viel zu wenig Geld. In: Europäische Sicherheit 9/2008, 42–43.

Moran, Michael (2008): Backgrounder: France's New Military Vision. In: New York Times, 24. Juni 2008.

Morin, Hervé (2008): On ne touchera pas aux crédits de la Défense. In: Le Figaro, 29. Oktober 2008.

Müller-Brandeck-Bocquet, Gisela (Hrsg.) (2002): Europäische Außenpolitik. GASP- und ESVP-Konzeptionen ausgewählter EU-Mitgliedstaaten. Baden-Baden: Nomos Verlagsgesellschaft.

Nachtwei, Winfried (2004): Aktionsplan Krisenprävention: Großer Fortschritt an Friedensfähigkeit. Online: http://www.nachtwei.de/pdf/ak_plan_ziv_wn.pdf (Letzter Zugriff: 24. September 2008).

Nachtwei, Winfried (2008): Viele Lichtblicke bei immer mehr Düsternis. Online: http://www.nachtwei.de/downloads/bericht/sommer2008_reise bericht-afgh_nachtwei (Letzter Zugriff: 24. Oktober 2008).

NATO (2007): AWACS: NATO's eyes in the sky. Who participates? Online: http://www.nato.int/issues/awacs/participation.html (Letzter Zugriff: 19. Februar 2009).

NATO (2008): Successful Completion of NATO Mission Operation Allied Provider. Online: http://www.nato.int/shape/news/2008/12/081212a.html (Letzter Zugriff: 19. Februar 2009).

Naumann, Klaus (2008): Mehr Angst als Vaterlandsliebe. In: Frankfurter Rundschau, 16. Oktober 2008.

Naumann, Klaus (2008a): Scheitern an der ganzen Front. In: Internationale Politik, 9, 82–89.

Naumann, Klaus (2008b): Einsatz ohne Ziel? Die Politikbedürftigkeit des Militärischen. Hamburg: Hamburger Edition.

Neuerer, Dieter (2009): Sechs Fragen an Sascha Lange. „Krise setzt Rüstungsplanung unter Druck". In: Handelsblatt, 06. Februar 2009.

Neumann, Iver B./Heikka, Henrikki (2005): Grand Strategy, Strategic Culture, Practice: The Social Roots of Nordic Defence. In: Cooperation and Conflict, 40: 5, 5–23.

Noetzel, Timo/Schreer, Benjamin (2007): Parlamentsvorbehalt auf dem Prüfstand. Anpassung der Kontrollstrukturen erforderlich. SWP-Aktuell. Berlin: Stiftung Wissenschaft und Politik.

Nohlen, Dieter (Hrsg.) (2002): Kleines Lexikon der Politik. München: C. H. Beck.

Nolte, Georg (Hrsg.) (2003): European Military Law Systems. Berlin: De Gruyter Recht.

Nolte, Georg/Krieger, Heike (2003): Military Law in Germany. In: Nolte (Hrsg.) 2003: 337–426.

Nolte, Paul (2008): Fremde Soldaten – Deutschlands Nichtverhältnis zu seiner Armee. In: Der Spiegel, 48, 24. November 2008, 184–186.

OECD (2006): Whole of Government Approaches to Fragile States. Online: http://www.oecd.org/dataoecd/15/24/37826256.pdf (Letzter Zugriff: 25. September 2008).

Office for Security and Counter Terrorism (2008): Counter-terrorism strategy. Online: http://security.homeoffice.gov.uk/counter-terrorism-strategy/ (Letzter Zugriff: 18. November 2008).

Oireachtas (2006): Defence (Amendment) Act 2006.

Ondarza, Nicolai von (2008): Die EU Sicherheits- und Verteidigungspolitik im Schatten der Ungewissheit. Bestandsaufnahme und Optionen nach dem irischen Nein zum Lissabonner Vertrag. Berlin: Stiftung Wissenschaft und Politik.

Ondarza, Nicolai von (2008a): EU Military Deployment – An Executive Prerogative? Decision-Making and Parliamentary Control on the Use of Force by the EU. Online: http://www.ies.be/files/repo/conference2008/ EUinIA_IX_2_vonOndarza.pdf (Letzter Zugriff: 17. Februar 2009).

Overhaus, Marco (2006): Civilian Power under Stress. Germany, NATO, and the European Security and Defense Policy. In: Maull (Hrsg.) 2009: 66–78.

Papenberg, Christoph (2007): Das französische und das deutsche Wehrrecht: Ein Rechtsvergleich vor dem Hintergrund der Harmonisierungsbestrebungen europäischer Streitkräfte. Baden-Baden: Nomos Verlagsgesellschaft.

Patton, Anna (2008): Welches Europa als Leitbild? Die DGAP diskutiert eine deutsch-britische Agenda für die EU. DGAP-Aktuell 04/2008.

Paul, Michael (2008): CIMIC am Beispiel des ISAF-Einsatzes. Konzeption, Umsetzung und Weiterentwicklung zivil-militärischer Interaktion im Auslandseinsatz. SWP-Studie. Berlin: Stiftung Wissenschaft und Politik.

Payne, Sebastian (2008): War Power. The War Prerogative and Constitutional Change. In: The RUSI Journal, 153: 3, 28–35.

Pfeifer, Sylvia/Barker, Alex (2008): Navy faces aircraft carriers delay. In: Financial Times, 04. Dezember 2008.

Pop, Valentina (2008): French EU Presidency wants EU closer to NATO. In: EU Observer, 16. September 2008.

Preuß, Hans-Joachim (2008): Zivil-militärische Zusammenarbeit in Afghanistan. Eine Zwischenbilanz. In: Zeitschrift für Außen- und Sicherheitspolitik, 1, 26–35.

Quille, Gerrard (2006): Note: EU Battlegroups. Brüssel: Europäisches Parlament. Online: http://www.europarl.europa.eu/meetdocs/2004_2009/documents/dv/091006eubattlegroups_/091006eubattlegroups_en.pdf (Letzter Zugriff: 19. Februar 2009).

Rat der Europäischen Union (2008): Schlussfolgerungen des Vorsitzes. Tagung des Europäischen Rates vom 11./12. Dezember 2008 in Brüssel, 17271/08: 15.

Regelsberger, Elfriede (2002): Deutschland und die GASP – ein Mix aus Vision und Pragmatismus. In: Müller-Brandeck-Bocquet (Hrsg.) 2002: 28–40.

Rowe, Peter (2003): Military Law in the United Kingdom. In: Nolte (Hrsg.) 2003: 831–888.

Royal Air Force (2008): Agile, Adaptable, Capable: Chinook. Online: http://www.raf.mod.uk/equipment/chinook.cfm (Letzter Zugriff: 13. Dezember 2008).

Royal Air Force (2008a): Agile, Adaptable, Capable: Typhoon F2. Online: http://www.raf.mod.uk/equipment/typhooneurofighter.cfm (Letzter Zugriff: 13. Dezember 2008).

Royal Navy (2008): Aircraft Carriers. Online: http://www.royalnavy.mod.uk/server/show/nav.1245 (Letzter Zugriff: 15. Dezember 2008).

Rozenberg, Olivier (2002): French Parliamentary Participation in foreign, security and defence policy: Anaemic national performance and European potential. In: Mittag (Hrsg.) 2002: 125–136.

Rynning, Sten (2003): The European Union: Towards a Strategic Culture? In: Security Dialogue, 34: 4, 479–496.

Sarkozy, Nicolas (2007): Allocution de M. Nicolas SARKOZY, Président de la République, à l'occasion de l'installation de la commission chargée d'élaborer un nouveau Livre Blanc sur la défense et la sécurité nationale. 23. August 2007. Online: http://www.elysee.fr/elysee/elysee.fr/francais/interventions/2007/aout/allocution_a_l_occasion_de_l_installation_de_la_commission_du_livre_blanc_sur_la_defense_et_la_securite_nationale.79262.html (Letzter Zugriff: 04. Dezember 2008).

Sarkozy, Nicolas (2008): Discours du Président Sarkozy – XVième Conference des Ambassadeurs, 27. August 2008, Paris.

Schröder, Florian (2005): Das parlamentarische Zustimmungsverfahren zum Auslandseinsatz der Bundeswehr in der Praxis. Köln et al.: Heymanns.

Schwarzer, Daniela/Ondarza, Nicolai von (2007): Drei Zylinder für einen neuen Integrationsmotor? Voraussetzungen und Herausforderungen für eine britisch-deutsch-französische Führungsrolle in der ESVP. Berlin: Stiftung Wissenschaft und Politik.

Schwarzer, Daniela/Werenfels, Isabel (2008): Formelkompromiss ums Mittelmeer. Die EU verpasst die Chance, die Kooperation grundlegend zu überarbeiten. SWP-Aktuell. Berlin: Stiftung Wissenschaft und Politik.

Schwedisches Verteidigungsministerium (2007): The EU Battlegroup Concept and the Nordic Battlegroup. Online: http://www.sweden.gov.se/sb/d/9133/a/82276 (Letzter Zugriff: 27. August 2008).

Searle, Alaric (2003): Wehrmacht Generals, West German Society, and the Debate on Rearmamant 1949–1959. Westpoint/London: Praeger.

Security & Defence Agenda (Hrsg.) (2007): The EU's Africa Strategy: What are the lessons of the Congo Mission. Brüssel: Security & De fence Agenda. Online: http://se1.isn.ch/serviceengine/FileContent?service ID=47&fileid=09C495B9-ADA3-018B-DF80-BF66C6F55AA0&lng=en (Letzter Zugriff: 19. Februar 2009).

Sénat (2008): Projet de loi de finances pour 2009: Défense – Equipement des forces. Online: http://www.senat.fr/rap/a08-102-5/a08-102-516.html#toc 236 (Letzter Zugriff: 15. Dezember 2008).

Service d'Information du Gouvernement (2008): Que dit le Livre blanc sur les accords de défense? Online: http://www.defense.gouv.fr/livre_blanc/les_reperes/les_grandes_fonctions_strategiques/prevenir/que_dit_le_livre_blanc_sur_les_accords_de_defense (Letzter Zugriff: 17. Februar 2009).

Shimizu, Hirofumi/Sandler, Todd (2002): Peacekeeping and Burdensharing, 1994–2000. In: Journal of Peace Research, 39: 6, 651–668.

SIPRI (2008): The SIPRI Military Expenditure Database. Online: http://mi lexdata.sipri.org/ (Letzter Zugriff: 16. Dezember 2008).

Slakteris, Atis (2004): Unser wichtigstes sicherheitspolitisches Ziel ist erreicht. In: Europäische Sicherheit 11/2004, 26–28.

Smith, David (2007): When catastrophe strikes blame a black swan. In: Times Online, 06. Mai 2007. Online: http://www.timesonline.co.uk/tol/comment/columnists/guest_contributors/article1751515.ece?openCom ment=true (Letzter Zugriff: 13. Dezember 2008).

Snyder, Jack L. (1977): The Soviet Strategic Culture. Implications for Limited Nuclear Operations. Santa Monica: RAND Corporation.

Solana, Javier (2008): Europe in the World: The next steps, Cyril Foster Lecture, University of Oxford, 28. Februar 2008. Online: http://www.con silium.europa.eu/ueDocs/cms_Data/docs/pressData/en/discours/99116.pdf (Letzter Zugriff: 01. September 2008).

Sommer, Theo (2008): Vernetzte Sicherheit. In: Die Zeit, 07. Mai 2008.

Sotscheck, Ralf (2007): The End of a Dark Chapter. British Military Leaves Northern Ireland. Online: http://www.spiegel.de/international/europe/ 0,1518,497440,00.html (Letzter Zugriff: 19. Februar 2009).

Souchon, Lennart (2007): Carl von Clausewitz – Konflikte und Strategien. In: Clausewitz-Information 2/2007, Internationales Clausewitz-Zentrum.

Sozialdemokratische Partei Deutschland (2007): „Auf dem Weg zu einer Europäischen Armee". Positionspapier der Arbeitsgruppen Sicherheitsfragen und Angelegenheiten der Europäischen Union.

Süddeutsche Zeitung (2006): Friedenstruppe. Olmert will EU Soldaten. 23. Juli 2006.

Taleb, Nassim Nicholas (2008): The Black Swan: The Impact of the Highly Improbable. London: Penguin.

Taverna, Michael A. (2006): M51 gives France more flexible deterrent to meet changing threats. In: Aviation Week, 22. Oktober 2006. Online: http://www.aviationweek.com/aw/generic/story_generic.jsp?channel=aws t&id=news/aw102306p1.xml (Letzter Zugriff: 12. Dezember 2008).

Taylor, Claire (2004): The Defence White Paper: Future Capabilities. House of Commons Library Research Paper 04/72.

Taylor, Claire/Waldmann, Tom/Gick, Sophie (2008): British defence policy since 1997: background issues. House of Commons Library Research Paper 08/58.

Taylor, Claire/Waldmann, Tom/Gick, Sophie (2008a): British defence policy since 1997. House of Commons Library Research Paper 08/57.

Terlikowski, Marcin (2008): The European Army – How to do it right? Warschau: Polski Instytucie Spraw Międzynarodowych (Polish Institute of International Affairs).

The Economist (2009): Britain's armed forces. Overstretched, overwhelmed and over there. 31. Januar 2009.

Thiele, Ralph (2008): Vernetzte Sicherheit. In: ÖMZ 3/2008, 299–308.

Transatlantic Trends (2008): Foreign Policy Overview. Topline Data 2008. Online: http://www.transatlantictrends.org/trends/doc/2008_English_Top. pdf (Letzter Zugriff: 19. Februar 2009).

UK Delegation to NATO (2008): Comprehensive Approach. Online: http:// uknato.fco.gov.uk/en/uk-in-nato/comprehensive-approach (Letzter Zugriff: 08. Januar 2009).

UN (2004): A more secure world: Our shared responsibility. Online: http://www.un.org/secureworld/report2.pdf (Letzter Zugriff: 09. Januar 2009).

UN (2008): „Delivering as One". Online: http://www.undp.org/partners/un/one-un.shtml (Letzter Zugriff: 08. Januar 2009).

UN Department of Peacekeeping Operations (2005): Member States in the UNSAS. Online: http://www.un.org/depts/dpko/milad/fgs2/unsas_files/status_report/statusreport15april05.pdf (Letzter Zugriff: 19. Februar 2009).

Valasek, Tomas (2008): Defending European Defense. In: The Wall Street Journal, 08. Dezember 2008.

Varwick, Johannes (2007): Auf dem Weg zur „Euroarmee". Erster Schritt: Die EU braucht eine gemeinsame Militärstrategie. In: Internationale Politik, 1, 46–51.

Varwick, Johannes (2008): Die NATO. Vom Verteidigungsbündnis zur Weltpolizei? München: C. H. Beck.

Vereinte Nationen (2008): List of countries elected members of the Security Council. Online: http://www.un.org/sc/list_eng5.asp (Letzter Zugriff: 15. Dezember 2008).

Verteidigungsministerium von Litauen (2006): Baltic states Ministers' joint communiqué. Online: http://www.kam.lt/index.php/en/105132/ (Letzter Zugriff: 19. Februar 2009).

Vucheva, Elitsa (2007): EU must improve military capabilities, UK says. In: EU-Observer, 16. November 2007.

Wagner, Wolfgang (2002): Die Konstruktion einer europäischen Außenpolitik: deutsche, französische und britische Ansätze im Vergleich. Frankfurt a. M. et al.: Campus Verlag.

Wilke, Tobias (2007): Germany's strategic culture revisited. Linking the past to contemporary German strategic choice. Berlin: LIT Verlag.

Wither, James (2006): An Endangered Partnership: The Anglo-American Defence Relationship in the Early Twenty-first century. In: European Security, 15: 1, 47–65.

Witney, Nick (2008): Re-energising Europe's Security and Defence Policy. ECFR Policy Paper. Online: http://ecfr.3cdn.net/678773462b7b6f9893_djm6vu499.pdf (Letzter Zugriff: 23. November 2008).

Witney, Nick (2009): Blame the policy, not the army. ECFR Commentary. Online: http://ecfr.eu/content/entry/commentary_british_army_the_economist_witney/ (Letzter Zugriff: 17. Februar 2009).

Abkürzungsverzeichnis

AA	Auswärtiges Amt
ACO	Allied Command Operation
ACT	Allied Command Transformations
AEUV	Vertrag über die Arbeitsweise der Europäischen Union
AFD	Agence Française de Développement
AG	Arbeitsgemeinschaft
ARRC	Allied Rapid Reaction Corps
AWACS	Airborne Warning and Control System
BDI	Bundesverband der Deutschen Industrie
BIP	Bruttoinlandsprodukt
BKA	Bundeskriminalamt
BMJ	Bundesministerium der Justiz
BMVg	Bundesministerium der Verteidigung
BMZ	Bundesministerium für wirtschaftliche Zusammenarbeit und Entwicklung
BNP	Bruttonationalprodukt
BVG	Bundesverfassungsgericht
CC	Code Constitutionnel
CDU	Christlich Demokratische Union
CONTEST	Cross-Government Counter Terrorism Strategy
CPCC	Civil Planning and Conduct Capability
CPP	Conflict Prevention Pool
CSU	Christlich Soziale Union
DCMD	Direction de la Cooperation Militaire et de Defense
DDR	Disarmament, Demobilisation and Reintegration
DfID	(UK) Department for International Development

DFN-SSR	Global Facilitation Network for Security Sector Reform
DGCID	Direction Générale de la Coopération International et du Développement
DRK	Demokratische Republik Kongo
EATF	European Air Transport Fleet
EDA	European Defence Agency (Europäische Verteidigungsagentur)
ESS	Europäische Sicherheitsstrategie
ESVP	Europäische Sicherheits- und Verteidigungspolitik
EU	Europäische Union
EUBG	European Union Battle Groups
EUFOR RD CONGO	European Union Force Democratic Republic of Congo
EUFOR Tchad/ RCA (auch: EUFOR Chad/ CAR)	European Union Force Chad/Central African Republic
EULEX	EU Rechtsstaatlichkeitsmissionen
EUPOL	EU Polizeimissionen
EUV	Vertrag über die Europäische Union
F&T	Forschung und Technologie
FCO	(UK) Foreign and Commonwealth Office
FDP	Freie Demokratische Partei
FRS	Fondation pour la recherche stratégique
GBP	britische Währung, Pfund Sterling
GFN-SSR	Global Facilitation Network for Security Sector Reform
GG	Grundgesetz (der Bundesrepublik Deutschland)
GTAZ	Gemeinsames Terrorismus Abwehrzentrum
IISS	International Institute for Strategic Studies

IRA	Irish Republican Army
ISAF	International Security Assistance Force
JIP-ICELT	Joint Investment Programme on Innovative Concepts and Emerging Technologies
KFOR	Kosovo Force
MAE	Ministère des Affaires étrangères et européennes
NAFOR	Navy Force
NATO	North Atlantic Treaty Organisation
NRF	NATO Response Force
NSID	Cabinet Committee on National Security, International Relations and Development
NSS	National Security Strategy
OECD	Organisation für Sicherheit und Zusammenarbeit in Europa
OEF	Operation Enduring Freedom
OHQ	Operational Headquarter
PRT	Provincial Reconstruction Team
QRF	Quick Reaction Force
SARS-Virus	Schweres Akutes Respiratorisches Syndrom
SDR	Strategic Defence Review
SHAPE	Supreme Headquarters Allied Powers Europe
SIPRI	Stockholm International Peace Research Institute
SPD	Sozialdemokratische Partei Deutschlands
SSDAT	Security Sector Development Advisory Team
SSR	Security Sector Reform
UAV	Unmanned Aerial Vehicle (Drohne)
UK	United Kingdom
UN	United Nations, siehe VN
UNIFIL	United Nations Interim Force in Lebanon

UNSAS	United Nations Stand-by Arrangements System
US/USA	United States/United States of America
VN	Vereinte Nationen
WEU	Westeuropäische Union

Anhang

Beteiligungen von Deutschland, Frankreich und Großbritannien an militärischen Operationen seit 1990

Stand: Februar 2009[1]

Operationen mit Beteiligung der Streitkräfte aller drei Staaten sind *grau-kursiv* markiert. Operationen mit Beteiligung der Streitkräfte von zwei Staaten sind *kursiv* markiert. Nur eigene Teilnahme ist nicht unterlegt, nicht kursiv.

Tabelle 12.1: Deutschland

Operation	Ort	Rahmen	Beginn	Ende
Operation Sharp Guard	*Adria*	*NATO/ WEU*	*1992*	*1996*
UNTAC	*Kambodscha*	*VN*	*1992 (Mai)*	*1993 (November)*
UNPROFOR	*Bosnien-Herzegowina*	*VN*	*1993*	*1995*
UNOSOM II	*Somalia*	*VN*	*1993 (August)*	*1994 (März)*
UNOMIG	*Georgien*	*VN*	*1993 (März)*	*laufend*
UNAMIR	Nairobi/ Johannesburg	VN	1994 (Juli)	1994 (Dezember)
IFOR	*Bosnien-Herzegowina*	*NATO*	*1995 (Dezember)*	*1996 (Dezember)*
SFOR	*Bosnien-Herzegowina*	*NATO*	*1996 (Dezember)*	*2004 (Dezember)*
Operation Libelle	Albanien	unilateral	1997 (März)	1997 (März)
Allied Force	*Kosovo/ Jugoslawien*	*NATO*	*1999 (März)*	*1999 (Juni)*
KFOR	*Kosovo*	*NATO*	*1999 (Juni)*	*laufend*
INTERFRET	*Osttimor*	*VN*	*1999 (September)*	*2000 (Februar)*
UNMEE	*Äthopien, Eritrea*	*VN*	*2000 (September)*	*2008 (August)*

---

1 Die Daten basieren auf offiziellen Angaben der Vereinten Nationen, der Europäischen Union, der NATO sowie den Verteidigungsministerien der drei Staaten. Zusätzlich wurde auf die Datenbank „opérations de paix" des Réseau francophone de recherche sur les opérations de paix (http://www. operationspaix.net/) zurückgegriffen.

Operation	Ort	Rahmen	Beginn	Ende
OEF	Horn von Afrika, Kuwait, Afghanistan	multilateral	2001 (Dezember)	laufend
ISAF	Afghanistan	NATO	2001 (Dezember)	laufend
Active Endeavour	Mittelmeer	NATO	2001 (Oktober)	laufend
Amber Fox	FYROM	NATO	2001 (September)	2001 (Dezember)
Artemis	DRK	EU	2003 (Juni)	2003 (September)
Concordia	FYROM	EU	2003 (März)	2003 (Dezember)
EUFOR Althea	Bosnien-Herzegowina	EU	2004 (Dezember)	laufend
AMIS	Sudan	VN/AU	2004 (Dezember)	2004 (Dezember)
UNMIS	Sudan	VN	2005 (März)	laufend
EUFOR RD Congo	DRK	EU	2006 (Juli)	2006 (November)
UNIFIL	Libanon	VN	2006 (September)	laufend
UNAMID	Sudan	VN/AU	2007 (Juli)	laufend
EU NAVFOR	Golf von Aden	EU	2008 (Dezember)	laufend

Tabelle 12.2: Frankreich

Operation	Ort	Rahmen	Beginn	Ende
UNTSO	Israel/Syrien	VN	1948 (Mai)	laufend
UNIFIL	Libanon	VN	1978 (März)	laufend
MFO	Ägypten/Israel	multilateral	1979 (März)	laufend
Opération Noroit	Ruanda (Kigali)	unilateral	1990 (Oktober)	1993 (Dezember)
Opération Daguet	Südirak	multilateral	1990 (September)	1991 (Februar)
MINURSO	Marokko	VN	1991 (April)	laufend
UNIKOM	Irak/Kuwait	VN	1991 (April)	2003 (Oktober)
Operation Provide Comfort I + II	Irak	multilateral	1991 (März)	1996 (Dezember)
UNAMIC	Kambodscha	VN	1991 (Oktober)	1992 (März)
Operation Sharp Guard	Adria	NATO/ WEU	1992	1996
UNPROFOR	Jugoslawien	VN	1992 (Februar)	1995 (März)
UNOMIG	Georgien	VN	1993 (August)	laufend

Operation	Ort	Rahmen	Beginn	Ende
UNOSOM II	*Somalia*	*VN*	*1993 (März)*	*1995 (März)*
UNMIH	Haiti	VN	1993 (September)	1996 (Juni)
Opération Turquoise	Ruanda	multilateral	1994 (Juni)	1994 (August)
IFOR	*Bosnien-Herzegowina*	*NATO*	*1995 (Dezember)*	*1996 (Dezember)*
UNAVEM III	Angola	VN	1995 (Februar)	1997 (Juni)
UNPREDEP	*Mazedonien*	*VN*	*1995 (März)*	*1999 (Februar)*
UNCRO	*Kroatien*	*VN*	*1995 (März)*	*1996 (Januar)*
UNTAES	*Kroatien*	*VN*	*1996 (Januar)*	*1998 (Juni)*
SFOR	*Bosnien-Herzegowina*	*NATO*	*1996 (Dezember)*	*2005 (Dezember)*
UNSMIH	Haiti	VN	1996 (Juni)	1997 (Juli)
MNPF (Oparation Alba)	Albanien	multilateral	1997 (April)	1997 (August)
MONUA	Angola	VN	1997 (Juni)	1999 (Februar)
Opération Pélican	Kongo	unilateral	1997 (Juni)	1997 (Juni)
UNOMSIL	*Sierra Leone*	*VN*	*1998 (Juli)*	*1999 (Oktober)*
MINURCA	Zentralafrikanische Republik	VN	1998 (März)	2000 (Februar)
Allied Force	*Kosovo/ Jugoslawien*	*NATO*	*1999 (März)*	*1999 (Juni)*
MONUC	*DRK*	*VN*	*1999 (August)*	*laufend*
KFOR	*Serbien/Kosovo*	*NATO*	*1999 (Juni)*	*laufend*
INTERFET	*Ost-Timor*	*multilateral*	*1999 (September)*	*2000 (Februar)*
UNMEE	*Äthiopien/Eritrea*	*VN*	*2000 (Juli)*	*2008 (Juli)*
ISAF	*Afghanistan*	*NATO*	*2001 (Dezember)*	*laufend*
OEF	*Horn von Afrika, Afghanistan*	*NATO*	*2001 (Dezember)*	*laufend*
Operation Amber Fox	*FYROM*	*NATO*	*2001 (September)*	*2002 (Dezember)*
Opération Licorne	Elfenbeinküste	unilateral	2002 (September)	laufend
Concordia	*FYROM*	*EU*	*2003 (März)*	*2003 (Dezember)*
Artemis	*DRK*	*EU*	*2003 (Juni)*	*2003 (September)*

Operation	Ort	Rahmen	Beginn	Ende
Opération Providence	Liberia (Monrovia)	unilateral	2003 (Juni)	2003 (Juni)
UNMIL	Liberia	VN	2003 (September)	laufend
Operation Béryx	Süd-Ost-Asien	unilateral	2004 (Dezember)	2005
ONUCI	Elfenbeinküste	VN	2004 (Februar)	laufend
EUFOR Althéa	Bosnien-Herzegowina	EU	2004 (Juli)	laufend
EUFOR RD Congo	DRK	EU	2006 (April)	2006 (November)
Operation Baliste	Libanon	unilateral	2006 (Juli)	2008 (Februar)
UNAMID	Sudan	VN/AU	2007 (Juli)	laufend
EUFOR Tchad-RCA	Tschad/Zentralafrikanische Republik	EU	2007 (Oktober)	laufend
EU NAVFOR	Golf von Aden	EU	2008 (Dezember)	laufend

Tabelle 12.3: Großbritannien

Operation	Ort	Rahmen	Beginn	Ende
UNFICYP	Zypern	VN	1964 (März)	laufend
Operation Banner	Nordirland	unilateral	1969 (August)	2007 (Juli)
Operation Granby	Irak/Kuwait	multilateral	1990 (August)	1991 (Februar)
UNIKOM	Irak/Kuwait	VN	1991 (April)	2003 (Oktober)
Operation Provide Comfort I + II	Irak	multilateral	1991 (März)	1996 (Dezember)
UNAMIC	Kambodscha	VN	1991 (Oktober)	1992 (März)
UNTAC	Kambodscha	VN	1992 (Februar)	1993 (September)
UNPROFOR	Jugoslawien	VN	1992 (Februar)	1995 (März)
Operation Sharp Guard	Adria	NATO/WEU	1992	1996
UNOMIG	Georgien	VN	1993 (August)	laufend
UNAMIR	Ruanda	VN	1993 (Oktober)	1996 (März)
UNAVEM III	Angola	VN	1995 (Februar)	1997 (Juni)
UNPREDEP	Mazedonien	VN	1995 (März)	1999 (Februar)
UNCRO	Kroatien	VN	1995 (März)	1996 (Januar)

Operation	Ort	Rahmen	Beginn	Ende
IFOR	Bosnien-Herzegowina	NATO	1995 (Dezember)	1996 (Dezember)
UNTAES	Kroatien	VN	1996 (Januar)	1998 (Juni)
SFOR	Bosnien-Herzegowina	NATO	1996 (Dezember)	2004 (Dezember)
Operation Desert Fox	Irak	bilateral mit USA	1998 (Dezember)	1998 (Dezember)
UNOMSIL	Sierra Leone	VN	1998 (Juli)	1999 (Oktober)
Allied Force	Kosovo/ Jugoslawien	NATO	1999 (März)	1999 (Juni)
MONUC	DRK	VN	1999 (August)	laufend
KFOR	Serbien/Kosovo	NATO	1999 (Juni)	laufend
UNTAET	Ost-Timor	VN	1999 (Oktober)	2002 (Mai)
UNAMSIL	Sierra Leone	VN	1999 (Oktober)	2005 (Dezember)
INTERFET	Ost-Timor	multilateral	1999 (September)	2000 (Februar)
UNMEE	Äthiopien/Eritrea	VN	2000 (Juli)	2008 (Juli)
Operation Barras	Sierra Leone	unilateral	2000 (September)	2000 (September)
OEF	Afghanistan	multilateral mit USA	2001 (Oktober)	laufend
Active Endeavour	Mittelmeer	NATO	2001 (Oktober)	laufend
ISAF	Afghanistan	NATO	2001 (Dezember)	laufend
Concordia	FYROM	EU	2003 (März)	2003 (Dezember)
Artemis	DRK	EU	2003 (Juni)	2003 (September)
Operation Telic	Irak	multilateral mit USA	2003 (März)	laufend
UNMIL	Liberia	VN	2003 (September)	laufend
EUFOR Althea	Bosnien-Herzegowina	EU	2004 (Juli)	laufend
AMIS	Sudan	VN/AU	2004 (Dezember)	2004 (Dezember)
Operation Phillis	Elfenbeinküste	unilateral	2004 (November)	2004 (November)
UNMIS	Sudan	VN	2005 (März)	laufend
EUFOR RD Congo	DRK	EU	2006 (April)	2006 (November)
UNAMID	Sudan	VN/AU	2007 (Juli)	laufend

Operation	Ort	Rahmen	Beginn	Ende
EUFOR Tschad-RCA	*Tschad/Zentral-afrikanische Republik*	*EU*	*2007 (Oktober)*	*laufend*
EU NAVFOR	*Golf von Aden*	*EU*	*2008 (Dezember)*	*laufend*

Autorenverzeichnis

Jonas, Alexandra, M. A., geb. 1980, hat von 2000 bis 2006 Politikwissenschaft, Öffentliches Recht und Strafrecht in Tübingen, Strasbourg und Boston studiert. Nach dem Studium war sie am EU Institut für Sicherheitsstudien (EUISS) sowie in der Direktion für Entwicklungszusammenarbeit der Organisation für Wirtschaftliche Zusammenarbeit und Entwicklung in Paris tätig. Seit Juni 2008 ist Frau Jonas wissenschaftliche Mitarbeiterin im Forschungsschwerpunkt „Multinationalität/Europäische Streitkräfte" des Sozialwissenschaftlichen Instituts der Bundeswehr und Dozentin an der Universität Potsdam.

Ondarza, Nicolai von, M. A., geb. 1982, hat von 2002 bis 2005 in Osnabrück (B. A. Europäische Studien) sowie von 2005 bis 2007 in Berlin, Bath und Prag (M. A. Contemporary European Studies) studiert. Nach dem Studium war er Promotionsstipendiat an der Stiftung Wissenschaft und Politik (SWP) in der Forschungsgruppe EU-Integration. Seit August 2008 ist er wissenschaftlicher Mitarbeiter im Forschungsschwerpunkt „Multinationalität/Europäische Streitkräfte" des Sozialwissenschaftlichen Instituts der Bundeswehr und Dozent an der Universität Potsdam.

Neu im Programm
Politikwissenschaft

Uwe Andersen / Wichard Woyke (Hrsg.)

Handwörterbuch des politischen Systems der Bundesrepublik Deutschland

6. Aufl. 2009. XXIV, 873 S. Geb. EUR 49,90
ISBN 978-3-531-15727-6

Arthur Benz

Politik in Mehrebenensystemen

2009. 257 S. mit 19 Abb. (Governance Bd. 5) Br. EUR 24,90
ISBN 978-3-531-14530-3

Jörg Bogumil / Werner Jann

Verwaltung und Verwaltungswissenschaft in Deutschland

Einführung in die Verwaltungswissenschaft

2., völlig überarb. Aufl. 2009. 358 S. (Grundwissen Politik 36) Br. EUR 26,90
ISBN 978-3-531-16172-3

Wilfried von Bredow

Die Außenpolitik der Bundesrepublik Deutschland

Eine Einführung

2., akt. Aufl. 2008. 306 S. (Studienbücher Außenpolitik und Internationale Beziehungen) Br. EUR 19,90
ISBN 978-3-531-16159-4

Erhältlich im Buchhandel oder beim Verlag.
Änderungen vorbehalten. Stand: Juli 2009.

Andrè Brodocz / Marcus Llanque / Gary S. Schaal (Hrsg.)

Bedrohungen der Demokratie

2009. 393 S. Br. EUR 39,90
ISBN 978-3-531-14409-2

Joachim Detjen

Die Werteordnung des Grundgesetzes

2009. 439 S. Geb. EUR 49,90
ISBN 978-3-531-16733-6

Susanne Pickel / Gert Pickel / Hans-Joachim Lauth / Detlef Jahn (Hrsg.)

Methoden der vergleichenden Politik- und Sozialwissenschaft

Neue Entwicklungen und Anwendungen

2009. 551 S. Br. EUR 39,90
ISBN 978-3-531-16194-5

Manfred G. Schmidt

Demokratietheorien

Eine Einführung

4., überarb. u. erw. Aufl. 2008. 571 S. Br. EUR 16,90
ISBN 978-3-531-16054-2

Thomas Widmer / Wolfgang Beywl / Carlo Fabian (Hrsg.)

Evaluation

Ein systematisches Handbuch

2009. 634 S. Br. EUR 69,90
ISBN 978-3-531-15741-2

www.vs-verlag.de

VS VERLAG FÜR SOZIALWISSENSCHAFTEN

Abraham-Lincoln-Straße 46
65189 Wiesbaden
Tel. 0611.7878-722
Fax 0611.7878-400

MIX
Papier aus verantwortungsvollen Quellen
Paper from responsible sources
FSC® C105338

If you have any concerns about our products,
you can contact us on
ProductSafety@springernature.com

In case Publisher is established outside the EU,
the EU authorized representative is:
Springer Nature Customer Service Center GmbH
Europaplatz 3, 69115 Heidelberg, Germany

Printed by Libri Plureos GmbH
in Hamburg, Germany